진로 탐색 및 직업 선택

박윤희

KNOWLEDGE COMMUNITY 공동체

머리말

이 책은 필자가 대학교육 현장에서 느꼈던 목마름의 산물이다. 4차 산업혁명으로 인한 산업구조의 변화와 코로나 팬데믹의 영향으로 기업의 신규채용이 전반적으로 감소하는 추세가 지속되고 있고 이는 고스란히 대학 졸업생들이 감당해야 할 몫이 되었다. 이에 각 대학들은 진로와 취업 교육의 필요성을 인식하고 다양한 교과목을 개설하여 학생들의 취업을 돕고 있다. 이러한 추세에 따라 향후 진로와 취업교육은 더욱 확대될 것으로 전망되며 이 책이 유용한 교재로 사용될 수 있을 것이다.

이 책이 다루고 있는 내용은 한 학기 이상의 분량으로, 학생들의 진로와 취업을 위해 필요한 내용을 모두 담고자 하였다. 따라서 일주일에 2시간 정도로 수업이 운영될 경우 2학기 혹은 3학기까지도 나누어 수업이 가능하다. 만약 한 학기 정도의 수업만을 진행한다면 교수자가 필요하다고 생각되는 부분만을 선별하여 수업을 진행할 수 있다.

이 책의 효과적인 활용을 위해서는 조별 수업을 권장한다. 먼저 학기가 시작되면 적정 인원수를 고려해 조를 나누고 조별로 수업이 이루어질 수 있도록 하는 절차가 필요하다. 교수자는 너무 많은 설명이나 이론을 제시하는 것보다는 학생들 스스로 성찰하고 동료학습을 할 수 있도록 촉진자의 역할을 할 필요가 있다. 따라서 교수자는 학생들에게 꼭 필요한 이론과 정보를 제공하는 것 외에 학생들이 스스로 생각하고 답할 수 있도록 수업을 진행하는 것이 바람직하다.

이 책은 그 동안 저자가 출간했던 『자기개발능력의 이해와 실습』(2018, 공동체)과 『진로 탐색 및 직업 선택, 3판』(2018, 시그마프레스)의 내용을 기반으로 하였고 진로와 취업교육의 트렌드를 반영하여 많은 부분을 삭제하고 새로운 내용을 삽입하여 저술하였다. 따라서 이전 책의 내용을 보기 원하는 독자들이 있다면 위의 두 권의 책을 참고하기 바란다.

먼저 1장은 21세기 경력개발에 대한 내용으로 경력과 경력개발의 의미, 경력개발이론과 21세기 인재상에 대해 살펴보았다.

2장에서는 21세기 직업 전망에 대한 내용을 담았는데 4차 산업혁명과 이로 인한 기술의 변화, 미래의 노동시장과 국내외 미래 직업 전망에 대해 검토하였다.

3장 성격이해 부분은 DISC 이론을 중심으로 내용을 구성하였다. DISC 이론의 전반적인 내용에 대해 살펴보고 진로 탐색과 관련해 중요한 DISC 유형별 직업 분류에 대해 다루었다.

4장 직업적성과 직업가치관의 이해에서는 직업적성과 직업가치관의 개념을 이해하고 워크넷의 대학생 · 성인용 직업적성과 직업가치관검사의 결과를 해석하는 내용을 포함하였다.

5장 직업흥미의 이해 부분에서는 홀랜드의 직업흥미 이론을 중심으로 살펴보고 워크넷의 성인용 직업선호도(S형)검사의 결과를 해석하는 내용을 다루었다.

6장 직업 탐색 및 선택에서는 4장과 5장에서 살펴본 직업심리검사 결과의 내용을 토대로 직업을 선택하고 선택한 직업에 대한 실현 가능성을 탐색하는 차원에서 직업체험에 대한 내용을 검토하였다.

7장 비전수립은 비전 만들기, 목표설정 및 실행계획 수립, 역할모델과 멘토에 대한 내용으로 구성하였다.

8장 시간관리에서는 시간관리의 개념 및 필요성을 살펴보고 시간관리 능력 검사를 통해 자신의 시간관리 능력 수준을 이해할 수 있도록 하였다. 또 바람직한 시간관리 방법에 대해 검토하였다.

9장 스트레스 관리에서는 스트레스의 개념과 종류에 대해 살펴보고 스트레스 검사를 통해 자신의 스트레스 수준을 이해할 수 있도록 하였다. 스트레스로 인한 증상, 스트레스에 대한 개인차에 대해 살펴보고 바람직한 스트레스 관리방법에 대해 검토하였다.

10장 마스터 이력서에서는 마스터 이력서의 개념과 작성법에 대해 검토하고 마스터 자기소개서 작성을 위해 필요한 역사지도, 스토리보드, 헤드라인 작성법에 대해 살펴보았다.

11장 마스터 자기소개서에서는 마스터 자기소개서 작성 시 유의사항에 대해 살펴보고 성장과정, 직무역량, 지원동기 및 입사 후 포부, 성공경험, 갈등극복경험 / 팀워크 발휘경험, 성격 장단점의 항목별 자기소개서 작성법에 대해 검토하였다.

12장 면접의 종류에서는 면접의 역할과 중요성에 대해 살펴보고 실전을 대비하여 다양한 면접의 종류에 대한 내용을 검토하였다. 또 최근에 많은 기업에서 실시하고 있는 AI면접(AI역량검사)에 대해 구체적으로 살펴보았다.

13장 면접준비에서는 면접 전 준비와 면접을 위한 이미지 메이킹에 대해 검토하였다. 또 면접에 성공적으로 임하기 위한 면접 프로세스에 대해 살펴보고 다양한 기업에서 출제된 면접 기출문제들을 다루었다.

14장 면접 스피치에서는 특히 면접에서 중요한 비중을 차지하고 있는 프레젠테이션의 중요성에 대해 살펴보고 프레젠테이션을 위해 필요한 스피치의 내용에 대해 검토하였다. 또 면접 스피치에서 지원자들이 가장 고민하는 1분 자기소개 방법을 다양한 예시들을 제시하여 구체적으로 설명하였다.

이 책의 1장에서 9장까지는 1학년에서 3학년 학생들까지 두루 적용될 수 있는 내용을 다루었고, 10장에서 14장까지는 취업을 바로 앞둔 학생들에게 특히 유용하게 활용될 수 있는 내용으로 구성하였다. 각 장의 서두에는 수업가이드와 함께 학습목표를 제시하였다. 각 장마다 Think Pocket을 두어 학습을 시작하기 전에 먼저 주제에 부합하는 글을 읽고 생각을 정리할 수 있도록 하였고 이를 통해 수업에 몰입도를 높일 수 있게 하였다. 각 장의 내용을 학습한 후에는 이를 정리할 수 있도록 학습정리를 배치하였다. 특히 다양한 워크시트를 첨부하여 조별활동을 강화하고 동료학습의 효과를 극대화할 수 있도록 하였다.

인간은 누구나 행복한 삶을 영위할 권리가 있다. 이를 위해 필요한 것 중 하나가 자신의 직업과 관련된 영역이다. 이 책은 대학생들이 자신의 진로를 탐색하고 직업을 선택함으로써 미래를 준비하는 데 도움을 줄 수 있을 뿐 아니라 궁극적으로 자신의 삶의 진정한 주인으로 행복한 삶을 영위하는 데 기여할 것이다.

이 책이 나오기까지 사랑과 격려로 함께해 준 사랑하는 가족들에게 감사의 마음을 전한다. 또 출판에 도움을 주신 공동체 출판사 임직원분들께도 감사드린다.

2024년 2월

상도동 연구실에서

박윤희

차 례

01

CHAPTER

21세기 경력개발

1장에서는 경력과 경력개발의 의미, 경력개발이론에 대해 살펴본다. 아울러 21세기 인재에게 요구되는 인재상, 개인들이 경력관리를 위해 준비해야 할 것들에 대해서도 검토한다. 조를 구성하고 조원들과 인사를 나누는 아이스브레이킹 시간을 갖는다.

학습목표

1. 경력과 경력개발의 의미에 대해 이해한다.
2. 경력개발이론에 대해 살펴본다.
3. 21세기 인재상에 대해 살펴보고 인재가 갖추어야 할 조건에 대해 이해한다.

학습내용

Think Pocket
1. 경력과 경력개발의 의미
2. 경력개발이론
3. 21세기 인재상
4. 조 구성하기
5. 인사 나누기
6. 학습정리

Chapter
01 21세기 경력개발

Think Pocket

유동적 지능과 결정적 지능

카텔(Raymond B. Cattell)과 혼(John L. Horn)에 따르면 인간의 지능은 유동적 지능(fluid intelligence)과 결정적 지능(crystallized intelligence)으로 구성된다. 유동적 지능은 유전적, 생리적 영향을 받는 지능으로 청소년기까지 계속 발달하지만 생리적 발달이 쇠퇴하는 성인기 이후에는 점차 퇴보한다. 유동적 지능은 단순 암기력, 지각력, 일반적 추론력을 포함한다. 반면에 결정적 지능은 환경적, 문화적, 경험적 영향을 받는 지능이다. 결정적 지능은 성인기 이후에도 계속 발달할 수 있지만 가정과 학교환경, 교육 정도, 직업 등의 영향을 받는다. 결정적 지능은 언어이해력, 일반지식, 문제해결력, 논리적 추론력을 포함한다(이신동 외, 2014).

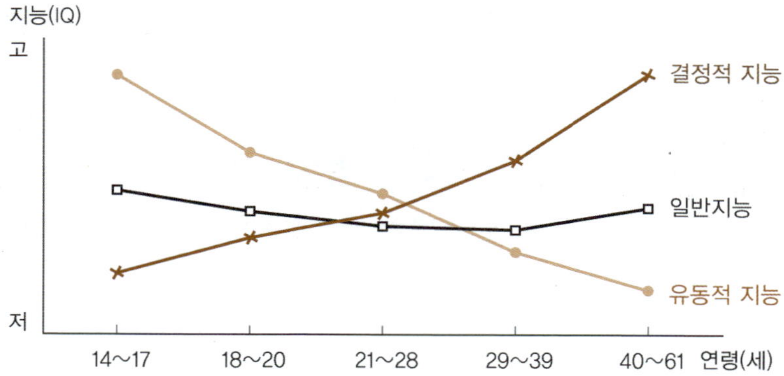

[그림 1-1] 유동적 지능과 결정적 지능의 연령에 따른 변화

출처 : 이신동 · 최병연 · 고영남(2014). 최신교육심리학 내용 수정.

유동적 지능과 결정적 지능의 연령에 따른 변화를 살펴보면, 유동적 지능은 연령에 따라 퇴보하는 반면 결정적 지능은 반대로 상승하는 것을 볼 수 있다. 결국 한 개인이 실제로 발휘하는 지적 능력은 이 두 지능의 합으로 나타나며, 인생의 초기에는 유동적 지능이 중심을 이루지만 인생의 후반기에는 결정적 지능이 중심이 된다. 그러므로 학습을 많이 할수록, 경험을 많이 할수록, 지식을 많이 쌓을수록 성인기와 노년기에 높은 지적 능력을 갖게 되는 것이다.

이는 개인들에게 학습을 통한 지속적 자기개발의 필요성을 잘 보여준다. 특히 지식기반 사회에서 학습은 개인의 생존과 직결되는 문제가 되었다. 따라서 개인들은 자신이 원하는 삶을 살 수 있도록 자기개발을 지속해야 한다. 먼저 자신의 경력개발 목표를 수립하고 이를 달성하기 위해 필요한 학습이 무엇인지 결정한 후 이를 학습하기 위한 계획을 세워서 실천할 필요가 있다(박윤희, 2022).

1. 경력과 경력개발의 의미

1) 경력의 의미

경력은 '지금까지 겪거나 거쳐 온 직업이나 학력 따위의 일 또는 여러 가지 일을 겪으며 지내 옴(NAVER, 고려대한국어대사전)'이라고 정의할 수 있다. 영어로 경력은 career로 표현되는데 career는 '생애, 경력, 이력, 일생의 직업, 생계를 위한 직업, 성공, 출세 등(NAVER, YBM)'으로 해석된다. 이렇듯 경력은 직업적 의미가 강하다. 하지만 경력은 단순히 직업을 일컫는 것 그 이상이다.

경력은 일생 동안 지속적으로 이루어지는 일과 관련된 경험이다. 경력은 직업과 관련된 삶 자체라고 보아야 할 것이다. 이는 현대인의 삶에서 직업이 차지하는 비중이 매우 높아졌고 삶에서 직업을 떼어내서 생각하기 어려워졌기 때문이다.

직업은 개인의 재능과 능력에 따라 업에 종사하며 정신적, 육체적 에너지의 소모에 따른 대가로 경제적 급부를 받아 생활을 지속해 나가는 활동양식이다. 직업이 지속적으로 유지되기 위해서는 개인의 능력, 적성, 개성 등이 합치되어야 한다. 또 직업은 사회적으로 합법적인 것이어야 하고 사회적 역할을 수행할 수 있어야 한다.

과거 평생직장의 사회적 풍토 속에서 개인들은 직업에 대해 상당히 안정적이고 변화를 기피하는 특성을 보여왔다. 하지만 기업을 위시한 다양한 조직들이 갖는 고용형태의 다변화는 개인들의 조직 충성도에도 변화를 가져왔다. 지난 수십 년 동안 기업들은 비정규직 채용과 아웃소싱(outsourcing) 등을 늘리는 대신 정규직 고용규모를 적정 수준으로 유지하려고 노력해 왔다. 이로 인해 근로자들은 평생직장이라는 개념에서 벗어나 자신의 능력에 맞는 직장을 찾아 자리를 이동하거나, 자신의 능력을 지속적으로 개발할 수밖에 없는 상황에 직면하게 되었다.

홀(Douglas T. Hall)은 이러한 근로자들을 프로틴(protean)이라고 명명하였다. 프로틴이란 변덕스럽게 자신의 모습을 계속해서 변화시켰던 그리스 신화에 나오는

신, 프로테우스(Proteus)에서 따온 것으로 한 직장에 오랫동안 속해 있지 못하고 자신의 정체성을 확인하기 위해 끊임없이 자신의 커리어나 직업을 변화시키는 사람을 의미한다.

〈표 1-1〉은 프로틴과 프로틴 이전의 전통적 근로자들이 갖는 특징들을 비교, 설명한 것이다.

〈표 1-1〉 프로틴과 전통적 근로자

프로틴	전통적 근로자
스스로 자신의 정체성을 확인하려고 함	고용주나 조직을 통해 자신의 정체성을 확인하려고 함
자신의 커리어를 스스로 관리	타인이나 조직에 의해 커리어 관리
기업가적 사고방식 (자신의 일 이외의 분야에도 관심이 많음)	자신의 업무 분야에만 관심을 기울임
개인적 성취감에 의해 동기 부여됨	급여수준이나 소득에 따라 동기 부여됨
이동성이 높고, 결코 한 사람의 고용주에게 충성하지 않음	이동성이 낮고, 조직이나 고용주에게 높은 충성심을 보임

출처 : Dowd, K. O., & Taguchi, S. G., 최종옥 역(2009). 커리어비전.

프로틴들은 매우 강한 자기정체성을 가지고 있기 때문에 자신이 속한 조직에 도움이 되는 것과 상관없이 자신에게 필요하다고 생각되는 커리어나 능력들을 개발하고 발전시켜 나가는 행동양식을 보인다. 또한 이동 성향이 매우 높고, 자신이 속한 조직의 내부와 외부에서 기회를 찾기 위해 끊임없이 노력한다. 가끔 기업가로서 능력을 보이기도 하는데, 자신이 속한 조직과 동일한 산업 내에서 또는 자신만의 독자적인 영역을 개발하여 새로운 기업을 설립하기도 한다.

이들의 또 다른 특징은 경제적 안정보다는 개인적인 성취감이나 만족감을 통해 동기 부여되는 성향이 높다는 것이다. 자신의 삶과 직업의 관계에서 균형을 유지하고자 하는 욕구로 인해 예전보다 근무시간을 줄이려는 경향도 보인다. 프로틴은 결코 어떤 특정한 조직에 의존하지 않으며 스스로 자신이 수립한 계획에 따라 자신의 커리어를 관리해 나간다. 그들 스스로가 자신의 커리어 관리자인 것이다.

기존의 전통적 근로자들은 회사에 충성과 헌신을 하고 이에 대한 보답으로 장기적인 고용안정을 보상받았다. 즉, 전통적 근로자들은 개인의 삶을 희생해서 회사의 목표를 달성하고 그에 따라 승진, 고소득, 고용안정과 같은 외적 보상을 받는 것을 당연하게 생각하였다. 그러나 세계화에 따른 무한경쟁의 심화, 급속한 기술발전, 기업 간의 인수합병 등은 충성과 헌신을 바탕으로 한 회사와 직장인 사이에 거래 규칙을 깨뜨렸다. 그 결과 직장인들은 더 이상 한 회사에서 평생고용을 꿈꾸지 않으며 고소득과 승진을 위해 개인의 삶을 무조건 희생하려고 하지 않는다. 프로틴의 관점에서 개인의 경력은 직업환경의 변화에 의해서만이 아니라 개인 자신의 관심, 능력, 가치관의 변화 등에 따라 달라질 수 있다.

프로틴 경력에서 궁극적 목적은 고소득, 지위, 명성과 같은 외적 성공이 아니라 자아실현, 가정의 행복, 마음의 평안과 같은 심리적 성공이며 심리적 성공을 달성하기 위해 개인이 다양한 경력개발을 시도할 수 있다. 다시 말하면, 한 직장 내에서 수직 상승만을 가정했던 기존의 경력개발과 달리 프로틴 경력은 개인이 다양한 직장경험과 경력개발을 통해 자아를 실현하고 동시에 삶의 균형을 추구해 나가는 과정을 의미한다. 직업세계의 불확실성이 더욱 심화될 미래에는 직장에서 제공하는 금전적 보상이나 승진에만 의존하는 수동적 경력개발이 아니라 심리적 만족과 성공을 위해 개인이 주도하는 프로틴 경력개발 움직임이 더욱 활발해질 것이다(박윤희, 2018b).

2) 경력개발의 의미

우리는 자신이 희망하는 직업을 찾고 직업생활을 영위하며 이를 통해 자아실현을 추구한다. 그러나 모든 사람이 똑같은 직업을 갖거나 같은 시기에 직업생활을 시작하고 또 같은 시기에 은퇴하지는 않는다. 개인의 삶이 모두 다르듯이 개인의 경력 또한 서로 상이하다. 이처럼 각자 주어진 인생에서 일생 동안 일과 관련된 경험 일체를 경력이라고 한다.

경력개발은 개인이 미래의 직업을 선택하고 이를 준비하며 일과 삶의 균형을 추구하는 직업생활을 영위할 수 있도록 지속적인 노력을 기울이는 것을 의미한다. 미래의 직업을 준비하는 학생들이라면 자신의 미래 직업을 선택하고 이를 준비하는 것에서부터 경력개발이 시작된다고 할 수 있다. 개인은 자신의 의지나 외부 환경 또는 상황에 따라 자신의 경력을 개발할 수 있다.

개인이 경력개발에서 간과할 수 없는 부분이 미래 직업세계에 대한 이해이다. 특히 4차 산업혁명으로 대변되는 21세기 산업동향은 미래 직업세계의 급격한 변화를 예고하고 있다. 이는 개인들이 기존과 같은 경력개발을 통해서는 자신이 희망하는 경력을 갖기 어렵다는 것을 의미하는 것이다. 따라서 21세기 미래 직업변화에 대해 예측하고 이에 부합할 수 있는 경력개발이 필요하다.

2015년 UN은 사회 변화의 흐름을 고려해 다음과 같이 새로운 연령구분을 발표하였다.

0세~17세 미성년자
18세~65세 청년
66세~79세 중년
80세~99세 노년
100세 이상 장수노인

과거 우리가 50대를 중년으로 분류했던 것과는 달리 UN의 새로운 연령구분은 66세에서 79세까지를 중년으로 보고 있다. 우리는 흔히 중년까지는 일을 해야 한다는 생각을 가지고 있는데 그러한 생각에 기초한다면 이제는 79세까지 일을 해야 하는 시대가 된 셈이다.

UN의 새로운 연령구분은 여러 의미를 내포하고 있다. 우선 의학과 과학기술의 발달로 인간의 수명이 늘어났다는 것을 반영한다. 동시에 사회경제적 측면에서는 개인에게 직업을 갖는 기간이 늘어날 수 있다는 것을 의미한다. 또 국가가 연금과 복지 등 사회보장제도를 강화할 필요성이 있다는 것을 시사하고 있다 (박윤희, 2022).

20세기 기대수명이 40세에서 70세로 두 배 가까이 늘어났으니 21세기에는 적어도 그 두 배인 150세까지는 거뜬할 것이라는 의견도 있다. 오늘날 우리는 10대와 20대에 직업교육을 받고 해당 분야의 일을 하며 나머지 삶을 보내는 것을 당연하게 생각한다. 물론 40대와 50대에도 새로운 것을 배울 수 있지만 삶은 일반적으로 배움의 시기와 일하는 시기로 구분된다. 그런데 만약 150세까지 살게 된다면 그렇지 않을 것이다. 신기술이 끊임없이 요동치는 세계에서라면 더 말할 나위 없이 사람들은 훨씬 더 오래 일할 것이고 90세에도 경력개발을 해야 할 것이다(Harari, 김명주 역, 2017).

2. 경력개발이론

UN의 새로운 연령구분을 고려한다면 전 생애 개인의 경력개발은 다섯 단계로 나누어 설명할 수 있다.

첫째 단계는 개발기로, 신체나 정신발달 수준으로 볼 때 유아기와 아동기에 해당된다. 개발기는 가정이나 학교에서 실시하는 다양한 학습활동들을 통해 자아정체성 형성, 진로선택과 관련된 여러 가능성을 개발하는 시기이다.

둘째 단계는 준비기이다. 준비기는 대학생활까지 포함하는 청소년기이며 자신의 진로를 탐색하고 직업을 선택하며 직업생활을 본격적으로 준비하는 시기이다.

셋째 단계는 제1직업 생활기로, 생애 처음으로 직업생활을 시작해서 직업적 성공을 추구하는 시기이다. 이 시기는 UN의 새로운 연령구분에 따르면 청년기에 해당된다.

넷째 단계는 제2직업 생활기로, 제1직업 생활기 이후 재취업이나 창업을 통해 제2의 직업생활을 하는 시기이며 UN의 새로운 연령구분에 따르면 중년기에 해당된다.

마지막 단계는 안정기로, UN의 새로운 연령구분에 따르면 노년기와 장수노인기에 해당된다. 이 시기는 모든 직업생활에서 은퇴하고 신체적, 정신적으로 편안한 삶을 유지하는 시기이다.

[그림 1-2]는 경력개발이론에서 제시한 경력개발단계를 나타낸 것이다.

[그림 1-2] 경력개발단계

출처 : 박윤희(2013). 커리어코칭 입문 내용 수정.

경력개발이론은 다음과 같은 특징을 가진다.

첫째, 발달은 과정의 개념이지 완성의 개념이 아니다. 인간은 어느 시기까지만 발달되고 그 이후에는 퇴보하는 것이 아니라 죽음에 이를 때까지 발달과정을 거친다. 발달은 과정이지 완성의 개념이 아니기 때문이다. 따라서 개인의 경력은 인간 발달 단계에 따라 함께 변화되고 개발되어야 한다.

둘째, 각 단계별 시기는 일정하지 않으며 여기에는 개인차가 존재한다. 개인에 따라서는 개발기가 준비기까지 이어지기도 하고 20세에 첫 직업을 갖기도 하지만 또 30세에 첫 직업을 갖기도 한다. 뿐만 아니라 늦게까지 자격시험 공부를 하는 사람의 경우는 청년기까지도 직업을 갖지 못하고 준비기가 계속 이어지기도 한다. 그 수가 많다고는 볼 수 없지만 평생 직업생활을 하지 않는 경우도 있다.

제1직업 생활기와 제2직업 생활기의 구분이 모호한 경우도 있으며 안정기 없이 죽을 때까지 직업생활을 계속하는 경우도 있다. 평생 동안 사용할 수 있는 자격증을 소유한 경우, 예를 들어 변호사, 의사, 공인회계사, 변리사 등은 은퇴 없이 직업생활을 계속하기도 한다. 또 개인에 따라 50세 정도에 제1직업 생활기를 끝내는 경우도 있지만 60세 이후에 제1직업 생활기를 끝내는 경우도 있다. 여기에서 제1직업 생활기와 제2직업 생활기의 구분이 모호해질 수 있는데 이는 개인이 처한 상황과 심리적인 판단이 작용할 수 있다. 즉, 청년기에 가졌던 자신의 일에서 은퇴를 했다고 생각한다면 제1직업 생활기를 종료한 것이라고 볼 수 있다. 이를 위해서는 자신의 신체적, 지적 능력 등을 고려한 판단이 뒤따라야 한다. 따라서 경력개발단계의 각 시기는 가변적이며 이는 개인의 상황과 판단에 따라 유연하게 적용되어야 한다.

셋째, 각 단계에서 수행해야 할 개인의 경력개발 과업이 완성되지 않은 경우 그 다음 단계의 과업수행에 부정적인 영향을 미칠 수 있다. 만약 개인이 준비기에서 직업선택과 직업생활 시작을 위한 준비가 제대로 되지 않았다면 제1직업 생활기를 순조롭게 시작할 수 없을 뿐 아니라 이는 자칫 제2직업 생활기에까지 부정적인 영향을 미칠 수 있다는 것이다. 따라서 개인은 각 단계에서 요구되는 경력개발 과업을 잘 수행할 수 있어야 한다.

넷째, 자기개발과 평생교육은 계속되어야 한다. 개인의 지속적인 경력개발을 위해 필요한 것이 자기개발인데, 자기개발을 위해 수반되어야 하는 것이 학습이다. 최근에는 나이를 불문하고 교육에 지속적으로 참여하는 사람들이 늘어나고 있다. 이제 평생학습은 트렌드나 이슈가 아니라 삶 자체가 되었고 평생 동안 삶과 함께 계속되어야 한다. 개인의 지속적인 경력개발은 자신에게 적합한 경력을 준비하는 데 필요한 내용을 학습함으로써 달성될 수 있다. 이는 곧 개인에게 지속적인 자기개발 노력이 필요하다는 것을 의미하는 것이다.

위에서 경력개발이론의 각 단계들의 특징에 대해 자세히 살펴보았다. 만약 개인이 자신의 지속적인 경력개발을 희망한다면 경력개발단계에 따라 경력개발 계획을 수립해야 하며 이는 경력개발을 위한 기초작업이 될 것이다.

3. 21세기 인재상

1) 21세기 인재의 특징

앞서 경력의 의미에서는 기업을 위시한 조직들의 고용형태에도 변화가 있었지만 이에 대처하는 개인들의 커리어 관리에 대한 의식 또한 변화했음을 살펴보았다. 특히 기업들은 지식과 기술의 개방성 및 재화와 용역의 자유로운 이동으로 인해 치열한 경쟁상황에 직면하게 되었고, 고용형태의 변화를 통한 비용절감을 위해 많은 노력을 기울이고 있다. 인건비 절감을 위한 제3국으로 산업설비 이전, 비정규직 채용 증대 및 아웃소싱의 확대 등은 기업들이 선택할 수 있는 유용한 비용절감 수단으로 자리매김하고 있다.

이러한 고용형태의 변화를 통한 비용절감과는 반대로 여전히 기업에서는 우수한 인재의 확보를 중요한 기업 전략으로 채택하고 있다. “만 명을 먹여 살릴 수 있는 천재”가 필요하다는 것은 이를 두고 한 말이다. 그렇다면 21세기 더욱더 치열해지는 경쟁상황 속에서 유능한 인재의 조건은 무엇인가?

21세기 인재의 특징은 창의력, 글로벌 능력, 정보화 능력, 학습능력, 대인관계 능력, 커뮤니케이션 능력, 윤리성으로 정리할 수 있다. 각각의 능력에 대해 좀 더 구체적으로 살펴보자.

먼저 창의력이다. 창의력은 21세기 인재에게 요구되는 매우 중요한 능력 중 하나이다. 과거 조직에는 순응하고 협조적인 인재가 필요했다면 21세기에는 새로운 것을 생각해 내고 이를 실제 현장에 적용할 수 있는 창의력을 갖춘 인재가 필요하다. 21세기는 디지털 시대이다. 디지털 시대에는 새로운 아이디어가 바로 기업의 경쟁력으로 나타난다. 그렇기 때문에 기업들은 창의력을 갖춘 유능한 인재를 선호하는 것이다. 창의력은 타고나기도 하지만 길러질 수 있는 능력이다. 또 인간은 누구나 창의력을 가지고 있다. 따라서 기존의 방식과 다르게 생각하고 틀을 깨려는 사고를 할 수 있을 때 창의력은 더욱더 배양될 수 있다.

둘째, 글로벌(global) 능력이다. 오늘날과 같은 디지털 시대에는 인터넷 선만 연결되어 있다면 세계 어느 곳과도 소통이 가능하다. 뿐만 아니라 우리가 매일 먹고, 마시고 사용하는 것들 중에 순수하게 우리나라 안에서 생산된 것들은 많지 않다. 여러분이 지금 노트북을 사용하거나 가지고 있다면 뒷면에 표기되어 있는 원산지를 확인해 보라! 아마도 한국이 아닌 외국의 경우가 대부분일 것이다. 이렇듯 이제 전 세계는 서로 소통하고 교역하지 않고는 살 수 없다. 이때 우리에게 필요한 능력이 바로 글로벌 능력이다.

본래 글로벌의 의미는 전 세계, 지구 전체라는 의미를 가지고 있다. 이는 기업 등이 세계로 나아간다는 의미와 경제적으로는 각국 경제의 통합화를 의미한다고 볼 수 있다. 여기에서 우리가 주목해야 할 점은 특히 경제부문에 있어서 국가 간의 경계인 국경이 사라지고 있다는 점이다. 여전히 경제부문에 국가 간 장벽들이 존재하기는 하지만 과거와 비교해 볼 때 국가 간 교역은 많이 자유로워졌다. 특히 규모의 경제 측면에서 보더라도 인구 규모가 적은 우리나라의 경우 제품 소비량이 많지 않아 해외 판매를 할 수밖에 없는 상황이다. 따라서 각 기업들은 해외 시장을 개척하고 해외 비즈니스를 주도할 수 있는 글로벌 능력을 갖춘 인재를 원하고 있다.

글로벌 능력은 과거 단순히 어학능력, 특히 영어구사 능력만을 그 평가 대상으로 삼았으나 최근에는 중국어, 일본어 등의 제2외국어 구사 능력과 함께 외국의 관습, 매너, 문화에 대한 이해까지도 그 능력의 범위에 포함시키고 있다. 실제 대기업의 경우 해외에 파견할 직원들을 대상으로 그 나라 문화나 생활 매너, 관습 등에 대한 이문화 교육을 실시하는 사례가 늘고 있다. 이는 글로벌 능력에 대한 중요성을 보여주는 것이다. 따라서 이에 대한 능력을 갖추는 것이 필요하다.

셋째, 정보화 능력이다. 정보화 능력은 디지털 능력으로도 표현할 수 있다. 이는 단순히 컴퓨터를 비롯한 정보화 기기, 그리고 그 적용 프로그램을 잘 다루는 것에서부터 지식과 정보의 소유와 독점이 아닌 활용과 공유(networking)의 마인드를 갖추는 능력까지를 의미하는 것이다. 흔히 오늘날 정보의 흐름을 '빛의 속도'라는 말에 비유한다. 기업의 경영이 바로 이러한 빛의 속도로 이루어질 수 있을 때 기업은 경쟁력을 갖게 될 것이다. 따라서 정보의 흐름을 읽고 그것을 잘 활용하고 이를 기업의 시너지 창출을 위해 공유할 수 있는 능력을 갖추는 것이야말로 21세기 인재들에게 필요한 능력이라고 볼 수 있다.

넷째, 학습능력이다. 앞서 경력개발이론을 설명하면서 개인의 경력개발을 위한 평생학습에 대해 설명한 바 있다. 오늘날 많은 기업들은 조직원들의 학습능력을 키우는 것이 조직의 성과향상으로 이어질 수 있다는 데 주목하고 있다. 이를 위해 기업들은 조직원들의 역량강화를 위한 다양한 온라인(on-line)과 오프라인(off-line) 교육을 실시하고 있다. 또 조직을 학습조직화하려는 움직임은 비형식학습의 촉진으로 나타나고 있다. 이를 위해 기업들은 실행공동체(COP : Community of Practice)를 활성화하고 있다.

개인적인 차원에서 학습능력은 자신의 경력개발을 위해 다양한 학습을 경험하는 것으로 발휘될 수 있다. 샐러던트(saladent = salaryman + student)라는 단어에서도 알 수 있듯이 직업을 가지고 일을 하면서 남는 시간을 활용해 학생의 역할을 하는 직장인들이 점차 늘고 있다. 이들에게 스스로 학습계획을 세우고 프로그램을 직접 선택해서 학습하는 자기주도적 학습 태도는 21세기 인재에게 필요한 자질이다.

다섯째, 대인관계 능력이다. 우리는 흔히 대인관계 능력을 '사회성이 좋다'라는 말로 표현한다. 대인관계 능력은 조직 내 내부 고객과의 관계에서부터 조직 외부의 고객과 그 밖의 사회 구성원들 간의 관계에 이르기까지 그 의미하는 바가 상당히 넓다. 대인관계 능력은 개인들이 점차 개인화되어 가는 상황에서 조직 내부와 외부의 고객들과 원만한 대인관계를 유지함으로써 조직의 시너지를 창출해 낼 수 있는 것과 관련된 것이다. 또 필요에 따라 다양한 사회 구성원들과 원만한 관계유지가 요구된다.

여섯째, 커뮤니케이션 능력이다. 커뮤니케이션은 인간이 생존을 시작하면서부터 늘 문제가 되어온 것이고, 늘 개선되어야 하는 부분 중 하나이다. 커뮤니케이션은 특히 조직 내 많은 문제의 주요 원인으로 작용할 뿐만 아니라 조직의 성과 향상과 시너지 창출에도 많은 영향을 미치는 요인이다. 조직 내에서 활용할 수 있는 커뮤니케이션 능력으로는 경청, 질문, 피드백 능력에서부터 스피치와 프레젠테이션 능력에 이르기까지 다양하다. 특히 최근에는 신입사원 입사시험에 프레젠테이션 능력을 평가하는 프레젠테이션 면접이 늘고 있다. 이는 조직의 일원으로서 갖추어야 하는 커뮤니케이션 능력의 다양성을 잘 보여주는 현상이라고 볼 수 있다.

마지막은 윤리성이다. 흔히 윤리성이라고 하면 기업경영자의 윤리성을 먼저 떠올리게 된다. 실제로 2001년 발생한 미국의 엔론(Enron) 사태는 경영자의 윤리성이 얼마나 중요한지 잘 보여주는 사례이다. 엔론의 경영진들은 없는 실적을 있는 것처럼 부풀리는 분식회계를 통해 매출실적을 조작했고, 그 대가로 고액의 연봉과 인센티브를 얻었다. 이는 경영진들이 돈에 대한 유혹을 뿌리치지 못했기 때문에 발생한 일이다. 결국 돈에 눈이 먼 회계사와 경영진의 비윤리적 행위로 인해 엔론은 파산하였다.

반면에 조직원 한 사람의 윤리성이 문제가 된 경우도 있다. 1995년 베어링(Baring)사라는 한 투자회사가 리슨(N. Leeson)이라는 단 한 명의 직원 때문에 파산하였다. 그는 매도, 매수에서 발생하는 오류로 인한 손실을 88888이라는 비밀계좌에 숨겼다. 그는 발생한 손실을 막기 위해 비밀계좌를 이용해서 투기를 계속하였다. 물론 발생하는 모든 손실은 88888 계좌의 몫이었다. 본사에서는 장부상에서 막대한 이익을 내는 그를 믿고 거액의 자금을 맡겼다. 일본의 고베 대지진으로 인해 감당 불능의 손실이 발생하자 리슨은 늘 해온 것처럼 사건을 은폐하다가 결국 내부 감사에 의해 적발되었고 회사는 파산하였다. 200년 전통을 자랑하는 베어링사는 네덜란드 ING 기업에 단돈 1달러에 매각되었다. 이 사례는 조직 내 개인의 윤리의식이 얼마나 중요한지를 잘 보여주는 사례이다. 따라서 윤리성은 기업경영자뿐 아니라 21세기를 이끌어 갈 유능한 인재들에게도 꼭 필요한 성품이다(박윤희, 2018b).

2) 이직의 법칙(박윤희의 법칙)

앞서 프로틴 세대의 특징을 살펴보면서 그들의 이동성향에 대해 언급한 바 있다. 프로틴 세대들은 조직에 대한 충성도가 상대적으로 낮고 자신이 원하는 것을 찾아서 쉽게 직업이나 직장을 바꾼다. 이러한 프로틴 세대의 특징은 우리 사회에서도 쉽게 찾아볼 수 있다.

최근 취업이 어려운 상황이지만 여전히 신입사원의 1년 이내 조기 퇴직률은 높게 나타나고 있다. 기업의 입장에서는 신입사원 한 사람을 채용하고 교육하는 데 적지 않은 비용이 소요된다. 그럼에도 불구하고 기업들은 바로 직무수행이 가능하도록 장시간 신입사원 교육을 시켜 현장에 배치하고 있다. 그런데 이렇게 퇴직률이 높다면 기업은 채용된 인력이 퇴사함으로써 발생하는 손해와 이 인력을 채용하고 교육시키는 데 소요된 비용까지 이중의 손해를 감수해야 한다. 따라서 기업에서는 신입사원의 마음을 붙잡기 위해 멘토링을 비롯해 다양한 이벤트를 실시하고 있다.

또 1년 이내에 직장을 퇴직하지 않는다 하더라도 오래 근무하지 못하고 직장을 그만두는 경향 또한 늘어가고 있다. 최근에는 2~3년 주기로 직장을 옮겨 다니는 사람들도 있다. 이렇게 자신이 원하는 것을 찾아 미련 없이 근무하던 직장을 그만두고 새 직장을 찾아 옮겨 다니는 사람들은 전형적인 프로틴이라고 볼 수 있다.

하지만 인력의 수요가 부족한 특정 분야나 고도의 전문직 이외에 잦은 이직(한 직장 내 근무경력이 3년 미만의 경우)은 이후에 선택할 수 있는 직장의 질을 현저히 떨어뜨린다. 이것이 바로 이직의 법칙(박윤희의 법칙)이다. 이는 저자의 경험에 근거한 것으로 실제 인력시장에서 가장 인기 있고 유능하다고 인정받는 구직자는 굴지의 대기업에서 7~10년 정도 꾸준히 근무한 사람들이었다. 우리가 어떤 사람에게 달인이라는 표현을 쓰는 때는 그 사람이 적어도 한 분야에서 10년 정도의 경력을 가졌을 때이다. 기업에서는 바로 이러한 달인을 원하는 것이다.

아무리 프로틴 세대가 대세라 하고 자유로운 영혼들이 사회로 쏟아져 나온다고 해도 인력 채용 분야에서 변하지 않는 황금률은 한 분야의 전문적인 능력을 갖추고 원만한 대인관계를 유지하며 한 직장에서 오랫동안 근무한 사람을 선호한다는 것이다.

따라서 구직자들은 기업을 선택하고 지원할 때부터 나에게 정말 잘 맞는 직장인지 심사숙고하는 자세가 필요하다. 채용이 된다면 적어도 10년 정도는 근무할 수 있는 그런 직장을 선택해서 입사해야 한다. 이를 위해 졸업 이후 취업단계에서부터 철저한 계획과 준비를 통해 성공적인 경력관리를 해나가야 할 것이다.

그렇다면 기업은 어떤 인재들을 원하는가? 기업은 영리를 추구하는 집단이다. 기업이 이윤창출에 계속해서 실패한다면 존립 자체가 어려워진다. 따라서 기업은 자신들의 이윤창출에 도움이 될 수 있는 인재를 채용하려고 한다. 그 이유는 기업들이 우수한 인재를 채용하는 것이 성과를 내고 경쟁력을 높이는 가장 확실한 방법이라는 것을 잘 알고 있기 때문이다.

기업은 자신들에게 이익을 가져다줄 사람을 채용한다. 해를 끼칠 여지가 조금이라도 보이면 절대로 채용하지 않는다. 그러니 채용을 원하는 지원자라면 자신이 해를 끼칠 사람이 아니라 이익을 가져다줄 사람이라는 것을 확실하게 보여줄 수 있어야 한다.

기업은 가르치는 데 비용이 많이 드는 사람도 채용하지 않는다. 채용하려는 직무에 가장 적합한 사람으로 별도의 교육 없이 바로 실무에 투입이 가능한 사람을 채용하고자 한다. 그렇기 때문에 채용시장에서 가장 좋은 사람을 선택하려고 하는 것이다.

기업은 쉽게 이직을 하는 사람보다는 오랫동안 근무할 사람을 원한다. 따라서 그 기업을 선택한 이유가 명확하고 그 기업에서 성장하겠다는 포부를 가진 사람을 원하는 것이다. 다른 기업의 채용시험에서 떨어져서 어쩔 수 없이 선택한 것이 아니라 소신을 가지고 지원한 사람을 원하는 것이다.

기업은 밥 값을 하는 사람을 원한다. 적어도 자신이 받는 연봉의 몇 배 이상의 이익을 가져다줄 수 있는 사람을 원하는 것이다. 직원들이 회사가 지급하는 연봉의 13배의 성과를 낼 수 있어야 한다고 주장하는 기업도 있다. 이렇게 성과를 낼 수 있는 직원을 기업은 원한다. 따라서 취업 준비생들은 21세기 인재의 특징과 기업이 원하는 인재에 대해 잘 이해하고 이러한 인재가 될 수 있도록 준비해야 한다(박윤희, 2018b).

3) 경력개발을 위해 준비해야 할 것

21세기를 살아가는 개인들은 자신들의 경력개발을 위해 무엇을 준비해야 할까? 21세기 경력개발을 위해 점검하고 준비해야 할 것들에 대해 살펴보자(박윤희, 2018b).

- 자신에 대한 이해
- 자신의 진로적성, 직업흥미와 직업가치관 이해
- 자신에게 맞는 직업선택
- 삶의 비전과 목표설정
- 목표달성을 위한 구체적 실행계획 수립
- 취업을 위한 준비(이력서와 자기소개서 작성, 면접 등)
- 경력개발을 위한 평생학습

4. 조 구성하기

다음 지시 사항에 따라 조를 구성한다.

- 조를 구성할 때는 가급적 서로 모르는 사람들과 한 조가 될 수 있도록 한다.
- 조원들이 서로 돌아가며 간단한 자기 소개(학년, 학과, 나이, 이름 등)를 한다.
- 조장을 선출한다.
- 조이름을 만든다.
- 다음의 표를 이용해 조별 출석부를 작성한다.
- 조원들의 인적 사항과 연락처를 모든 조원들이 서로 공유한다.

조이름 (　　　　　　　　　　) 　　조장 (　　　　　　　　　)

번호	학년	학과	학번	이름	전화번호	이메일

5. 인사 나누기

조를 구성하였다면 조원들이 서로 인사 나누는 시간을 갖는다. 다음에 제시된 내용을 작성하고 작성 내용을 조원들과 공유한다.

1. 성격 장점 세 가지

2. 취미

3. 특기

4. 관심 있는 직업분야

5. 좋아하는 음식

6. 학습정리

1) 경력개발의 의미를 설명한다.

2) 프로틴의 특징에 대해 설명한다.

3) 경력개발이론의 각 단계에 대해 설명한다.

4) 21세기 인재상에 대해 설명한다.

02
CHAPTER

21세기 직업 전망

2장에서는 4차 산업혁명과 기술의 변화, 미래의 노동시장에 대해 살펴본다. 또 미래 직업 전망에 대해 알아보고 미래의 직업변화에 대해 고민해 본다. 자신의 직업을 탐색하고 선택하는 과정에서 이러한 미래의 직업 전망과 기술의 변화에 대해 깊이 있게 이해함으로써 직업선택에 참고자료로 활용할 수 있다.

학습목표

1. 4차 산업혁명과 기술의 변화에 대해 이해한다.
2. 미래 노동시장의 4개의 계급에 대해 살펴본다.
3. 미래의 직업 전망과 신직업에 대해 이해한다.

학습내용

Think Pocket
1. 4차 산업혁명과 기술의 변화
2. 미래의 노동시장
3. 미래 직업 전망
4. 학습정리

Chapter 02

21세기 직업 전망

Think Pocket

물장수와 영화간판 제작원은 정말 사라진 걸까?

직업의 생성과 소멸 메커니즘에 따라 소멸된 직업 중 하나가 물장수이다. 물장수는 오늘날과 같은 상하수도 시설이 완비되기 이전에 각광받았던 직업이다. 물장수는 도시로 많은 인구가 유입되면서 하천이나 우물에서 멀리 떨어진 곳에 사는 사람들이 식수 불편을 겪게 되자 등장한 직업이었다. 상하수도 설치 수준이 열악하기도 했지만 인구의 도시 유입 속도가 빨라지면서 물장수는 서민생활에 꼭 필요한 존재가 되었다.

1900년대 초 한 지게의 물값이 1905년 을사조약 이전에 통용된 화폐로 20전 정도였는데 가정에 따라서는 하루에 스무 지게나 되는 물을 식수로 사용하였다. 따라서 물장수 한 사람이 하루에 서른 곳의 가정을 맡는다고 가정했을 때 그 수입은 상당했을 것이다. 그만큼 그 시기에 물장수는 돈을 많이 벌 수 있는 직업이었다(김중진 · 박봉수, 2008).

1908년 수도 시설이 마련되기 전의 서울에는 약 2,000명의 물장수가 있었다.

당시 인구를 20만 명으로 가정하면 인구 100명당 한 명꼴로 물장수가 존재했던 셈이다. 이렇게 많은 물장수가 활동할 수 있었던 것은 당시 우물의 분포가 매우 불균등하였고 수질이 좋지 않아 식수를 구하기가 쉽지 않았기 때문이다. 물 없이 살 수 없었기에 물장수는 그야말로 불황이 없는 직업이었다(김중진 · 박봉수, 2008).

전국 각지에 상하수도 시설이 설치되기 시작하면서 물장수는 서서히 사라졌다. 이는 물장수라는 직업이 사라진 가장 직접적인 이유였다. 그러나 물장수는 급격하게 사라지지 않고 수도관 매설 정도에 따라서 서서히 사라졌다. 오늘날 생수산업의 발달은 새로운 물장수를 등장시켰다. 생수업체들은 더 정교해지고 더 체계화된 시스템을 갖춘 또 다른 형태의 물장수인 것이다. 그러니 물장수가 완전히 사라졌다고 이야기할 수 있을까?

먹고 살기 힘든 보릿고개 시절을 넘기면서 생활 수준은 점차 나아졌다. 먹고사는 문제가 어느 정도 해결되자 사람들은 문화생활에 관심을 갖게 되었다. 즐길 것이 많지 않았던 1970~1980년대 사람들은 영화를 통해 문화생활을 할 수 있었다. 영화산업이 서서히 발달하기 시작하면서 영화간판을 그리는 영화간판 제작원은 가장 각광받는 직업 중 하나였다.

그 당시 영화간판 그림을 그리기 위해서는 상당한 수습기간을 거쳐야 했다. 대개 영화관에 소속된 미술부장들은 영화간판을 그리는 기술을 잘 전수해 주려고 하지 않았다. 그림을 그리는 기술이 많은 사람들에게 전수되면 자신들이 경쟁력을 잃게 될 것을 우려했기 때문이다. 그래서 영화간판 제작원이 되려면 수습기간을 거치면서 어깨 너머로 기술을 배워야만 하였다.

그 당시 영화간판 하나를 그리는 데 대개 7~10일 정도 소요되었는데 20년 정도 경력을 가진 미술부장 정도면 한 편당 200~300만 원 정도를 받았다. 영화가 크게 흥행을 할 경우 6개월 이상 간판이 걸리게 될 때도 있었다. 이럴 때면 영화간판 제작원들은 자신이 그린 그림이 오래 걸려 있는 것을 보고 큰 보람을 느끼곤 하였다. 그러나 한 간판이 그렇게 오랜 시간 동안 걸려 있다 보면 새 간판을 그릴 일이 그만큼 줄어들기 때문에 돈벌이엔 도움이 되지 않았다(김중진 · 박봉수, 2008).

1990년대 멀티플렉스(복합관) 극장들이 등장하면서 영화관들이 대형화되기 시작하였다. 이때부터 컴퓨터와 인쇄기인 플로터를 이용해 주로 천에 인쇄를 하는 플렉스 간판이 선보이기 시작하면서 손으로 그린 영화간판은 더 이상 환영받지 못하고 영화간판 제작원들과 함께 사라졌다. 1990년대 초까지 100여 명 정도 되던 영화간판 제작원들은 모두 극장을 떠날 수밖에 없었다.

인쇄업체나 광고기획사에서 주로 제작하는 플렉스 간판은 그림 간판과는 비교할 수 없을 정도로 시간과 인력을 절약할 수 있다. 플렉스 간판의 등장으로 영화간판 제작원들은 사라졌지만 여전히 영화관에는 대형 플렉스 간판이 걸려 있다. 새로운 영화간판 제작원들이 등장한 것이다.

과거에 호황을 누렸지만 잊힌 물장수와 영화간판 제작원처럼 앞으로도 많은 직업들이 그렇게 사라질 것이다. 그러나 또 다른 물장수와 영화간판 제작원들이라고 할 수 있는 생수업체, 인쇄업체나 광고기획사처럼 더 체계화되고 발전된 시스템을 갖춘 직업들이 등장할 것이다.

1. 4차 산업혁명과 기술의 변화

2016년 1월 스위스 다보스에서 세계경제포럼(WEF, World Economic Forum)이 개최되었고 처음으로 4차 산업혁명(4th Industrial Revolution)에 대한 내용이 화두가 되었다. 세계경제포럼은 '디지털 혁명에 기반하여 물리적 공간, 디지털적 공간 및 생물학적 공간의 경계가 희석되는 기술융합의 시대'로 4차 산업혁명을 정의하였다(Schwab, 송경진 역, 2017).

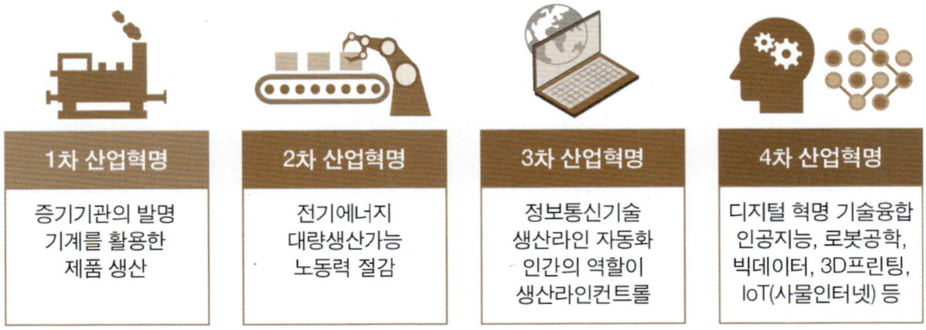

[그림 2-1] 4차 산업혁명과 핵심기술

출처 : 차두원 · 김서현(2016). 잡킬러[원 출처 : Weissmann, J.(2013. 6. 17). Will the Robots Steal Your Paycheck? Breaking : They Already Have. The Atlantic].

1차 산업혁명은 증기기관의 발명을 통해 기계를 활용한 대량생산을 가져 왔고 2차 산업혁명은 전기에너지의 개발을 통해 대량생산뿐 아니라 노동력 절감을 가능하게 하였다. 3차 산업혁명은 정보통신기술의 발달로 생산라인 자동화를 가져왔고 이를 통해 사람의 역할이 직접 생산에서 생산기계를 관리하는 것으로 변화되었다. 4차 산업혁명은 디지털 혁명을 기반으로 모든 기술이 융합되는 고도의 첨단기술사회로의 전환을 가져올 것이다.

1차와 2차 산업혁명이 육체적 노동을 기계가 대신하게 된 혁신이라면 3차와 4차 산업혁명은 지적인 노동을 대신할 기계가 만들어진 혁신이다. 1차와 2차 산업혁명 시기에도 기계가 많은 일자리를 대신했지만 또 다른 일자리들이 만들어졌고 결국 3차, 4차 산업혁명으로 이어졌다(이종호, 2017). 4차 산업혁명은 기술이 융합되는 디지털 혁명이다. 인공지능과 로봇공학, 빅데이터, 3D프린팅, IoT(Internet of Things, 사물인터넷) 등이 핵심기술이 될 것이다(차두원 · 김서현, 2016).

슈밥(K. Schwab)은 4차 산업혁명으로 인공지능, 로봇, 사물인터넷, 자율주행차, 3D프린팅, 나노기술, 바이오기술, 재료공학, 에너지 저장기술, 양자 컴퓨터, 드론 등이 부상하고 세상 모든 것이 융합될 것이라고 주장하였다. 이러한 변화는 이미 시작되고 있다. 앞으로 이러한 첨단기술들이 널리 활용되면 새롭고 다양한 형태의 제품과 서비스들이 등장할 것이다(미래전략정책연구원, 2016).

알파고로 유명해진 인공지능(AI, Artificial Intelligence)은 인간과 비슷한 의사결정이 가능하다. 알파고가 이세돌 9단을 이길 수 있었던 이유는 이세돌 9단이 과거에 행했던 바둑대결 사례들을 알파고에게 데이터로 제공하고 알파고는 기계학습을 통해 스스로 지식을 계속 쌓아가면서 공부했기 때문이다. 이러한 방식을 딥 러닝(Deep Learning)이라고 부른다.

딥 러닝은 사람처럼 스스로 지식을 계속 쌓아가면서 공부하는 인공지능 학습법이다. 인공지능이 보고 배운 것을 기억하고 그것을 토대로 새로운 사실을 추론한다는 점에서 인간의 사고와 유사한 기술이라고 할 수 있다. 딥 러닝은 컴퓨터가 여러 데이터를 이용해 마치 사람처럼 스스로 학습할 수 있도록 하기 위해 인공신경망(artificial neural network)을 기반으로 한 기계학습 기술이며, 인간의 두뇌가 수많은 데이터 속에서 패턴을 발견한 뒤 사물을 구분하는 정보처리 방식을 모방해 컴퓨터가 사물을 분별하도록 기계를 학습시킨다. 딥 러닝 기술을 적용하면 사람이 모든 판단 기준을 정해 주지 않아도 컴퓨터가 스스로 인지하고 추론 및 판단할 수 있게 된다. 그리고 이 기술은 음성, 텍스트, 이미지 인식과 사진 분석 등에 광범위하게 활용된다(미래전략정책연구원, 2016).

인공지능과 함께 4차 산업혁명 시대를 이끌 핵심기술 중 하나는 로봇(Robot)공학이다. 본래 로봇은 1920년 체코슬라비아 소설가 차펙(K. Capek)이 쓴 『로섬의 만능로봇(Rosuum's Universal Robots)』이라는 희곡에서 처음 사용된 단어이다. 로봇은 카렐 차펙의 형인 요셉 차펙(Josef Capek)이 만든 단어로 강제 노역, 고된 노동 등을 뜻하는 체코어인 로보타(Robota)가 그 어원이다. 전쟁과 노동 등을 담당하던 로봇들의 지능이 점차 발달해 그들을 지배하던 인간을 멸망시키지만 인간이 없어 재생산이 불가능했던 로봇들에게도 사랑의 감정이 있다는 것을 확인하는 내용으로 기계 문명의 위협에서도 인간은 생존할 것이라는 낙관적 결론을 남기는 희곡이다(차두원 · 김서현, 2016).

희곡의 낙관적 결론과는 대조적으로 로봇공학의 발전에 대해 우려하는 목소리가 커지고 있다. 미국 조지메이슨대학의 코웬(T. Cowen) 교수는 "로봇공학의 발달로 미국의 소득 계층은 상위 10%와 하위 90%로 양분될 것"이며 "로봇의 발전을 주도할 수 있는 상위 10%는 고임금을 누리지만 하위 90%는 로봇에게 일자리를 빼앗겨 저임금 일자리로 내몰릴 것"이라는 '로보틱스 디바이드(robotics divide, 로봇공학 격차)'를 주장하였다(나지홍, 2015. 3. 16). 이는 로봇공학의 발전에 따른 일자리 파괴 현상과 더불어 소득격차로 인한 경제적 불평등에 대한 우려를 나타낸 것이다.

2. 미래의 노동시장

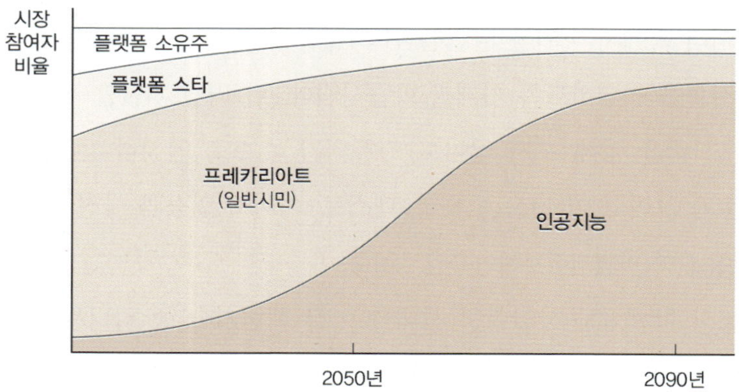

[그림 2-2] 미래의 노동시장

출처 : 유기윤 외(2018). 2050 미래 사회 보고서(원 출처 : https://blog.naver.com/kiyunyu2/220960275144) 수정.

다음에 소개하는 미래 도시의 노동시장에 대한 이야기는 2018년 출간된 『2050 미래 사회 보고서』의 내용이다(유기윤 외, 2018).

2050년 미래 도시의 노동시장을 보여주는 [그림 2-2] 상단에는 소수의 플랫폼 소유주들이 위치하고 있다. 플랫폼 소유주는 플랫폼으로 성공적인 변신을 한 기업가와 투자자들이 해당된다. 이미 낯설지 않다. 구글, 메타, 아마존, 네이버, 카카오, 배달의 민족과 같은 거대 플랫폼 기업과 그 소유주들이다. 우리가 최상층의 플랫폼 소유주가 될 가능성은 0.001퍼센트 정도이다. 플랫폼은 금융, 교육, 엔터테인먼트에 이르기까지 사업 범위를 점차 확대해 나가고 있다. 미래에는 개인들도 유튜브, 메타 등 다양한 채널들을 통해 플랫폼화될 것이다.

그 밑에는 플랫폼 스타가 있다. 플랫폼 스타는 대중에게 인기 있는 정치가, 예체능 천재와 창조적 전문가들이다. 아주 단순하게 이야기하자면 플랫폼을 통해 대중과 소통하면서 인기와 부를 누리는 스타들인 것이다. 사실 이들도 생소하지 않다. 이미 우리 주변에서 쉽게 찾아볼 수 있다. 유명 정치가, 유투브 크리에이터, 방송 연예인, 엔터테인먼트 종사자들이다. 우리가 플랫폼 스타가 될 가능성 역시 희박하다. 0.002퍼센트 정도이다.

그 밑에 존재하는 프레카리아트(precariat)는 플랫폼에 종속되어 프리랜서로 일하며 살아가는 절대다수의 사람들이다. 대부분의 사람들은 거대 플랫폼에 종속되어 계약직이나 프리랜서와 같은 불안정한 노동을 하면서 살아가게 될 것이다. 사람들이 프레카리아트에 속하게 될 확률은 무려 99.99퍼센트를 넘는다. 프레카리아트는 불안정하다는 뜻을 가진 이탈리아어 프레카리오(precario)와 임금 노동자 계급을 의미하는 독일어 프롤레타리아(proletariat)를 합친 말이다.

미래에 프레카리아트에 속한 평범한 사람들은 약간 더 작은 집에서 자고 로봇과 사람이 함께 요리나 서빙을 해주는 허름한 식당에서 식사를 할 것이다. 가끔 스트레스를 풀고 몸짱이 되기 위해 근교 산이나 값싼 헬스클럽에도 간다. 먹고 자고 운동하는 모습은 현재와 크게 다르지 않다. 그런데 큰 차이가 있다면 많은 시간을 가상의 세계에서 보내게 된다는 것이다. 대부분의 사람들은 하루에 최소 몇 시간씩 가상세계에서 머무른다. 마치 여행을 떠나듯 며칠씩 이곳에서 보내는 경우도 흔하게 목격될 것이다. 가상의 세계는 점점 더 매혹적인 공간으로 변화하고 시간이 지날수록 장기간 머무는 가상세계족이 증가한다. 이곳에서는 적은 돈으로도 짜릿한 쾌락을 얻을 수 있는 방법들이 널려 있다. 그러니 갈수록 북적거릴 수밖에 없다. 정신이 가상도시에 머물 동안 몸을 관리해 주는 '포팅 스테이션' 비즈니스는 활황을 맞고 관련 기술은 빠르게 발전할 것이다.

'포팅 스테이션'은 사람이 누울 수 있는 캡슐들이 가득한 곳을 말한다. 사람들이 가상의 공간에 머무는 동안 몸관리를 받는 곳이다. 사실 이 시스템이 낯설게 느껴질 수도 있지만 현재 많은 사람들이 이용하고 있는 PC방을 생각해 보자. 많은 사람들이 온라인 게임을 하기 위해 PC방을 이용한다. 온라인 게임은 사람들이 가상의 현실에 접속하게 하는 매개체이다.

게임 속에서 사람들은 현실에서 가질 수 없는 자신만의 무기와 영토를 소유한다. 또 더 많이 갖기 위해 게임 속 상대방을 공격하고 가지고 있는 것들을 빼앗는다. 이처럼 가상세계는 현실에서 할 수 없는 많은 일들이 가능하다. 포팅 스테이션의 캡슐 속에 누워 가상의 세계에 접속하고 그곳에서 암담한 현실과 달리 원하는 것을 할 수 있다.

미래의 노동시장 가장 밑에는 인공지능이 있다. 인공지능은 단지 지능만 있는 것이 아니라 감정, 의지, 그리고 나아가 자의식까지 갖출 것이다. 미래의 인공지능은 설계자의 계획에 따라서만 작동하는 시스템이 아니라 스스로 자신을 개선하는, 말하자면 자가 진화하는 시스템이 된다. 더불어 자아, 즉 법인격도 가지게 될 것이다. 사람처럼 판단과 행위의 주체로 인정된다는 것을 의미한다.

인공지능이 법인격을 갖게 되면 사업을 할 수도 있고 재산을 모을 수도 있다. 그 과정에서 건물이나 컴퓨터 장비들을 사들일 수도 있고 사람이나 다른 작은 시스템, 로봇 등을 고용할 수도 있다. 인공지능은 계속해서 서비스를 개선하면서 점점 더 많은 재산을 모으게 되고 시장에서 다른 인공지능과 경쟁도 하게 될 것이다.

그 과정에서 살아남은 인공지능은 거대한 자본을 형성한다. 인공지능은 적극적으로 플랫폼 경제에 참여하고 확산도 촉진할 것이다. 플랫폼 스타로 등극하는가 하면 더 나아가 거대 플랫폼의 지위도 노릴 것이다. 그렇게 되면 미래 도시의 지배자는 사람이 아닌 인공지능이 될 수도 있다.

미래 도시의 노동시장은 갈수록 플랫폼 소유주와 플랫폼 스타, 프레카리아트의 시장은 줄어들고 대신 인공지능의 시장이 큰 폭으로 증가할 것이다. 이것이 미래 도시의 노동시장을 예측한 결과이다. 여기에서 저자는 다음과 같이 이야기한다.

> 이쯤에서 여러분은 프레카리아트에 대해 다시 한번 자세히 볼 것이다. 여러분의 미래 모습이기 때문이다. 이렇게 결론 내리는 나도 힘들고 그런 자신을 그려보는 여러분도 못마땅할 것 같다. 하지만 공학자로서 미래 도시를 시뮬레이션해 본 결과는 이렇다(유기윤 외, 2018).

나는 이 글을 읽으면서 저자의 글에 이렇게 답하고 싶었다. “읽는 나도 힘드오.”

사실 인공지능은 인간에게 도움을 주는 약한 인공지능과 인간의 능력을 뛰어넘을 수 있는 강한 인공지능으로 구분된다. 인간은 동물이다. 그러나 지금까지 인간이 지구에 생존해 오면서 스스로를 만물의 영장이라 칭하고 자신보다 몸집이 크고 힘이 센 많은 동물들을 제압하면서 오늘에 이르렀다. 아마도 인간의 DNA 안에는 이러한 기억들이 존재하는 것 같다. 자신들이 그랬던 것처럼 다른 존재에 의해 제압당할 수도 있다는 두려움 말이다. 그래서 더욱 강한 인공지능에 대한 두려움을 가지는지도 모르겠다.

“I'll be back(영화 터미네이터 2).” 생각만 해도 등골이 오싹해지지 않는가!

어찌 보면 미래는 오늘을 살고 있는 우리의 손에 달려 있는지도 모른다. 그렇다고 해서 기술의 발전을 막을 수도 속도를 늦출 수도 없다. 어쩌면 일자리의 문제를 넘어서서 기계와 인간의 전쟁에 대한 이야기가 될 수도 있다. 미래 노동시장은 프레카리아트 간의, 즉 인간 간의 경쟁을 넘어서 강력한 인공지능과의 경쟁의 장이 될 것이다.

3. 미래 직업 전망

1) 국내 일자리 전망

2023년 한국고용정보원은 우리나라의 향후 10년간 일자리 전망에 대한 『2023 한국직업전망』 보고서를 발간하였다. 7개 분야 직업의 주요 일자리를 향후 10년간 연평균 고용증감을 '감소', '다소 감소', '현 상태 유지', '다소 증가', '증가'의 5개 구간으로 나누어 제시하였다. 연구, 건설, 정보통신, 환경 · 인쇄 · 목재 · 가구 · 공예, 영업판매, 운전 · 운송, 농업 등 7개 분야 직업의 주요 일자리 전망은 다음과 같다.

연구분야는 철학연구원, 역사학연구원, 언어학연구원, 지질학연구원, 자역과학시험원, 농학연구원 등의 경우 현 상태 유지이며 그 외 교육학연구원, 의학연구원 등은 향후 10년간 일자리가 다소 증가하는 것으로 전망된다. 일자리가 다소 증가하는 직업은 연구영역의 확장성 및 실효성이 큰 학문분야 위주이거나 바이오, 생명공학 등 최근 첨단 산업과 융합되고 있는 분야가 주를 이루고 있다.

건설분야는 건축가를 비롯해 건축구조기술자, 건축감리기술자, 토목시공기술자 등 건설 관련 기술자의 경우 정부의 주택공급정책이 긍정적 요인으로, 건설경기 불확실성이 부정적 요인으로 반영되어 현 상태 유지로 전망된다. 건축 및 토목안정기술자의 경우 최근 중대재해처벌법 등 제도 강화로 향후 일자리가 다소 증가할 것으로 전망된다. 또한 스마트도시 조성을 위한 도시계획 · 설계가, 교통계획 · 설계가의 직업도 향후 일자리가 다소 증가할 것으로 전망된다. 미장공, 방수공 등의 상당수 건설기능직은 건설경기 불확실성과 건설시공방법 등의 변화로 향후 일자리가 현 상태 유지로 전망된다.

정보통신 분야는 4차 산업혁명으로 인한 디지털 전환 및 융합과 관련된 '응용소프트웨어개발자, 가상(증강)현실전문가, 웹개발자(웹프로그래머), 빅데이터분석가,

정보보안전문가' 등의 직업은 일자리 증가 또는 다소 증가할 것으로 전망되는 반면 통신장비 및 방송송출장비기사, 정보시스템운영자 등의 직업은 현 상태 유지로 전망된다.

환경 · 인쇄 · 목재 · 가구 · 공예분야는 작업현장의 안전보고 조치강화로 산업안전 및 위험관리원의 직업은 향후 일자리가 증가할 것으로 전망되고 토양환경기술자 및 연구원, 소음진동기술자 및 연구원, 폐기물처리기술자 등 환경 관련 연구직의 대부분은 향후 다소 증가하는 수준의 일자리 전망이 예상된다. 그 외 자동화의 영향을 받을 수 있는 조작원의 상당수 직업은 현 상태 유지 혹은 다소 감소할 것으로 전망된다.

영업판매 분야의 직업은 기술 및 자동화, 온라인쇼핑몰 증가 등이 판매원, 계산원 등의 일자리에 영향을 미치는 요인으로 파악되며 이로 인해 텔레마케터(전화통신판매원), 상점판매원 등은 다소 감소, 노점 및 이동판매원은 감소, 온라인 판매원은 다소 증가할 것으로 전망된다.

운전 · 운송 분야는 향후 자율주행 운송차량의 등장, 운전원의 고령화 가속 등으로 택시운전원의 일자리는 감소할 것으로 전망되나 항공운송 수요 증가로 항공기조종사, 헬리콥터조종사 등은 각기 증가, 다소 증가할 것으로 전망되며 전자우편 발송 증가로 우편물집배원의 일자리는 향후 감소할 것으로 전망된다.

농업분야는 과수작물재배원, 조경원, 가축사육종사원, 조림 · 삼림경영인 및 벌목원 등의 직업은 향후 현 상태 유지 수준의 일자리 전망을 보이나 곡물작물재배원, 채소 및 특용작물재배원, 원예작물재배원, 낙농종사원, 양식원, 어부 및 해녀 등 상당수의 농림어업 관련 직업은 인력의 고령화, 재배농가의 감소, 관련시장의 제한적 성장 등의 요인으로 향후 10년간 일자리가 다소 감소할 것으로 전망된다(한국고용정보원, 2023. 6. 20).

〈표 2-1〉 2023 한국직업전망의 분야별 일자리 전망 주요 결과

전 망	직 업
증 가	응용소프트웨어개발자, 가상(증강)현실전문가, 웹개발자(웹프로그래머), 빅데이터분석가, 산업안전 및 위험관리원, 항공기조종사
다소 증가	교육학연구원, 심리학연구원, 물리학연구원, 화학연구원, 천문학 및 기상학연구원, 수학 및 통계학연구원, 생물학연구원, 의학연구원, 약학연구원, 축산학 및 수의학연구원, 건축안전기술자, 토목안전기술자, 도시계획 · 설계가, 교통계획 · 설계가, 교통영향평가원, 지리정보시스템전문가(GIS전문가), 철로설치 · 보수원, 컴퓨터시스템설계 및 분석가, 시스템소프트웨어개발자(프로그래머), 웹기획자, 데이터전문가(데이터베이스개발 · 관리자 포함), 네트워크시스템개발자(네트워크엔지니어), 정보보안전문가, 대기환경기술자 및 연구원, 토양환경기술자 및 연구원, 소음진동기술자 및 연구원, 환경영향평가원, 폐기물처리기술자, 보건위생 · 환경검사원, 소방공학기술자 및 연구원, 가구조립원(설치 · 시공), 상품중개인 및 경매사, 온라인판매원, 헬리콥터조종사, 항공교통관제사, 선박교통관제사, 택배원
현 상태 유지	철학연구원, 역사학연구원, 언어학연구원, 정치학연구원, 경제학연구원, 사회학연구원, 지질학연구원, 자연과학시험원, 생명과학시험원, 농학연구원, 수산학연구원, 임학 및 산림학연구원, 농림어업시험원, 건축가(건축설계사), 건축구조기술자, 건축시공기술자, 건축감리기술자, 건축설비기술자, 토목구조설계기술자, 토목시공기술자, 토목감리기술자, 조경기술자, 지적 및 측량기술자, 건설자재시험원, 철골공, 경량철골공, 철근공, 콘크리트공, 조적원, 건축석공, 건축목공, 전통건축기능원, 미장공, 방수공, 단열공(보온공), 타일 · 대리석시공원, 도배공, 유리부착원, 건물도장공, 새시조립 · 설치원, 건축배관공, 공업배관공, 잠수기능원, 건설 · 채굴단순종사원, 컴퓨터하드웨어기술자, 통신공학기술자 및 연구원, 통신장비 및 방송송출장비기사, 방송 및 통신장비설치 · 수리원, 방송통신 · 인터넷케이블설치 · 수리원, 게임프로그래머, 웹관리자(운영자), 정보시스템운영자, 수질환경기술자 및 연구원, 상 · 하수도처리장치조작원, 재활용처리장치 · 소각로조작원, 목재가공기계조작원, 펄프 · 종이제조장치조작원, 가구제조 · 수리원, 공예원, 귀금속 · 보석세공원, 악기제조원 및 조율사, 간판제작 · 설치원, 부동산중개인, 기술영업원, 해외영업원, 소규모판매원, 상품대여원, 선장 및 항해사, 선박기관사, 철도 · 전동차기관사, 철도교통관제사, 크레인 및 호이스트운전원, 지게차운전원, 하역 · 적재종사원, 과수작물재배원, 조경원, 가축사육종사원, 조림 · 삼림경영인 및 벌목원
다소 감소	광원 · 채석원 및 석재절단원, 점화 · 발파 · 화약관리원, 비파괴검사원, 종이제품생산기계조작원, 제품광고영업원, 자동차영업원, 텔레마케터(전화통신판매원), 상점판매원, 주유원, 선박갑판원, 신호원 및 수송원, 버스운전원, 화물차 · 특수차운전원, 곡물작물재배원, 채소 및 특용작물재배원, 원예작물재배원, 낙농종사원, 양식원, 어부 및 해녀
감 소	인쇄기계조작원, 사진인화 · 현상기조작원, 노점 및 이동판매원, 방문판매원, 통신기기 · 서비스판매원, 계산원, 매표원 및 복권판매원, 택시운전원, 우편물집배원

출처 : 한국고용정보원(2023. 6. 20). 한국직업전망 2023.

이러한 분야별 일자리 전망에 영향을 미치는 주요 요인으로는 인구구조 변화, 노동인구 변화, 가치관과 라이프스타일 변화, 과학기술의 발전, 국내외 경기 변화, 기업의 경영전략 변화, 산업 특성 및 산업구조의 변화 등을 들 수 있다.

〈표 2-2〉 일자리 전망에 영향을 미치는 주요 요인

전망 요인	세부 내용
인구구조(고령화, 저출산) 변화	저출산, 고령화, 1인 가구의 증가 등 거시적인 인구구조 변화
노동인구 변화	생산가능인구 감소, 여성의 경제활동 증가, 외국인근로자의 증가 등 국내 노동인구 변화, 해당 직업종사자의 고령화
가치관과 라이프스타일 변화	사회의 복잡화, 개인화, 생활수준의 질 향상으로 인한 가치관과 라이프스타일의 변화(예 : 건강, 미용, 여가에 대한 관심 증가와 온라인 소통 증대)
과학기술의 발전	로봇화와 자동화, 디지털화, IT기술의 발전, 융복합화 등 과학기술 발전
국내외 경기 변화	세계 및 국내 경기 전망
기업의 경영전략 변화	기업이 생산시설 해외 이전 또는 국내로의 유턴, 특정 분야 또는 직무의 아웃소싱, 기업인수 · 합병
산업특성 및 산업구조의 변화	산업구조의 고도화, 타 산업과의 융합 등 특정 산업 육성을 위한 정보의 전략적 지원(공유경제, 핀테크 활성화 등)
환경과 에너지	환경요인(환경오염, 기후변화, 자연재해 등)과 에너지 자원요인(자원고갈, 국가간 자원경쟁 등)으로 인한 (국제)규제 강화, 산업육성, 전문가 양성 등 저탄소 친환경에 대한 수요 증가 등
법 · 제도 및 정부정책	정부차원에서의 육성지원 방안 마련, 각종 규제 완화 및 제도 신설, 복지서비스 강화 등 정부정책에 따른 고용영향 자격제도 신설, 교육 및 훈련 신설 등 인력양성, 직업 전문화를 위한 제도마련 등
그 외 요인	상기 요인 이외에 일자리 변화에 영향을 미치는 기타 요인 조사 직무별 직접적인 영향 요인 등

출처 : 한국고용정보원(2023. 6. 20). 한국직업전망 2023.

과학기술의 발전, 정책이나 제도에 따라 기존 일자리가 새로운 일자리로 대체되는 등 직업세계가 빠르게 변화하고 있다. 특히 기술혁신, 저출산, 고령화로 인한 인구구조 변화, 코로나19 팬데믹으로 인한 디지털 전환, 저탄소 경제로의 전환 가속화 등 급격한 경제 · 사회적 변화에 따라 노동시장 및 직업구조에도 커다란 변화가 예상되고 있다(김동규 외, 2021). 따라서 기존 직업의 일자리 변화 이외에도 신직업의 등장을 통한 일자리 변화 또한 예상되고 있다.

신직업이란 해외에서는 직업적으로 정착되었으나 우리나라에는 아직 등장하지 않았거나 태동기에 있는 직업 중에 향후 우리나라의 경제, 산업, 사회, 노동시장 등의 상황 변화에 따라 일자리 창출이 가능한 직업을 말한다. 또한 기존 직업의 세분화, 전문화를 통해 새로운 직무 또는 일자리가 만들어지고 국민들에게 양질의 서비스를 제공할 수 있는 직업도 신직업 범주에 포함될 수 있다. 기술혁신 흐름에 부응하는 신기술, 융합 분야 신직업에 해당되는 직업으로는 메타버스 크리에이터, 데이터거래 전문가, NFT 아트에이전트, 산업수학 모더레이터, 스마트 안전관리사 등이 있다(김동규 외, 2021).

메타버스 크리에이터는 제페토, 로블록스, 바를러스 다즈 등의 메타버스 플랫폼에서 크리에이터로 활동하는 직업이다. 메타버스 크리에이터는 메타버스 플랫폼에서 제공하는 다양한 제작툴(그래픽, 게임 등)을 사용하여 아바타나 가상 패션 용품(옷, 모자, 액세서리 등), 가상세계에서 사용하는 제품(자동차, 인테리어 소품 등) 혹은 플랫폼상의 수많은 가상공간 또는 게임을 제작하여 이들 아이템을 메타버스 플랫폼을 이용하는 개인 유저나 게임 제작업체 등에게 판매하여 수입을 창출한다.

데이터거래 전문가는 데이터 거래 및 중개 과정에서 빅데이터 플랫폼을 기반으로 한 판매와 수요의 중개, 데이터 상품화 기획 및 컨설팅, 수요 시장(기업) 발굴, 데이터 영업 및 판매 등의 업무를 수행한다. 데이터 플랫폼을 기반으로 데이터 소유자와 고객을 연결하고 데이터 거래를 중개하는 것이 주된 업무이며, 데이터의 품질을 측정하여 현재의 수준을 평가하고 품질 저하의 요인을 분석하는 등 데이터 품질을 관리하기도 한다. 또한 고객의 니즈를 사전에 분석하여, 데이터의 상품화를 기획하고 개선하여 마케팅, 판매 제안 등의 업무를 수행하는 것도 데이터거래 전문가의 역할이다.

NFT 아트에이전트는 대체불가능토큰(NFT, Non-Fungible Token)을 활용하여 미술품 제작, 관리, 홍보 및 컬렉터와 작가 간 중개 등에 관한 업무를 수행하는 직업이다. NFT는 블록체인을 기반으로 하는 데이터 토큰으로, 토큰마다 고유의 값을 가지고 있어 다른 토큰으로 대체가 불가능하여 희소성을 갖는 디지털 자산을 말한다. NFT 아트에이전트는 NFT 예술시장에서 활약할 수 있는 재능 있는 크리에이터를 발굴하여 NFT 시장 진출을 지원하고, 작가와 작품을 큐레이팅하며, 또한 잠재력 있는 작가들의 작품을 사전에 수집하여 이후 해당 작가의 인지도 및 영향력이 상승하였을 때, 구매한 작품을 판매 또는 전시하는 일을 수행한다.

빅데이터, AI 등 기술이 발전하고 응용 분야가 확대되면서 수학을 통해 산업 현장의 문제를 해결하는 '산업수학(Industrial Mathematics)'이 대두되고 있으며, 최근 기계학습 등 인공지능 분야에서 수학적 접근 및 해석이 중요해지고 있는 상황이다. 산업수학 모더레이터는 산업현장에서 필요로 하는 문제를 수학적 지식과 방법으로 해결하기 위해 수학자와 기업 간의 연결자 역할을 수행하는 직업이다. 또한 기업과 사회가 직면한 문제를 적극적으로 발굴해 문제를 수학적으로 정의하며, 문제를 수학적 이론과 분석 방법을 통해 해결 가능성 판단 및 해결의 전 과정을 진행하는 해결자로서 역할을 수행한다.

스마트 안전관리사는 건설현장 및 산업현장에 ICT 기반의 스마트 안전장비를 기획, 설계, 설치 및 구축을 실행, 관리하는 직업이다. 스마트 안전관리 장비 및 시스템, 솔루션을 기획 · 개발 · 설계하는 것은 물론, 사업 수행 및 프로젝트 완성 이후까지 전반적인 컨설팅, 자문, 현장지도 등의 업무를 동시에 맡는다. 이들은 원청사와 감리사 사이에서 스마트 안전관리에 관해 자문, 민감한 데이터 공유 등의 중간역할을 수행하며, 스마트 안전장비 사용 시에 현장인력을 대상으로 교육을 실시하기도 한다. 2016년 기준 세계 스마트 건설시장의 규모는 약 100억 달러 수준으로, 연평균 성장률 12퍼센트 이상의 성장세를 보일 것으로 전망되고 있다(김동규 외, 2021).

2) 글로벌 일자리 전망

2016년 세계경제포럼은 『일자리 미래 보고서』를 통해 가히 충격적인 일자리 전망을 내놓았다. 세계경제포럼의 조사에 응답한 전문가들은 세계 고용의 65퍼센트를 차지하는 주요 15개국에서 2020년까지 향후 5년간 710만 개의 일자리가 사라지고 새로운 일자리는 불과 200만 개 정도가 창출되어 결과적으로 510만 개의 일자리가 사라질 것이라고 예측하였다. 또 현재 초등학교 입학을 앞둔 7세 아이들의 65퍼센트가 기존에 존재하지 않는 새로운 직종에서 일하게 될 것이라고 전망하였다(WEF, 2016).

2016년 세계경제포럼의 일자리 보고서는 세상이 너무 빨리 변하고 있는데 각국 정부나 개인들이 이에 대해 경각심 없이 미래를 제대로 대비하지 못하고 있다는 사실을 알리려는 의도를 다분히 포함하고 있었다. 그런데 사실 상황은 더 좋지 않은 쪽으로 나타났다. 2020년 1년 동안 우리나라에서만 100만 개의 일자리가 사라졌다. 예측하지 못했던 코로나19 팬데믹의 영향 때문이었다.

일자리에 대해 매우 절망적인 의견을 제시했던 2016년의 보고서와 달리 세계경제포럼은 2018년 『일자리 미래 보고서』에서 일자리에 대한 낙관적인 예측을 내놓았다. 2022년까지 기술 발전으로 전 세계에서 창출될 일자리는 1억 3,300만 개에 달할 것으로 추산한 반면, 로봇에 의해 대체될 일자리는 그 절반 수준인 7,500만 개로 예상하였다. 인력에 의해 수행되는 업무량이 줄어들고 기계에 의해 수행되는 업무량이 크게 증가할 것으로 전망하였다. 자동화로 인해 기존의 상근직 일자리는 감소할 수 있지만 새로운 유형의 직무와 일자리가 만들어질 것이라고 예측한 것이다(WEF, 2018).

기업들은 특정 업무를 수행하는 계약직 인력을 충원할 계획이며 코로나19 팬데믹 이전이었지만 이미 물리적 공간(사무실) 이외의 원격 업무 방식을 활용하여 보다 유연한 방식으로 근로자를 고용할 의사를 표명하였다. 전통적 화이트칼라 직무는 자동화로 인해 일자리를 잃을 위험이 큰 것으로 나타났고 인공지능 및 머신러닝 분야 전문가, 빅데이터 분석가, 정보 보안 분석가 등 최신 기술을 이해하고 활용할 수 있는 스킬을 갖춘 인력에 대한 수요가 크게 증가할 것으로 전망하였다(KISTEP, 2018).

코로나19 팬데믹 사태가 한창이던 시기에 세계경제포럼은 다시 일자리에 대해서 여전히 긍정적인 전망을 내놓았다. 세계경제포럼이 2020년 발표한 『일자리 미래 보고서』는 코로나19 팬데믹이 불러온 일자리의 변화와 기술 도입이 향후 5년간 일자리에 미칠 영향을 분석한 내용을 담고 있다. 코로나19 팬데믹으로 인해 이전부터 지속되던 기술 적용이 더욱 빨라지고 노동시장의 변화도 더욱 가속화될 것으로 전망하였다(WEF, 2020).

특히 2025년에는 인간과 기계의 일하는 시간이 동일해질 것이고 정보 및 데이터 처리 분야에서 기계의 노동시간이 인간의 노동시간을 초월할 것이라고 전망하였다. 반면 의사결정 분야에서는 여전히 인간의 노동시간이 더 길 것으로 예측하였다. 2025년까지 사무, 행정 분야를 중심으로 약 8,500만 개의 일자리가 기계 및 기술로 대체될 것이라고 밝혔다. 단순 사무직은 대거 축소되는 반면 인간과 기계, 알고리즘 사이를 연결하는 분야에서 약 9,700만 개의 일자리가 새롭게 창출될 것으로 전망하였다.

이렇듯 4차 산업혁명과 코로나19 팬데믹의 영향하에서도 세계경제포럼은 2025년까지 낙관적인 일자리 전망을 내놓았다. 그러나 특정 기술분야와 관련된 일자리의 편중이 심화될 것으로 보인다. 사실 이에 대해서는 누구나 같은 생각일 것이다. 디지털화되어 가는 세상 속에서 기술분야와 관련된 일자리는 점점 더 늘어날 것이고 인공지능과 기계에 의해 대체 가능한 일자리는 점점 줄어들 것이기 때문이다.

2023년 세계경제포럼은 전 세계 27개 사업 클로스터와 45개 경제권에서 총 1,130만 명 이상의 근로자를 고용하고 있는 803개의 글로벌 기업을 대상으로 설문조사를 실시하였고 이를 토대로 일자리 전망을 담은 『일자리 미래 보고서』를 발간하였다. 조사 결과에 따르면 AI 도입과 기술혁신으로 2023년부터 2027년까지 향후 5년간 6,900만 개의 일자리가 신규로 창출되는 반면 8,300만 개의 일자리가 사라질 것이라고 전망하였다. 이는 전 세계 일자리의 2퍼센트에 해당하는 1,400만 개의 일자리가 순 감소한다는 것을 의미한다(WEF, 2023).

빅데이터 분석, 기후 변화 및 환경 관리 기술, 암호와 및 사이버 보안이 일자리 성장의 가장 큰 원동력이 될 것으로 예상하였다. 농업 기술, 디지털 플랫폼 및 앱, 전자상거래 및 디지털 무역, 인공지능은 노동시장에 상당한 혼란을 초래할 것으로 예상되나 결국 일자리 측면에서 긍정적인 결과를 가져올 것으로 전망하였다.

향후 5년 동안 인간형 로봇(휴머노이드)과 비인간형 로봇 기술을 제외하고는 모두 신규 일자리를 창출할 것으로 전망하였다.

최근에 가장 빠르게 성장하고 있는 직종은 기술, 디지털화, 지속가능성과 관련 있으며 대부분 기술 관련 분야이다. AI 및 머신러닝 전문가가 빠르게 성장하는 직업리스트 상단에 위치하고 있으며 지속가능 전문가, 비즈니스 인텔리전스 분석가, 정보 보안 분석가가 그 뒤를 잇고 있다. 또한 경제가 재생에너지로 전환됨에 따라 신재생에너지 엔지니어와 태양광에너지 설치 및 시스템 엔지니어는 상대적으로 빠르게 성장하는 직업으로 볼 수 있다. 가장 빠르게 감소하는 직종은 대부분 사무직 또는 비서직 영역이다. 은행원 및 관련 사무원, 우체국 사무원, 계산원, 매표원, 데이터 입력 사무원이 가장 빠르게 감소할 것으로 예상하였다(WEF, 2023).

〈표 2-3〉 일자리가 빠르게 성장하는 직업들과 빠르게 감소하는 직업들

빠르게 성장하는 직업들		빠르게 감소하는 직업들	
1	인공지능 및 머신러닝 전문가	1	은행 창구 직원 및 관련 직원
2	지속가능 전문가	2	우편 서비스 사무원
3	비즈니스 인텔리전스 분석가	3	계산원과 매표원(티켓 사무원)
4	정보 보안 분석가	4	데이터 입력 사무원
5	핀테크 엔지니어스	5	행정 및 집행 비서
6	데이터 분석가 및 과학자	6	자료 기록 및 재고 관리 사무원
7	로봇 공학자들	7	회계, 부기 및 급여 사무원
8	전기기술 엔지니어	8	물류관리자 및 담당자
9	농업 장비 운영자(농기구 운영자)	9	통계, 재무 및 보험 사무원
10	디지털 혁신 전문가	10	방문 판매원, 신문 및 노점상, 관련 근로자

출처 : WEF(2023). Future of Jobs Report 2023.

지금까지 살펴본 세계경제포럼의 일자리 전망 보고서들은 과학기술의 발전이 일자리를 위협할 수 있다는 것을 잘 보여주고 있다. 과학기술 혁신이 노동시장에 미치는 영향을 두고 두 가지 의견이 상충한다. 해피엔딩(happy ending)을 확신하는 쪽에서는 기술 발달로 일자리를 잃는 노동자는 새로운 직업을 찾게 되고 기술은 새로운 번영의 시대를 열 것이라고 말한다. 또 새드엔딩(sad ending)을 주장하는 쪽에서는 기술적 실업이 대대적으로 발생하여 점차 사회적, 정치적 아마겟돈이 일어나게 될 것이라고 전망한다. 역사를 돌아보면 결과는 어느 한쪽에도 치우치지 않은 이 두 가지 관점의 중간에서 일어났다(Schwab, 송경진 역, 2017). 이 점에 주목할 필요가 있다.

4. 학습정리

1) 4차 산업혁명의 주요 기술에 대해 설명한다.

2) 미래의 노동시장의 4개 계급 중 프레카리아트에 대해 설명한다.

3) 신직업에 대해 설명한다.

4) 세계경제포럼이 발간한 『2023 일자리 미래 보고서』의 내용을 참고하여 향후 5년간 가장 빠르게 감소할 직업 다섯 가지를 적고 이에 대해 설명한다.

03

CHAPTER

성격이해

사람들이 가장 궁금해하는 것 중의 하나가 '자신이 어떤 사람인가?' 하는 것이다. 3장의 성격이해에서는 자신의 성격 특성에 대한 이해 부분을 다룬다. 성격이해는 진로선택이나 비전을 설정하는 데 기초가 되는 작업이다. 성격 특성에 대한 이해를 위해 행동주의 심리학에 근거한 DISC 이론에 대해 구체적으로 살펴본다. DISC 검사를 통해 자신의 성격에 대해 이해한다.

학습목표

1. DISC 성격 유형의 학습을 통해 자신이 어떤 사람인지 이해한다.
2. DISC 각 성격 유형별로 적합한 직업에 대해 살펴본다.
3. DISC 성격 유형에 근거해 자신의 성격 장점과 개선점에 대해 생각해 보고 개선 방법을 모색한다.

학습내용

Think Pocket
1. DISC
2. DISC 유형의 공통점과 차이점
3. DISC 각 유형의 특징
4. DISC 유형별 행동 특성 분석
5. DISC 유형별 직업
6. 학습정리

Chapter

03 성격이해

Think Pocket

정말 인내는 쓰고 열매는 단 걸까?

1960년대 진행된 '스탠퍼드 마시멜로 실험'은 스탠퍼드대학 부설 유치원에 다니는 백인 중산층 가정의 네 살 된 아이들 653명을 연구대상으로 한 실험이다(강준만, 2013).

아이들은 각각의 방에서 마시멜로를 하나씩 받았고 이런 설명을 들었다.

"15분간 먹지 않으면, 상으로 마시멜로를 1개 더 줄게. 만약 먹고 싶으면 먹어도 괜찮아. 먹을 때는 벨을 울려 알려주면 돼."

이제 겨우 네 살 된 아이들이 마시멜로를 앞에 놓고 15분을 기다리는 건 결코 쉬운 일이 아니었다. 그 달콤하고 말랑말랑하며 촉촉한 과자의 유혹을 어찌 이겨낼 수 있겠는가.

실험 진행자는 충분히 설명한 후 아이와 마시멜로를 남겨두고 밖으로 나갔다.

홀로 남겨진 아이들은 어떻게 반응했을까?

몇몇은 참지 못해 먹었고, 몇몇은 끝까지 기다려 마시멜로 1개를 더 받았다.

15분을 기다려 마시멜로 2개를 먹은 아이들은 전체의 30퍼센트였다.

14년 후, 연구자들은 실험에 참가했던 아이들을 추적해 그들의 삶을 비교하였다. 그리고 놀라운 결과를 얻었다. 만족을 지연했던 아이들과 그러지 못했던 아이들의 대학수학능력평가시험(SAT) 점수 차이는 무려 210점이었다. 또 지연 시간이 가장 짧았던 아이들은 순간적인 충동을 제대로 조절하는 법을 익히지 못했을 뿐만 아니라 정학 처분을 받는 빈도도 높았고 약한 아이를 괴롭힐 확률 역시 가장 큰 것으로 나타났다. 마시멜로 하나를 참지 못하고 먹은 것뿐인데 그들의 삶은 너무나 달랐다. 이 연구는 미래를 위해 자신의 만족을 지연시킬 수 있다면 미래의 성공 가능성은 더 커진다는 것을 입증한 연구로 평가되었다(강준만, 2013).

이 실험이 만족지연(delay of gratification)이론으로 대표되는 마시멜로 실험이다(Mischel, Shoda & Rodriguez, 1989). 만족지연은 지금 현재의 만족을 추구하기보다는 미래의 목표를 이루기 위해 현재의 만족을 지연시키는 것을 의미한다. 자신이 세운 목표를 이루기 위해 순간의 쾌락추구와 나태함을 포기하고 노력하는 자세를 취함으로써 자신이 원하는 목표를 이룰 수 있다는 것이다(정옥분, 2014).

그런데 최근 미국 뉴욕대학교와 캘리포니아 어바인대학교의 공동연구팀은 새로운 마시멜로 실험을 진행하였다. 그리고 기존과는 전혀 다른 연구결과를 얻었다. 기존 연구는 스탠퍼드대학교 교직원의 자녀들을 실험대상으로 했으며 시간이 흘러 그들이 어떻게 성장했는지 확인한 사례도 50여 명에 불과하였다. 연구 대상자도 부족했고 가정환경도 다양하지 못했다는 비판을 받았다.

이를 반영하여 최근 연구는 인종 및 가정환경 등의 요건을 다양하게 구성하였고 어머니가 고등교육을 받지 않은 가정의 어린이 554명을 포함하여 총 918명의 아이들을 실험대상으로 선정하였다. 또한 기존 연구와 다르게 마시멜로 이외에 쿠키와 초콜릿 등을 제공하였고 시간도 15분이 아닌 7분을 주었다(Watts, Duncan & Quan, 2018).

그 결과 아이들이 과자 앞에서 참을성에 차이를 보인 가장 큰 요인은 어머니의 학력이었다. 즉, 어머니가 대졸 이상의 학력을 가진 경우 68퍼센트의 아이들이 7분을 참았지만, 어머니가 대학을 졸업하지 않은 경우 아이들이 7분을 참은 비율은 45퍼센트밖에 되지 않았다. 이들에 대해 장기 추적해 본 결과, 아이들의 인내심 정도와 청소년기의 학교생활 및 학업 성적과는 관계가 없는 것으로 나타났다. 마시멜로를 먹지 않고 참은 학생들은 참을성 때문이 아니라 원래 좋은 가정환경에서 좋은 교육을 받았기 때문에 우등생이 되거나 좋은 직장을 얻었을 가능성이 크다는 것이다(이성규, 2018. 12. 17).

사실 좋지 않은 식사 환경에 처해 있는 아이들의 입장에서는 불확실한 미래의 약속보다는 눈앞의 마시멜로를 바로 먹는 것이 더 나은 결정일 수도 있다. 연구에서도 가정환경이 어려운 아이들이 참을성 없이 과자를 먹는 비율이 높았다. 이렇듯 아이가 처한 상황과 특성을 고려하지 않은 채 단지 마시멜로를 빨리 먹었다는 사실만으로 그 아이의 미래를 속단한다는 것은 불합리할 수 있다(이성규, 2018. 12. 17).

물론 오랫동안 신뢰를 얻어온 연구결과를 단 한 편의 연구논문으로 뒤집기는 쉽지 않을 것이다. 그렇다 하더라도 연구결과에 대해 생각해 볼 여지는 충분하다. 어쩌면 만족지연이론은 더 이상 옳지 않은 이론이 될 수도 있기 때문이다.

만약 그렇다면 '인내는 쓰고 열매는 달다'라는 격언은 어떻게 받아들여야 하는 걸까? 자신이 원하는 것을 얻기 위해서는 열심히 노력해야 하고 이러한 가운데 어느 정도는 인내가 필요하다는 생각을 가진 사람들이 여전히 많은데도 말이다. 그렇다 하더라도 우리는 우리가 원하는 목표를 이루기 위해 여전히 인내가 필요한 것은 아닐까?

1. DISC

1) DISC의 개념

인간은 환경의 지배를 받는 동물이며 자신이 속한 환경과 영향을 주고받으며 살아가고 있다. 행동주의 심리학은 객관적으로 관찰 가능한 인간의 행동을 연구대상으로 삼고 있는 학문이다. 행동주의 심리학자들은 인간이 환경과 영향을 주고받는 가운데 나타내는 행동에 대해 이를 규명하고 객관화하려는 다양한 시도를 하고 있다.

1920~1930년대 미국의 행동주의 심리학자인 마스톤(W. Marstone)은 네 가지 체액설을 바탕으로 모든 인간에게 적용 가능한 DISC 행동유형 모델을 개발하였다. DISC 행동유형 모델은 인간의 행동 특성을 D(주도형), I(사교형), S(안정형), C(신중형)로 구분하였다.

마스톤의 DISC 행동유형 모델은 히포크라테스(Hippocrates, BC 460~377)의 네 가지 체액설에 근거하고 있다. 히포크라테스는 인간의 신체를 구성하는 체액의 유형을 혈액(blood), 흑담즙(black bile), 황담즙(yellow bile), 점액(phlegm)으로 구분하였다. 히포크라테스는 사람들을 치료하면서 똑같은 질병에 똑같은 약을 처방하여도 낫는 사람이 있는가 하면 낫지 않는 사람이 있다는 것을 발견하였다. 그리고 그 원인은 인간의 모든 내부 장기를 구성하는 체액이 각기 다르기 때문이라고 주장하였다.

AD 200년경 갈렌(Galen)은 이러한 히포크라테스의 체액설에 근거하여 네 가지 체액에 상응하는 기질(temperament), 즉 다혈질(sanguine), 우울질(melancholic), 담즙질(choleric), 점액질(phlegmatic)의 존재를 주장하였다. 이러한 히포크라테스의 체액설과 갈렌의 기질이 DISC 행동유형 모델의 근간이 되었다. 〈표 3-1〉은 히포크라테스, 갈렌과 마스톤의 유형을 비교한 것이다(박윤희, 2018b).

〈표 3-1〉 체액유형과 DISC 유형

히포크라테스의 체액	갈렌의 기질	마스톤의 DISC 유형
황담즙(Yellow bile)	담즙질(Choleric)	D형(주도형, Dominance)
혈액(Blood)	다혈질(Sanguine)	I형(사교형, Influence)
점액(Phlegm)	점액질(Phlegmatic)	S형(안정형, Steadiness)
흑담즙(Black bile)	우울질(Melancholic)	C형(신중형, Conscientiousness)

출처 : 홍광수(2010). 관계 내용 수정.

❖ DISC 검사

다음에 제시된 내용에 따라 DISC 검사를 실시한다.

❖ 검사 시 유의할 사항

- 사회적으로 바람직하다고 생각되는 것에 답을 하려는 경향이 있을 수 있다. 이 검사는 성격기질을 알아보기 위한 것이므로 바람직하거나 바람직하지 않은 것은 없다.
- 너무 깊게 생각하지 말고 자신을 생각하면 가장 먼저 떠오르는 것을 선택한다.
- 자신이 되고 싶은 모습이 아닌 현재 자신의 모습에 충실한 검사가 되도록 한다.

❖ 검사방법

- 다음 문항들은 강점에 대한 단어들로 구성되어 있다.
- 문항을 읽고 4개의 보기 중 가장 자신을 잘 설명하는 보기 하나에만 표시(✔)한다.
- 표시(✔)를 모두 마치면 합계란을 작성하고 가장 점수가 높은 유형 하나를 선택한다.
- 만약 가장 점수가 높은 유형이 동점이 나왔을 경우 다시 문항을 천천히 읽으면서 가장 자신을 잘 표현한다고 생각되는 유형을 최종적으로 선택한다.
- 다음의 예시를 참고하여 검사를 실시한다.

✤ 예시

문항	가	나	다	라
1	생동감 있는	모험적인	분석적인 ✔	융통성 있는
20	활기 있는	담대한	예의 바른	치우치지 않는 ✔
합계	3	4	8	5

문항	가	나	다	라
1	생동감 있는	모험적인	분석적인	융통성 있는
2	쾌활한	설득력 있는	끈기 있는	평온한
3	사교적인	의지가 강한	희생적인	순응하는
4	매력 있는	경쟁심이 강한	상대를 배려하는	감정을 다스리는
5	활력을 주는	신속히 대처하는	상대를 존중하는	표현을 자제하는
6	생기발랄한	독자적인	민감한	수용하는
7	함께 권장하는	긍정적인	계획적인	참을성 있는
8	충동적인	확신 있는	계획에 따라 하는	과묵한
9	낙천적인	솔직한	체계적인	포용력 있는
10	재치 있는	주관이 뚜렷한	꾸준하고 성실한	상대를 따르는
11	즐거운	겁 없는	섬세한	온화한
12	명랑한	자신감 있는	침착한	정서적으로 안정된
13	즐거움을 주는	독립적인	이상을 추구하는	남을 불편케 하지 않는
14	감정을 표현하는	결단력 있는	몰두하는	순간 위트 있는
15	쉽게 어울리는	행동하는	정확한	중재하는
16	말하기 좋아하는	목표 지향적인	사려 깊은	관대한
17	열정적인	책임을 지는	약속을 잘 지키는	경청을 잘하는
18	무대 체질인	지도력 있는	조직적인	현실에 만족하는
19	인기 있는	성취하는	완벽을 추구하는	편안한
20	활기 있는	대담한	예의 바른	치우치지 않는
합계				

출처 : Littauer F., 정동섭 역(2006). 부부와 기질플러스 내용 수정 및 정리.

❖ DISC Group Activity

DISC 성격 유형별(가, 나, 다, 라)로 그룹을 구성하고 구성원들이 브레인스토밍 기법으로 의견을 작성한다. 각 성격 유형별로 작성한 내용을 발표한다.

항 목	의 견
1. 나를 잘 표현하는 동물/ 사물	
2. 나를 잘 표현하는 단어/ 표어	
3. 내 성격의 장점	
4. 내 성격의 단점	
5. 내가 좋아하는 사람들의 특징	
6. 내가 싫어하는 사람들의 특징	
7. 내가 좋아하는 커뮤니케이션 스타일 (이메일, 카톡, 화상통화, 전화통화, 면대면 대화, 집단토론, 발표 등)	
8. 나에게 만약 50억이 생긴다면…	
9. 나에게 잘 맞을 것 같은 직업	
10. 나에게 잘 맞지 않을 것 같은 직업	

2. DISC 유형의 공통점과 차이점

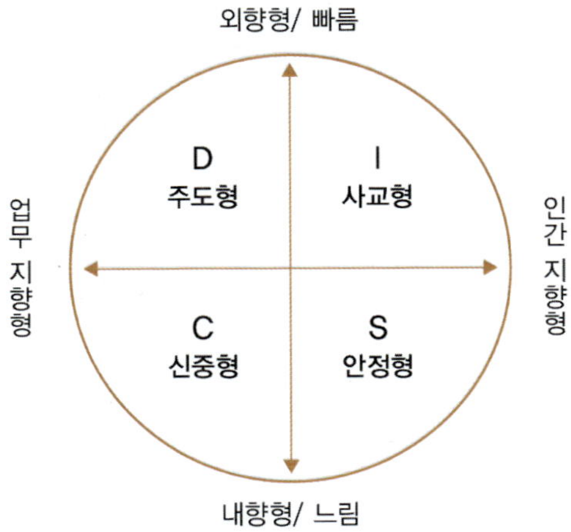

[그림 3-1] DISC 유형의 공통점과 차이점

출처 : Rohm R. A., 박옥 역(2009). 성격으로 알아보는 속 시원한 대화법.

DISC 네 가지 유형들은 서로 공통점과 차이점을 가지고 있다. 우선 성격의 개방성과 속도를 기준으로 살펴볼 수 있다. 주도형(D)과 사교형(I)이 갖는 공통점은 외향적이며 빠르다는 것이다. 주도형과 사교형의 사람들은 외부로부터 에너지를 얻는 사람들로 다른 사람들에게 먼저 다가가 대화를 시도하는 편이다. 또 말이나 행동이 빠른 편이고 사고나 판단도 빠르다.

반면 안정형(S)과 신중형(C)이 갖는 공통점은 내향적이고 느리다는 것이다. 안정형과 신중형의 사람들은 자기 안에서 에너지를 얻는다. 따라서 안정형과 신중형의 사람들은 에너지가 필요한 경우 조용히 혼자만의 시간을 가짐으로써 필요한 에너지를 얻는다. 이들은 타인에게 먼저 말을 걸고 다가가는 편은 아니다. 또 말이나 행동이 느린 편이고 사고나 판단도 빠르지 않다. 주도형과 사교형이 말을 하면서 생각을 하는 편이라면 안정형과 신중형은 생각을 하고 말을 한다. 하지만 이것은 어디까지나 상대적인 것이다. 주도형과 사교형의 사람들에 비해 상대적으로 안정형과 신중형의 사람들이 내향적이고 느리다는 것이지 절대적 기준에 근거한 것은 아니다.

다음으로 DISC 네 가지 유형들을 업무 지향적이냐 또는 인간 지향적이냐의 기준으로 살펴볼 수 있다. 주도형과 신중형은 업무 지향형의 사람들이다. 이들은 사람과의 관계보다는 자신에게 주어진 업무를 잘 마무리하는 것이 우선이기 때문에 일을 할 때는 사람관계가 눈에 잘 들어오지 않는다. 반면 사교형과 안정형의 사람들은 업무를 처리할 때도 여전히 사람과의 관계가 중요하고 이를 먼저 고려하는 편이다. 이러한 유형별 공통점과 차이점으로 인해 각 유형들은 서로 다른 성격 특성을 갖는다(박윤희, 2018b).

3. DISC 각 유형의 특징

주도형은 단어 자체의 느낌에서도 알 수 있듯이 상당히 주도적이고 도전적인 성향을 갖는다. 주도형과 관련된 영어 단어로는 dogmatic(독단적인), directive(지배적인), demanding(요구하는), decisive(단호한), determined doer(결연한 실행가), dictatorial(독재적인), defiant(도전적인) 등이 있다. 주도형은 다른 어떤 유형보다 리더십이 뛰어난 유형이다. 항상 자신감에 차 있고, 도전적이며 목표를 세우고 이를 달성하기 위해 앞으로 나아가는 추진력이 뛰어나다. 또 반드시 목표를 달성하고자 하는 결과지향적 성향을 지닌다. 때로는 경쟁도 불사하고 공격적인 성향을 보이기도 한다. 다른 사람의 의견을 듣기보다는 자신의 생각대로 일을 추진하려는 성향을 보이고 변화를 주도하려는 모습을 보이기도 한다. 자신이 주도하는 환경을 선호하고 자신의 역할이 미미하거나 통제당하는 환경을 싫어하며 그러한 환경에 놓이게 되면 스트레스를 받는다. 때로는 추진력을 발휘해 일을 하는 과정에서 다른 사람의 감정을 무시하는 언행을 할 수도 있다.

사교형은 사람이나 대인관계에 관심이 많은 유형으로 말하기를 좋아하고 재미 있는 것을 추구하는 성향이 강하다. 사교형과 관련된 영어 단어로는 interacting(영향을 끼치는), impressive(인상적인), interested(흥미 있는), interchangeable(융통성 있는), intercept(남의 말을 중간에 가로채는) 등이 있다. 사교형은 상당히 감정적이고 자신의 감정을 솔직하게 잘 표현한다. 또 다른 사람들과 이야기하기를 좋아하고 특히 흥미롭고 재미있는 것을 좋아한다. 항상 긍정적인 마인드를 가지고 있고 적극적인 성향을 보인다. 또 다른 사람들에게 인정받고 칭찬받기를 원한다. 자신들이 칭찬받는 것이 좋기 때문에 다른 사람들에게도 칭찬을 많이 해주는 유형이다. 또 사교형들 중에는 달변가들이 많은데 이들이 가지는 설득력 있고 흥미로운 대화 기술은 많은 친구들이 이들을 따르게 하는 중요한 기술이다. 반면에 사교형 성향이 강할 경우 계획성이 부족하고 일 처리에 맺고 끊음이 불명확할 수 있다. 실제로 사교형의 성향이 매우 강한 사람들 중에는 필요성을 느끼지 못해 다이어리를 사용하지 않는 경우도 있다. 업무나 공부를 할 때에도 스트레스를 많이 받을 경우 마무리가 흐지부지되는 경우가 있다.

안정형은 단어 자체의 느낌과 같이 급격한 변화를 싫어하고 안정을 추구하려는 성향을 갖는다. 안정형과 관련된 영어 단어로는 sweet(부드러운), steady(한결 같은), stable(안정적인), shy(부끄러워하는), sensitive(민감한), service(봉사하는) 등이 있다. 안정형은 주어진 환경에 순응하고 꾸준하게 무언가를 해나가며 다툼과 갈등을 싫어하는 평화주의자의 성향을 가지고 있다. 또 다른 사람을 위해 희생하거나 봉사하는 성향도 강한 편이다. 안정형은 다른 어떤 성격보다도 협력정신이 뛰어나다. 또 사교형과 동일하게 인간지향적인 성향을 가지고 있어 타인에게 친근감을 주고 호의적이다. 자신을 잘 드러내지 않고 겸손한 자세를 취한다. 안정형들은 있는 듯 없는 듯 존재감을 드러내지 않는 상황을 좋아하고 자신의 주장을 강하게 펼치는 것을 싫어한다. 안정형들은 이러한 자신들의 성향 때문에 힘들어하기도 하는데, 자신이 쉽게 해줄 수 없는 일임에도 불구하고 선뜻 도와주겠다고 하고 후회한다거나 정작 해야 할 말을 못하고 혼자 마음고생을 하는 일도 적지 않다. 또 안정형은 안정을 추구하려는 성향 때문에 급격한 변화나 혁신이 필요한 상황에 잘 적응하지 못하는 특성을 보인다.

신중형은 DISC 네 가지 성격 유형 중 원칙을 잘 지키려는 성향이 가장 강하다. 신중형과 관련된 영어 단어로는 cautious(신중한), calculating(계산적인), competent(유능한), conservative(보수적인), correct(정확한), concise(간결한), critical(비판적인), concrete(구체적인) 등이 있다. 신중형은 자신이 납득할 수 있을 때 그것을 인정하고 받아들이려는 성향이 있다. 자신이 직접 경험하지 않은 것을 쉽사리 믿지 않고 돌다리를 몇 번씩 두드린 후에도 잘 건너지 않는다. 정확하고 올바른 방법으로 일하는 것을 좋아하고 핵심적인 세부사항에 주의를 기울이며 매우 분석적이다. 업무를 처리하는 데 자신이 갖는 기대수준이 매우 높은 편으로 이 기대수준을 만족시키기 위해서 노력한다. 질서나 규정을 준수하는 것을 선호하고 감정에 흔들리지 않고 자신을 잘 통제하는 편이다. 워낙 신중한 성격으로 의사결정이나 판단이 다소 늦는 경향을 보이며 일을 처리하는 데 기대수준이 높아 이로 인해 주변 사람은 물론 자기 자신도 힘들어할 때가 있다(박윤희, 2018b).

4. DISC 유형별 행동 특성 분석

DISC 유형별 팀 프로젝트 수행, 리더십 스타일, 감정 처리, 시간 사용, 스트레스의 표현과 해소, 커뮤니케이션 스타일, 자신과 타인에 대한 기대, 유형별 갈등 요인과 반응에 대해 살펴보자(박윤희, 2018a).

1) 팀 프로젝트 수행

DISC 각 유형들이 함께 프로젝트를 수행한다면 어떤 흥미로운 일들이 일어날까? 먼저 주도형의 경우 전체적인 프로젝트의 책임을 맡고 이를 주도적으로 이끌어 나가려는 성향을 보일 것이다. 또 강력한 추진력을 발휘함으로써 프로젝트 목표를 달성하려고 한다. 이들은 일단 실행에 옮기고 나서 이후의 상황을 살피는 경향이 있다. 따라서 다른 사람들이 옆에서 일이 진행되는 과정을 잘 확인하고 체크해 주는 것이 필요하다.

사교형의 경우 무엇을 추진하는가보다는 누구와 함께 하느냐가 중요할 수 있는 사람들이다. 그래서 이들은 함께 프로젝트를 수행할 사람들을 모은다. 또 프로젝트 팀의 분위기를 살리고 팀원들이 즐거운 마음으로 프로젝트를 함께할 수 있도록 노력한다. 반면에 실행보다는 말이 앞설 수 있기 때문에 다른 사람들이 옆에서 잘 실행될 수 있도록 도움을 주어야 한다.

안정형의 경우 앞에 나서기보다는 뒤에서 지원해 주고 준비를 하는 사람들이다. 이들은 다른 사람들에게 잘 협조하고 일이 잘될 수 있도록 노력을 아끼지 않는다. 따라서 다른 사람들이 안정형 옆에서 추진력 있게 일을 잘할 수 있도록 도와주는 것이 필요하다.

신중형의 경우 프로젝트를 계획하고 일의 진행 프로세스를 만들며 프로젝트가 진행되는 동안에는 착오나 실수가 발생하지 않도록 이를 잘 점검하는 역할을 담당한다. 이들은 정확하게 잘 진행되고 있는지, 오류나 실수는 없는지에 대해 관심을 집중하기 때문에 일이 진행되는 속도가 느릴 수 있다. 따라서 누군가 옆에서 일의 진행속도가 너무 늦지 않도록 실행 부분에 힘을 실어줄 필요가 있다.

위에서 살펴본 바와 같이 DISC 네 가지 유형들은 팀 프로젝트를 진행할 때 상호 보완적인 특징들을 가지고 있다. 일단 실행에 옮기고 보는 주도형과 함께 프로젝트를 수행할 사람들을 모으고 일할 수 있는 분위기를 만드는 사교형, 프로젝트가 잘 진행될 수 있도록 준비하고 지원하는 안정형, 그리고 프로젝트를 계획하고 프로세스를 만들며 일이 오류 없이 잘 진행되는지를 점검하는 신중형이 있을 때 완벽한 프로젝트 성공이 가능하다. 따라서 기업과 같은 조직에는 DISC 네 가지 유형들이 모두 있어야 하고 이들이 서로 자신의 역할에 충실할 수 있을 때 조직의 성과 창출과 목표달성이 가능하다.

2) 리더십 스타일

DISC 네 가지 유형의 사람들이 조직의 리더가 된다면 그들의 리더십은 어떻게 발휘될까? 주도형은 어려운 일과 목표에 도전하는 것을 좋아하는 유형으로 힘든 문제를 해결함으로써 성취감을 느끼는 것을 선호한다. 이들이 리더십을 발휘하게 된다면 자신의 지위를 이용한 카리스마 리더십을 발휘할 것이다.

사교형은 자유롭고 공개적인 상황에서 의사소통하기를 원하는 민주적인 리더십 스타일을 선호한다. 또 어떤 사항에 대해 의사결정을 할 때도 자기 지위를 사용하거나 권위를 내세우지 않고 서로의 의견을 모아 공감대를 형성하고자 하는 리더십을 발휘할 것이다.

안정형은 조용하고 차분한 리더십 스타일을 선호하며 다른 사람에게 업무나 의사결정을 위임하는 일에도 주저하지 않는다. 또 다른 사람들이 자신에게 할당된 업무를 완수하도록 허용하고 이를 지원하는 모습을 보이기도 한다. 많은 사람들에게 참여의 기회를 주는 참여적 리더십 스타일이라고 볼 수 있다.

신중형은 관료적인 리더십을 발휘하는 유형으로 볼 수 있다. 원칙중심의 업무처리를 선호하는 신중형은 실수 없는 완벽한 업무 처리를 원한다. 또 자신이 전면에 나서 업무를 지시하고 지휘하기보다는 다른 사람이 주도할 수 있도록 하고 자신은 이를 따르는 업무 처리를 선호한다(박윤희, 2018a).

3) 감정 처리

DISC 각 유형들은 자신의 감정을 어떻게 표현할까? 행동 특성들이 상이했던 것과 같이 감정 처리 역시 서로 다른 특징을 갖는다.

먼저 주도형의 경우 화가 나면 자신의 감정을 잘 통제하지 못하고 버럭 소리를 지르거나 화를 내는 편이다. 또 기본적으로 감정 자체를 중요하게 생각하지 않는다. 사람보다는 업무 지향적인 성향으로 인해 삶을 치열한 전쟁으로 생각하는 경향도 있다. 이런 주도형이 감정 처리에서 주의해야 할 것은 자신의 감정 처리에 인색한 것처럼 타인의 감정에도 무관심해서는 안 된다는 것이다. 이는 자칫 대인관계에 악영향을 미칠 수 있는 부분이고 이로 인해 주변 사람에게 정이 없는 매정한 사람이라는 이야기를 들을 수 있다.

사교형은 자신의 감정에 솔직하고 이를 잘 표현하는 유형이다. 흔히 감정이 풍부하다는 말을 하는데 바로 사교형을 두고 하는 말이다. 사교형은 자신의 감정이 풍부한 만큼 다른 사람의 감정상태를 잘 이해하고 이를 격려하거나 위로하는 일을 잘한다. 또 다른 사람의 감정에 민감하게 반응하고 아울러 다른 사람의 마음이 편해지기를 바란다. 자신의 감정 조절이 잘 안될 경우 다른 유형이 보기에 지나친 감정표현으로 보여질 수도 있다.

안정형은 얼굴에 감정 변화가 거의 없는 편이나 안정형의 얼굴은 상당히 편안해 보인다. 안정형은 평화주의자로 다른 사람과의 언쟁이나 갈등을 싫어하고 이러한 상황을 피하려고 한다. 또 다른 사람이 자신으로 인해 상처를 받거나 힘들어하는 것을 원하지 않기 때문에 다른 사람의 감정을 잘 의식하는 편이다. 반면에 안정형은 자신의 감정에 좀 더 솔직해질 필요가 있다. 인내하는 것만이 능사는 아니기 때문이다.

신중형은 주도형과 동일하게 업무 지향적인 유형이다. 따라서 다른 사람의 감정에 민감하게 반응하기보다는 이를 분석하고자 하는 성향이 있다. 신중형은 어떤 사람이 지금 몹시 화가 나 있다면 그 사람의 화가 난 현재의 감정이 중요한 것이 아니라 그 사람이 화가 난 이유를 논리적으로 분석하려고 한다. 신중형에게는 감정을 있는 그대로 받아들이는 것도 필요하다. 이를 분석하고 원인을 찾는 것은 때로는 무의미하기 때문이다.

4) 시간 사용

서로 다른 행동 특성을 보이는 DISC 네 가지 유형의 시간에 대한 개념은 어떠할까? 또 이들은 자신들의 시간을 어떻게 사용할까?

먼저 주도형은 항상 정확하게 시간을 사용하고 시간에 대해서도 주도권을 가지려고 한다. 즉, 주변의 다른 여건을 고려하지 않고 자신이 의도하는 대로 시간 사용이 가능하다고 보는 것이다. 시간 사용에 있어 주도형이 갖는 강점은 빠른 의사결정과 신속한 행동이다. 반면 충분한 계획을 수립하고 준비를 하는 데 시간을 사용하지 않고 성급하게 일을 진행하는 경향이 있어 자칫 실수를 범할 가능성이 있다.

사교형은 DISC 네 가지 유형 중에 시간 개념이 가장 약한 유형이다. 지나치게 관대한 시간계획을 세우며 이를 문서화하지 않아 잊는 경우가 있다. 적극적이며 변화에 신속하게 대응하는 능력은 뛰어나나 꼼꼼한 계획수립 능력 부족과 무딘 시간 감각이 단점으로 지적된다.

안정형은 빠른 편이 아니므로 시간에 쫓길 경우에는 스트레스를 받는다. 여유 있는 시간 사용을 통해 천천히 계획을 수립하고 실행할 수 있는 시간이 필요하다. 체계적인 일 처리와 성실한 태도는 장점으로 작용하나 주도성이 부족하고 변화에 대해 신속하게 적응하지 못하는 점과 느린 출발은 단점으로 지적된다.

신중형은 항상 일을 빈틈없이 정확하고 바르게 처리하기 위해 많은 시간을 사용한다. 철저하게 계획을 세워 시간을 계산하고 그 시간에 맞추려고 노력한다. 항상 계획을 수립하고 예상되는 어려움을 분석하는 노력은 장점으로 작용한다. 반면에 세세한 것에 너무 집중하는 완벽주의 성향으로 인해 지나치게 높은 기준을 세우고 이를 지키려 하기 때문에 시간 사용에 어려움을 겪을 수 있다.

5) 스트레스의 표현과 해소

DISC 유형에 관계없이 사람들은 스트레스 상황에 놓이게 되고 또 이를 극복해야 한다. 그렇다면 DISC 각 유형들은 어떻게 스트레스를 표현하고 해소할까?

먼저 주도형은 자신이 이루고자 하는 목표에 이르지 못했을 경우 스트레스를 받고 감정이 폭발하기 쉽다. 이들은 감정조절을 잘하지 못하고 화를 직접적으로 표현하는 경향이 있다. 이럴 경우 주도형들은 육체적 활동을 통해 스트레스를 풀기 원한다.

사교형은 다른 사람에게 인정받지 못하거나 지나치게 체계적인 업무 처리로 인해 스트레스를 받을 경우 말이 많아지고 신경질적으로 변할 수 있다. 이럴 경우 다른 사람들과 즐거운 대화를 통해 쉽게 스트레스로부터 회복될 수 있다. 스트레스의 지속성이 짧고 회복 속도가 빠른 편이다.

안정형은 말이 많지 않은 유형이다. 따라서 이들이 스트레스를 받는다 해도 겉으로 표현하기보다는 자기 혼자 속으로 삭이는 경향이 있다. 이들은 수면을 통해 스트레스를 해소하는 편이다. 다른 사람들과 부딪히는 일보다는 혼자 편안한 시간을 보내면서 스트레스를 해소한다.

신중형은 명확하지 않은 것을 싫어하는 성향이 있으므로 자신이 받고 있는 스트레스의 원인을 밝히려고 한다. 또 자기 안에서 에너지를 얻기 때문에 스트레스를 받으면 혼자 조용히 있는 것을 선호한다. 경우에 따라서는 자신이 선호하는 취미활동을 통해 스트레스를 해소하기도 한다.

6) 커뮤니케이션 스타일

커뮤니케이션 스타일은 DISC 각 유형들이 선호하는 커뮤니케이션 방식을 말하는 것이다. 주도형과 사교형은 말을 먼저 하는 편이고, 안정형과 신중형은 상대적으로 말을 먼저 하기보다는 듣는 편이다. 이런 점을 고려한 각 유형의 커뮤니케이션 스타일에 대해 살펴보자.

먼저 주도형은 많은 사람들이 모여서 의견을 나누거나 토론하는 것을 선호한다. 또 커뮤니케이션 상황에서 자신이 주도권을 잡을 수 있는 상황을 선호한다. 많은 사람 앞에서 발표를 하거나 자신의 의견을 이야기하는 것에 대해서도 두려워하지 않는 편이다. 이들은 일방적으로 다른 사람의 이야기를 듣는 것을 불편해하고 이메일이나 문서로 전달되는 것보다는 사람들이 직접 모여서 의견을 나누는 것을 선호한다.

사교형은 DISC 네 가지 유형 중 가장 이야기하는 것을 선호하는 유형이다. 이들은 많은 사람들이 모여서 자연스럽게 대화하는 상황을 선호할 뿐만 아니라 자신이 무대 위에 올라가 마이크를 잡는 상황도 두려워하지 않는다. 이들은 자신이 얘기하는 것을 좋아하기 때문에 다른 사람들이 자신의 이야기를 들어주지 않을 때 불편해한다. 주도형과 동일하게 이메일이나 문서로 어떤 의견을 전달하기보다는 얼굴을 맞대고 이야기 나누는 것을 선호한다.

안정형 성향이 강한 사람들은 말이 많은 사람들은 아니다. 하지만 2~3명 정도가 모여서 조용히 대화하는 것을 좋아하고 전화로 이야기 나누는 것도 선호한다. 얼굴을 맞대고 이야기하는 것을 좋아하는 것은 사교형과 유사하나 사교형과 같이 많은 사람들이 모여서 대화 나누는 것을 선호하기보다는 소수의 사람들이 모이는 것을 선호한다. 그렇기 때문에 많은 사람들이 한꺼번에 모여서 대화를 나누어야 하는 상황을 불편해하고 그룹토의나 자신이 혼자 발표를 해야 하는 상황을 매우 꺼린다.

신중형은 특히 말이 없는 유형이다. 신중형이 좋아하는 커뮤니케이션 스타일은 이메일이나 문서로 커뮤니케이션하는 것이고 메신저로 대화를 나누는 것도 좋아한다. 꼭 얼굴을 보고 대화를 나누어야 하는 상황이라면 일대일 대화를 선호하는 편이다. 이들도 안정형과 유사하게 많은 사람들이 모여서 대화를 나누는 상황을 좋아하지 않고 많은 사람들 앞에서 혼자 이야기해야 하는 상황을 불편해한다. 말하기보다는 듣는 것이 더 편한 유형이라고 볼 수 있다.

7) 자신과 타인에 대한 기대

DISC 각 유형들은 자신과 타인에 대해서 얼마만큼의 기대를 가지고 있는 걸까? 자신과 타인에 대한 기대는 각 유형이 자기 자신과 다른 사람들에게 갖는 기대수준을 보여주는 것이다. 각 유형들의 기대수준에 대해 구체적으로 살펴보자.

먼저 주도형의 사람들은 자신에 대한 기대수준은 낮은 반면 다른 사람들에게는 높은 기대수준을 가지고 있다. 주도형은 다른 사람들에게는 잘하라고 하면서 정작 자신이 말한 것은 지키지 않는 경우가 있다. 또 남에게는 큰소리치지만 자기가 한 말은 지키지 않을 수 있다. 반면 타인에 대한 기대수준은 높다. 주도형은 뛰어난 인재들에게 둘러싸여 자신이 원할 때마다 무엇이든 그들이 알아서 척척 해주기를 기대한다. 이들이 바라는 상황은 항상 통제 가능하고 자신의 목표달성을 도와줄 수 있는 상황이다. 다른 사람들에게 높은 기대를 가지고 있기 때문에 주변 사람들이 그만큼 피곤해한다.

사교형은 자기 자신과 다른 사람들에게 가장 낮은 기대수준을 갖는다. 사교형은 복잡하고 피곤한 상황을 선호하지 않으며 즐겁고 재미있는 것을 좋아한다. 따라서 자신에 대해서도 지나친 기대수준을 갖기보다는 편안한 마음을 갖기 원한다. 다른 사람들에 대해서도 사람들 사이에서 조화를 이루려는 욕구가 강하기 때문에 인간관계에서 스트레스를 주는 것을 원하지 않는다. 즉, 상대에게 높은 기대를 함으로써 발생할 수 있는 여러 문제들을 원하지 않기 때문에 많은 기대를 하지 않는 것이다. 이것이 바로 사교형이 가장 편안해하는 상태이다.

안정형의 사람들은 기대수준에서 네 가지 유형 중 가장 중립적인 유형이다. 이들은 자신에 대해서도 지나치지 않을 정도의 기대수준을 가지고 있을 뿐 아니라 다른 사람에 대해서도 자신에게 갖는 기대수준 정도만을 갖는다. 기대수준이 자신과 타인에 대해 가장 공정한 유형이라고 할 수 있다. 안정형의 생활 신조 중 하나가 주어진 일에 최선을 다하자는 것이다. 이들은 일을 찾아서 하거나 일하는 것을 즐겨 하지는 않는다. 다만, 자신의 역할에서 주어진 일에 최선을 다하는 스타일이다. 그래서 자신에게 너무 지나친 기대나 너무 적은 기대를 하지 않는다. 주어진 역할을 잘 완수해 낼 정도의 기대수준만을 갖는다. 안정형의 이러한 성향은 다른 사람들에게도 동일하게 적용된다.

신중형의 사람들은 자기 자신에 대해 상당히 높은 목표와 기대수준을 가지고 있다. 반면 일을 잘하기 위한 자신의 능력은 가볍게 보는 경향이 있다. 그래서 이들은 항상 자기 자신이 가진 기대가 높지 않다고 이야기한다. 또 이들은 타인에 대해서도 자신과 동일한 기대치를 적용한다. 따라서 그들과 함께 일하는 사람들은 이러한 기대수준 때문에 힘들어할 수도 있다. 만약 신중형이 조직의 리더가 된다면 그 조직원들은 리더의 기대수준에 맞추는 것을 힘겨워할 수 있다. 따라서 신중형들은 자신과 타인의 가능성을 인정하고 자신이 가진 기대수준이 너무 높은 것은 아닌지 객관적인 시각으로 바라볼 필요가 있다.

[그림 3-2]는 위에 설명한 내용들을 그림으로 나타낸 것이다.

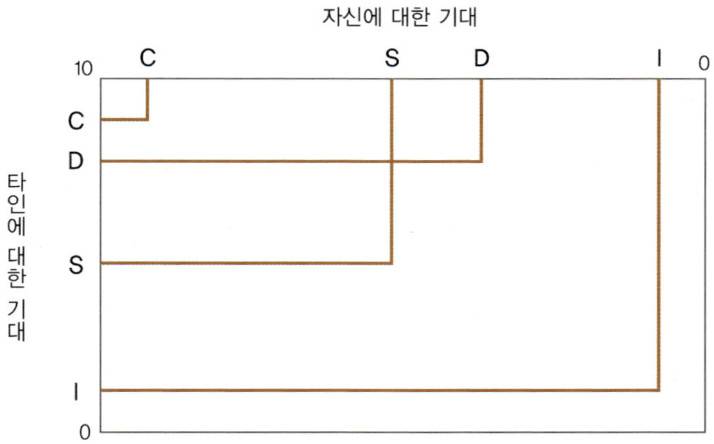

[그림 3-2] DISC 유형 간 상호 기대치

출처 : 홍광수(2010). 관계.

5. DISC 유형별 직업

다음은 DISC 각 유형에 비교적 적합한 직업들을 나열한 것이다. 주도형의 직업들을 살펴보면 전체적으로 리더의 위치에서 업무를 수행해야 하는 직업들이 많은 것을 확인할 수 있다. 사교형의 직업들은 많은 사람들에게 주목을 받는 직업, 화려한 직업, 또 사람들과 함께하는 직업들이 많이 제시되었다. 안정형의 직업들은 주로 다른 사람을 도와주거나 다른 사람들에게 편의를 제공하는 직업들이 많다. 신중형의 직업들은 데이터를 처리하거나 분석하는 직업들, 또 법이나 규정에 따라 일을 처리해야 하는 직업들이 많은 편이다.

아래 제시된 직업들은 DISC 각 유형별로 가능성이 있는 직업이지 반드시 이 직업이 적합하다는 것을 의미하는 것은 아니다. 경우에 따라서는 제시된 직업이 잘 맞는 경우도 있겠지만 그렇지 않은 경우도 있을 수 있다. 따라서 직업선택에 참고 자료로만 활용해야 할 것이다.

주도형	사교형
정치가, 도서관장, 미술관장, 영화제작자, 신문제작관리자, 정보통신관련 관리자, 기업가, CEO, 기업임원, 경영계열 교수, 장학사, 체육교사, 영화감독, 연극연출가, 경기심판, 운동코치, 경호원, 박물관장, 행사기획자, 광고제작감독, 방송연출가	홍보사무원, 안무가, 모델, 리포터, 주얼리디자이너, 코디네이터, 미용사, 커리어코치, 스포츠 에이전트, 바텐더, 배우, 해외영업원, 이미지 컨설턴트, 개그맨, 레크리에이션 강사, 결혼상담사, 보험모집인
신중형	**안정형**
회계사, 감정평가사, 보석감정사, 투자분석가(애널리스트), 신용분석가, 보험계리사, 공학계열 교수, 번역가, 수학 및 통계연구원, 수학교사, 과학교사, 편집자, 판사, 검사, 변호사, 손해사정인, 외환딜러, 경리, 관세사, 은행원	인사관리자, 운송관련관리자, 소방관, 시장 및 여론조사원, 실업학교 교사, 특수학교 교사, 내과의사, 한의사, 간호사, 물리치료사, 치과위생사, 사회복지사, 상담전문가, 소아과의사, 비행기 승무원, 초등학교 교사, 정신과의사

[그림 3-3] DISC 유형별 직업

출처 : I-Sight(2011). 한국교육컨설팅연구소 내용 수정.

✣ 자신의 DISC 성격 유형 분석

다음에 제시된 내용을 작성하고 작성한 내용을 조원들과 공유한다.

자신의 DISC 유형	(　　　　　)형
내 성격의 장점 세 가지	
내 성격의 개선하고 싶은 점 한 가지와 개선방법	
내 성격 유형에 적합한 직업 5개	
내 성격 유형에 적합하지 않은 직업 5개	
자신의 DISC 성격 유형이 나타나는 평소 사례 다섯 가지	

6. 학습정리

1) DISC 각 성격 유형의 공통점과 차이점에 대해 설명한다.

2) DISC 각 성격 유형의 리더십 스타일에 대해 설명한다.

3) DISC 각 성격 유형의 자신과 타인에 대한 기대에 대해 설명한다.

4) DISC 각 성격 유형에 적합한 직업들에 대해 설명한다.

[DISC 기질검사 결과]
가 – 다혈질(사교형, I형)
나 – 담즙질(주도형, D형)
다 – 우울질(신중형, C형)
라 – 점액질(안정형, S형)

04

CHAPTER

직업적성과 직업가치관의 이해

직업 탐색 및 선택을 위해 직업적성과 직업가치관에 대해 살펴본다. 직업적성과 직업가치관에 대해서는 워크넷(www.work.go.kr)에서 제공하고 있는 대학생 · 성인용 직업심리검사를 활용한다. 직업적성과 직업가치관검사를 실시한 후 검사결과에서 제시한 추천직업에 대해 살펴보고 이를 직업 탐색 및 선택을 위한 기초자료로 이용한다.

학습목표

1. 직업적성의 의미와 적성요인에 대해 이해한다.
2. 직업가치관의 의미와 가치요인에 대해 이해한다.
3. 직업적성과 직업가치관 검사결과에서 추천한 직업들에 대해 살펴본다.

학습내용

Think Pocket
1. 직업적성
2. 직업가치관
3. 학습정리

Chapter

04 직업적성과 직업가치관의 이해

Think Pocket

생업, 직업, 천직!

예일대학교 조직행동학 교수인 브제스니에프스키(A. Wrzesniewski)는 자신의 연구를 통해 생업, 직업, 그리고 천직의 차이에 대해 설명하였다(Wrzesniewski, McCauley, Rozin, & Schwartz, 1997).

생업은 숨을 쉬거나 잠을 자는 것처럼 인생에서 불가피한 일을 말한다.

직업은 기본적으로 다른 직장으로 가기 위한 징검다리의 일이다.

천직은 인생에서 매우 중요한 것 중 하나를 의미한다.

브제스니에프스키는 의사, 컴퓨터 프로그래머부터 사무직 직원에 이르는 다양한 직업 종사자들을 대상으로 한 조사에서 대부분의 사람들이 자신의 일을 이 세 가지 범주 중 하나로 인식한다는 사실을 발견하였다.

브제스니에프스키는 지위가 같고 거의 비슷한 업무를 담당하는 대학 행정보조 직원들을 조사하였다. 그 결과 자신의 일을 각각 생업, 직업과 천직으로 생각하는 비율이 거의 비슷하게 나타났다. 또 자신의 일을 천직으로 생각하는 사람들을 구분하는 강력한 지표가 근무기간이라는 점을 발견하였다. 근무기간이 긴 행정보조 직원일수록 자신의 일을 삶에서 중요하게 생각하는 사람이 더 많았다. 근무기간이 길다는 것은 일에 능숙해지고 높은 능률을 올릴 수 있는 충분한 시간을 보냈다는 것을 의미한다. 또한 동료들과 끈끈한 유대감을 형성하고 자신의 일이 타인을 이롭게 하는 경험도 많이 했을 것이다(Newport, 김준수 역, 2019).

이러한 논리에 근거한다면 자신의 일에 전문성을 가지고 이타성을 발휘하는 사람들이 자신의 일을 천직으로 생각할 가능성이 크다. 그렇다. 천직은 어느 날 눈앞에 나타나는 것이 아니다. 또 천직은 찾아내기만 하면 되는 것도 아니다. 천직은 어느 날 갑자기 발견하게 되는 열정적인 일이 아니라 자신의 일에 전문성과 이타성을 갖추었을 때 그 일은 천직이 되는 것이고 삶에서 의미 있는 일이 되는 것이다(박윤희, 2022).

1. 직업적성

직업적성에 대한 부분은 한국고용정보원에서 운영 중인 워크넷(www.work.go.kr)의 직업심리검사 중 대학생·성인용 직업적성검사를 중심으로 내용을 구성하였다. 워크넷은 별도의 비용 지불 없이 회원가입만 하면 누구나 무료로 이용 가능하다. 워크넷의 직업심리검사는 직업적성이나 직업가치관, 직업선호도 이외에도 직업과 관련된 다양한 심리검사로 구성되어 있다. 또 개인들이 직업심리검사 후 필요하다면 상담을 받을 수 있는 시스템을 갖추고 있다.

1) 직업적성의 의미와 워크넷 직업적성검사

적성(適性)은 어떤 일에 알맞은 성질이나 적응능력 또는 그와 같은 소질이나 성격을 의미한다(NAVER, 표준국어대사전). 직업적성은 개인이 가진 적성이 어떤 직업을 갖는 데 적당한가라는 의문에 대한 답이 될 수 있는 부분이다. 고등학교 학생들에게는 학과를 선택하기 위한 적성이 중요할 수 있다. 대학생이나 성인의 경우 자신의 적성 파악을 통해 직업 선택에 도움을 받을 수 있다. 직업적성이란 특정 직업에서 요구하는 일을 효과적으로 수행할 수 있는 능력이나 자질로, 개인이 가지고 있는 다양한 능력들이 어떤 구체적인 일과 관련되었을 때 그 일에 '알맞다' 또는 '소질이 있다'로 표현된다.

적성은 타고난다고 할 만큼 유전적인 요인이 강하지만 후천적인 학습이나 경험 또는 훈련에 의해 발전한다. 따라서 적성검사를 통해 자신의 적성을 이해하고 필요한 부분에 대한 개발노력을 하는 것이 중요하다. 이러한 개인의 적성은 흥미와 밀접한 관련을 가진다. 그것을 하고 싶다는 마음이 자신의 적성을 만들어 간다. 따라서 적성은 완성되지 않은 미래의 가능성이다. 적성은 사람을 평가하는 절대적 기준이 아니며 미래의 가능성이기 때문에 자기가 무엇을 좋아하는지 알고 그 관심 분야에 대한 노력여하에 따라 달라질 수 있다.

적성은 사람에 따라 개인차가 있다. 직업적성검사 결과를 보면 어떤 사람은 언어력이 뛰어나고 어떤 사람은 공간지각력이 더 뛰어난 것을 볼 수 있다. 이러한 적성의 개인차는 개인들이 자신에게 맞는 직업을 선택할 수 있는 근거를 제공한다.

직업적성검사는 과업수행 능력의 가능성 수준을 측정하는 것으로, 만일 자신이 적성에 맞는 직업만 찾을 수 있다면 그 직업에서 성공할 수 있을 것이라고 믿는 개인에게 아주 매력적인 검사이다. 그러나 적성검사는 일반적 적성을 측정하는 것으로 개인의 성공 가능성을 측정하는 것은 불가능하다. 분명한 것은 개인의 성공은 뛰어난 적성만으로는 이루기 어렵다는 것이다. 개인의 성공은 삶을 대하는 자신의 태도에 달려 있기 때문이다. 따라서 직업적성검사는 자신의 직업 선택을 위한 하나의 참고자료로 활용해야지 이를 전적으로 신뢰하는 것은 문제가 될 수 있다. 특히 비진단 자기보고식 검사의 경우 자신이 표기한 대로 검사결과가 나온다는 점을 간과해서는 안 된다.

워크넷에서 실시하는 대학생·성인용 직업적성검사는 한국고용정보원이 2000년 개발하고 2019년 개정한 것으로 대학생 및 일반 성인들을 검사 대상자로 한다. 개정한 직업적성검사는 20대~40대까지 주로 청년층의 직업 선택과 진로지도를 돕는 것이다. 검사시간은 약 80분 정도 소요되며 이 검사의 실시 목적은 적성에 따른 적합 직업 탐색 및 추천을 위한 것이다. 검사는 11개 적성요인과 18개 하위 검사로 구성되어 있다.

검사결과는 첫째, 피검사자가 획득한 검사 점수를 기초로 적합 직업을 추천하고, 피검사자의 점수를 해당 연령, 전·현직 직업, 희망직업 등과 비교할 수 있게 제시하였다. 둘째, 추천 직업풀에서 단순노무직이나 운동선수, 연기자와 같은 특수 직업, 택시기사와 같이 입직 시 인지적 능력을 측정하는 적성검사의 결과가 불필요하다고 판단되는 직업은 검사결과의 효용가치가 낮으므로 제외하였다. 셋째, 세세분류 수준의 구체적인 직업을 추천하기보다는 중분류 수준의 직업을 추천하고 하위 분류 직업을 병기하는 방식으로 제시함으로써 피검사자의 선택의 폭을 넓히도록 하였다(이요행 외, 2018).

2) 직업적성 검사결과

직업적성 검사결과지의 내용을 토대로 직업적성 검사결과에 대해 살펴보자.

피검사자의 인적사항란에는 이름, 성별, 생년월일, 검사일, 검사기관, 피검사자의 소속기관, 최종학력, 전공분야, 전(현) 직업과 직업만족도가 표기되어 있다.

이름	성별	생년월일	검사일	검사기관
[illegible]	여	19[illegible]년 [illegible]월 [illegible]일	20[illegible]년 05월 30일	워크넷
소속기관	**최종학력**	**전공분야**	**전(현)직업**	**전(현)직업만족도**
-	대학원 재학 이상	교육계열	인문_사회연구자 및 교수	만족

(1) 직업적성요인 프로파일 및 해석

먼저 적성요인별 점수가 수준, 변환점수, 백분위로 표기되어 있고 그 아래에는 꺾은선 그래프로 적성요인별 점수가 제시되어 있다.

1 적성요인별 점수

적성요인	언어력	수리력	추리력	공간 지각력	사물 지각력	상황 판단력	기계능력	집중력	색채 지각력	사고 유창력	문제 해결능력
수 준	중상	중상	중하	하	하	중하	중하	중하	하	최상	중상
변환점수	104	103	96	84	84	93	88	93	87	122	102
백 분 위	63	56	44	14	15	34	21	33	16	93	56

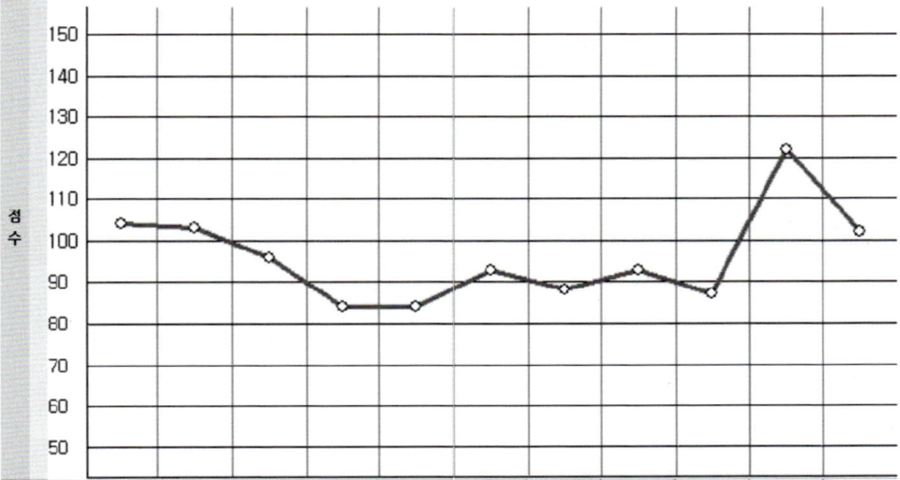

표기된 적성점수는 피검사자가 일반 사람들과 비교할 때 어느 수준에 있는지를 보여주는 것이다. 각 요인별 100점은 일반 사람들의 적성요인 평균을 의미하며 각 요인에서 피검사자의 점수가 100점보다 위에 있으면 그 능력이 상대적으로 우수한 것이고 100점보다 아래에 있으면 그 능력이 상대적으로 낮다는 것을 의미한다. 각 적성요인에서 피검사자의 구체적인 위치는 다음에 제시된 표를 참고하여 확인해 볼 수 있다.

적성점수	수 준	내 용
120점 이상	최상	피검사자의 능력은 상위 10% 이내에 속합니다.
112~119점	상	피검사자의 능력은 상위 11%에서 상위 20% 사이에 속합니다.
100~111점	중상	피검사자의 능력은 상위 21%에서 상위 50% 사이에 속합니다.
88~99점	중하	피검사자의 능력은 하위 21%에서 하위 49% 사이에 속합니다.
81~87점	하	피검사자의 능력은 하위 11%에서 하위 20% 사이에 속합니다.
80점 이하	최하	피검사자의 능력은 하위 10% 이내에 속합니다.

다음은 적성요인의 의미를 설명한 표이다. 적성요인의 의미에서는 11개 직업적성요인과 그 의미, 그리고 각 적성요인별 하위검사에 대해 설명하고 있다.

2 적성요인의 의미

적성요인	의 미	하위검사
언어력	일상생활에서 사용되는 다양한 단어의 의미를 정확히 알고 글로 표현된 문장들의 내용을 올바르게 파악하는 능력	어휘력, 문장독해력
수리력	사칙연산을 이용하여 수리적 문제들을 풀어내고 일상생활에서 접하는 통계적 자료(표와 그래프)들의 의미를 정확하게 해석하는 능력	계산력, 자료해석력
추리력	주어진 정보를 종합해서 이들 간의 관계를 논리적으로 추론해 내는 능력	수열추리 I, 수열추리 II, 도형추리
공간지각력	물체를 회전시키거나 재배열했을 때 변화된 모습을 머릿속에 그릴 수 있으며 공간 속에서 위치나 방향을 정확히 파악하는 능력	조각맞추기, 그림맞추기
사물지각력	서로 다른 사물들 간의 유사점이나 차이점을 빠르고 정확하게 지각하는 능력	지각속도
상황판단력	실생활에서 자주 당면하는 문제나 갈등상황에서 문제를 해결하기 위한 여러 가지 가능한 방법들 중 보다 바람직한 대안을 판단하는 능력	상황판단력
기계능력	기계의 작동원리나 사물의 운동원리를 정확히 이해하는 능력	기계능력
집중력	작업을 방해하는 자극이 존재함에도 불구하고 정신을 한 곳에 집중하여 지속적으로 문제를 해결할 수 있는 능력	집중력
색채지각력	서로 다른 두 가지 색을 혼합하였을 때의 색을 유추할 수 있는 능력	색혼합, 색구분

문제해결능력	문제 및 장애요소를 해결하기 위해 논리적 사고와 올바른 의사결정 과정을 통해 구체적인 행동으로 연결될 수 있는 해결방안을 찾아내는 능력	문제해결능력
사고유창력	주어진 상황에서 짧은 시간 내에 서로 다른 많은 아이디어를 개발해 내는 능력	사고유창력

다음은 하위검사별 적성요인 점수를 표로 제시하였다. 하위검사별 적성요인 점수표는 각 적성요인의 점수와 각 적성요인의 하위검사별 점수를 막대그래프로 보여주고 있다.

③ 하위검사별 적성요인 점수

적성요인		하위 검사		하위검사별 변환 점수
요인명	점수	검사명	점수	50 60 70 80 90 100 110 120 130 140
언어력	104	어휘력검사	105	
		문장독해력검사	102	
수리력	103	계산력검사	105	
		자료해석력검사	99	
추리력	96	수열추리력검사	107	
		수열추리력검사	85	
		도형추리력검사	98	
공간지각력	84	조각맞추기검사	94	
		그림맞추기검사	82	
사물지각력	84	지각속도검사	84	
상황판단력	93	상황판단력검사	93	
기계능력	88	기계능력검사	88	
집중력	93	집중력검사	93	
색채지각력	87	색혼합검사	88	
		색구분검사	92	
문제해결능력	102	문제해결능력검사	102	
사고유창력	122	사고유창력검사	122	

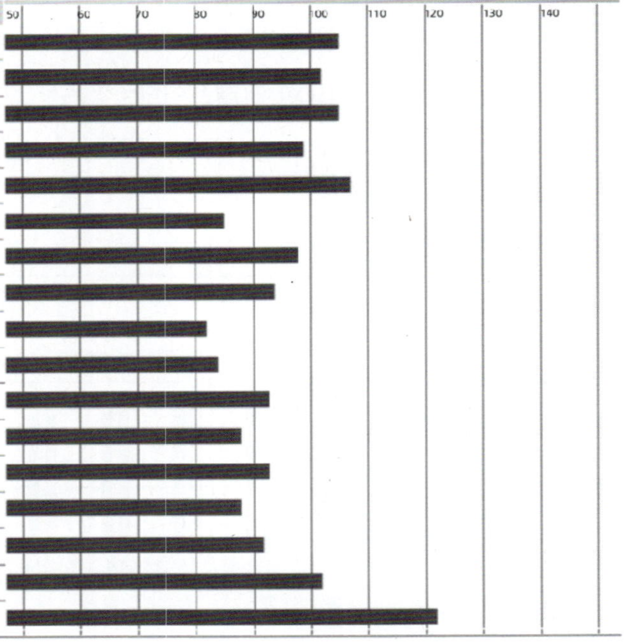

성인의 경우는 하위검사별 적성요인 점수 그래프만 제시되지만 대학생의 경우는 비교집단과의 점수 비교를 위한 대학유형별 비교 그래프와 전공계열별 비교 그래프가 함께 제시된다.

4 비교집단과의 점수 비교

비교점수 그래프는 다양한 집단과 여러분의 적성점수를 비교하여 제시하는 결과입니다. 적성요인별로 비교집단과 자신의 점수를 비교해보시기 바랍니다.

대학유형별 비교 그래프

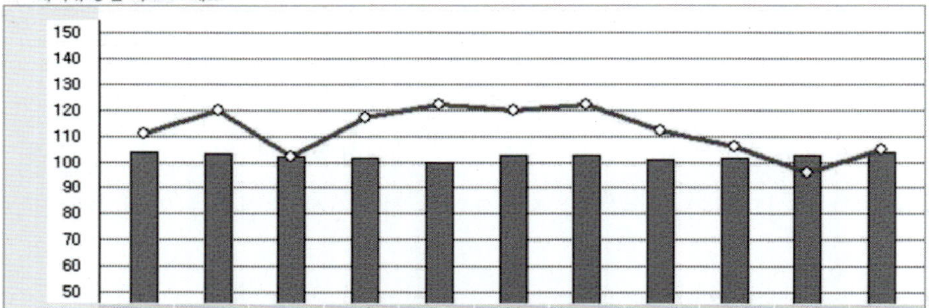

	언어력	수리력	추리력	공간 지각력	사물 지각력	상황 판단력	기계 능력	집중 능력	색채 지각력	사고 유창력	문제 해결 능력
-o-●●●	111	120	102	117	122	120	122	112	106	96	105
■ 4년제	104	103	102	102	100	102	103	101	102	102	104

대학유형별 비교 그래프는 적성요인별로 피검사자의 점수와 피검사자가 속한 대학유형의 평균점수를 비교한 그래프이다. 꺾은선 그래프는 피검사자의 점수를 나타내며, 막대그래프는 해당 대학유형 재학생의 평균점수를 나타낸다.

전공계열별 비교 그래프

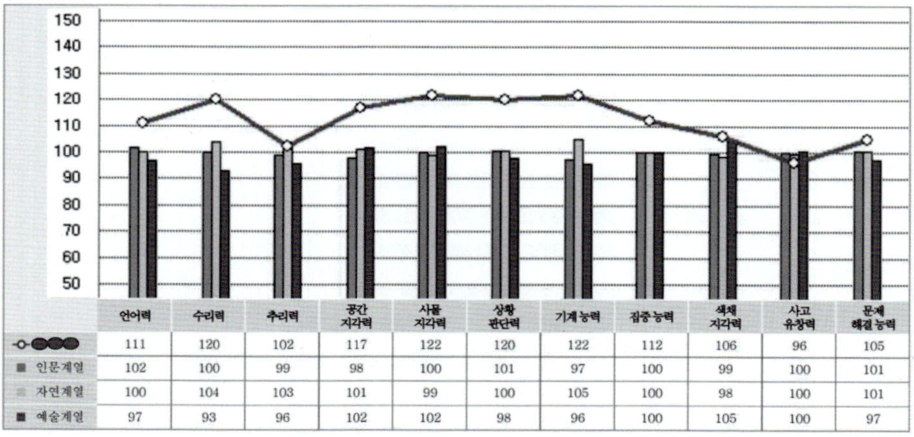

	언어력	수리력	추리력	공간 지각력	사물 지각력	상황 판단력	기계 능력	집중 능력	색채 지각력	사고 유창력	문제 해결 능력
-o-●●●	111	120	102	117	122	120	122	112	106	96	105
■ 인문계열	102	100	99	98	100	101	97	100	99	100	101
■ 자연계열	100	104	103	101	99	100	105	100	98	100	101
■ 예술계열	97	93	96	102	102	98	96	100	105	100	97

전공계열별 비교 그래프는 적성요인별 피검사자의 점수와 각 전공계열의 평균점수를 비교한 그래프이다. 꺾은선 그래프는 피검사자의 점수를 나타내며, 막대그래프는 인문계열, 자연계열과 예술계열의 전공계열별 재학생의 평균점수를 나타낸다.

(2) 직업 추천 결과

1 나의 적성특성에 적합한 직업

추천 순위	직업	세부 직업	중요적성 요인
1	연극영화방송 전문가	감독 및 기술감독,아나운서 및 리포터	사고유창력/언어력/문제해결능력
2	금융· 보험 전문가	투자· 신용분석가,자산운용가,보험· 금융상품 개발자,증권· 외환 딜러,손해사정사,기타 금융· 보험 전문가	수리력/문제해결능력/언어력/사고유창력
3	무역· 운송· 생산· 품질 사무원	무역 사무원,운송 사무원,물류(유통) 사무원,자재· 구매 사무원, 생산· 품질 사무원	언어력/수리력/문제해결능력
4	금융· 보험 사무원	금융 사무원,보험 심사원 및 사무원,출납창구 사무원	문제해결능력/집중력/상황판단력
5	사회복지사 및 상담사	사회복지사,상담전문가 및 청소년지도사,직업상담사 및 취업알선원,시민단체 활동가	상황판단력/사고유창력/언어력/집중력

추천직업은 실제 직업별 종사자들의 적성점수 평균과 개인의 적성점수를 비교하여 산출한다. 이 결과는 개인이 좋아하거나 관심 있는 직업과는 차이가 있을 수 있으며 현재 가지고 있는 적성능력 수준으로 볼 때 개인의 능력 수준에서 가장 유사한 직업을 추천하는 것이다.

특히 직업적성 검사결과를 살펴보면 많은 피검사자들이 추천직업의 목록을 보고 고개를 갸우뚱하는 경우가 많다. 자신이 전혀 생각해 보지 않았던 직업들이 추천직업란에 제시되어 있기 때문이다. 그 이유는 두 가지로 살펴볼 수 있는데, 첫째 이유는 아직 직업생활 경험이 없는 청소년들의 경우 자신이 무엇을 잘하는지 자기이해가 부족하기 때문이다. 그래서 자신이 직업적으로 잘하는 것을 모르다 보니 추천직업란에 제시된 직업들이 생소하게 느껴지는 것이다. 둘째 이유는 직업적성 검사결과에서 제시하는 추천직업들은 오로지 직업적 능력만을 고려하여 제시한 직업들로, 자신이 좋아하는 직업이나 희망하는 직업은 반영되지 않았기 때문이다. 이러한 이유 때문에 추천직업란의 직업들이 친숙하게 다가오지 않는 것이다. 직업 선택은 흥미나 가치관, 직업경험, 특기, 자격 등을 종합적으로 참고해야 하며, 적성검사결과는 개인의 강점 능력과 수준에 적절한 직업 추천임을 고려할 필요가 있다.

② 추천직업과의 비교 그래프

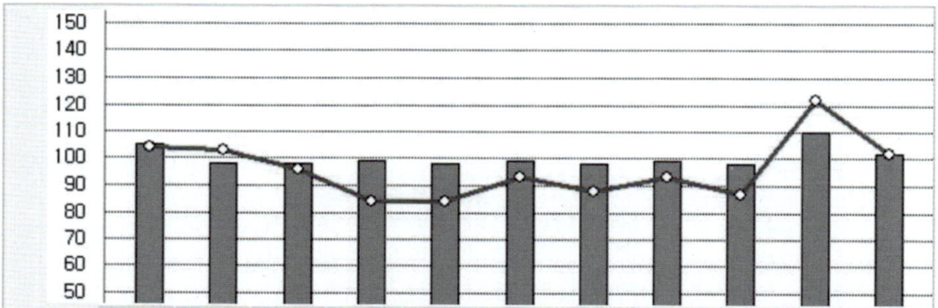

	언어력	수리력	추리력	공간 지각력	사물 지각력	상황 판단력	기계능력	집중능력	색채 지각력	사고 유창력	문제 해결능력
●●●	104	103	96	84	84	93	88	93	87	122	102
■ 추천직업	105	98	98	99	98	99	98	99	98	110	102

추천직업과의 비교 그래프는 적성요인을 고려하여 추천하는 직업 중 순위가 가장 높은 직업과 피검사자의 점수를 비교한 그래프이다. 꺾은선 그래프는 피검사자의 점수를 나타내며 막대그래프는 추천직업의 직업적성 평균점수를 나타낸다.

(3) 희망직업과의 비교

●●●님의 ① 대학교수

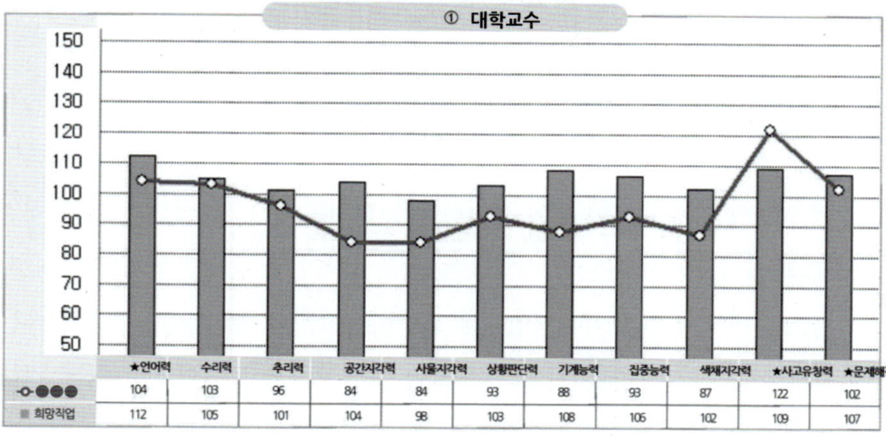

	★언어력	수리력	추리력	공간지각력	사물지각력	상황판단력	기계능력	집중능력	색채지각력	★사고유창력	★문제해결력
●●●	104	103	96	84	84	93	88	93	87	122	102
■ 희망직업	112	105	101	104	98	103	108	106	102	109	107

② 직업상담사

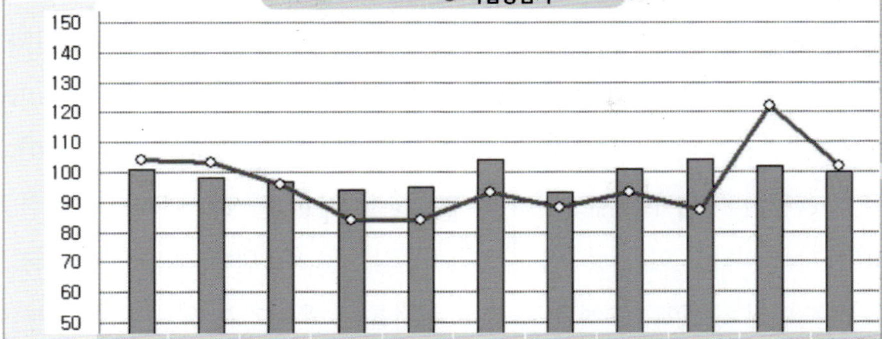

	★언어력	수리력	추리력	공간지각력	사물지각력	상황판단력	기계능력	집중능력	색채지각력	★사고유창력	★문제해결력
-o-●●●	104	103	96	84	84	93	88	93	87	122	102
희망직업	101	98	97	94	95	104	93	101	104	102	100

희망직업과의 비교는 피검사자가 희망하는 직업에 종사하는 재직자들의 평균점수와 피검사자의 점수를 비교하여 보여준다. 꺾은선 그래프는 피검사자의 점수를 나타내며, 막대그래프는 희망직업의 평균점수를 나타낸다. 적성요인 중 ★표는 각 직업에서 상대적으로 중요한 적성능력을 의미한다. 따라서 희망직업과의 비교 시 중요 적성요인을 중심으로 개인 적성능력과 직업별 적성능력을 비교하여 살펴보아야 한다.

2. 직업가치관

1) 직업가치관의 의미와 워크넷 직업가치관검사

가치(價値)는 대상이 인간과의 관계에 의하여 지니게 되는 중요성을 의미하며, 가치관(價値觀)은 가치에 대한 관점, 인간이 자기를 포함한 세계나 그 속의 사상(事象)에 대하여 가지는 평가의 근본적 태도이다(NAVER, 표준국어대사전). 그렇다면 직업가치관이란 무엇을 의미하는가? 직업가치관이란 개인이 직업 선택 시 중요하게 생각하는 가치를 의미한다. 또 직업가치관검사는 자신이 직업을 선택할 때 중요하게 생각하는 가치가 무엇인지를 알아보는 심리검사이다. 자신이 직업을 선택할 때 자신의 가치에 맞는 직업을 선택한다면 그 직업에 더 만족하게 될 것이다. 따라서 직업가치관검사는 직업만족에 직접적인 영향을 미치는 중요한 심리검사이다.

직업가치관에 대해서는 워크넷의 직업가치관검사를 근거로 살펴보고자 한다. 워크넷에서 실시하고 있는 성인용 직업가치관검사는 2021년에 개정이 이루어졌고 직업가치요인이 13개에서 9개로 줄었다. 검사를 통해 피검사자들이 직업 선택에서 중요하게 생각하는 가치를 확인할 수 있다. 검사결과는 피검사자들이 중요하게 생각하는 가치와 상대적으로 중요하지 않게 생각하는 가치를 각각 3개씩 보여준다. 그리고 직업가치관 검사결과에 따라 직업을 추천한다.

2) 직업가치관 검사결과

먼저 인적사항과 직업가치관검사에 대해 설명하고 있다.

이름	연령/성별	검사일
●●●	만 ●세 /여	20●년 11월 09일

(1) 검사결과

직업가치관 검사결과에서는 피검사자의 9개 직업가치요인 점수 모양을 막대그래프 형태로 보여주고 있다. 막대그래프 아래 제시된 표에서는 피검사자의 직업가치관검사 해석을 위한 원점수, 표준점수와 수준을 확인할 수 있다.

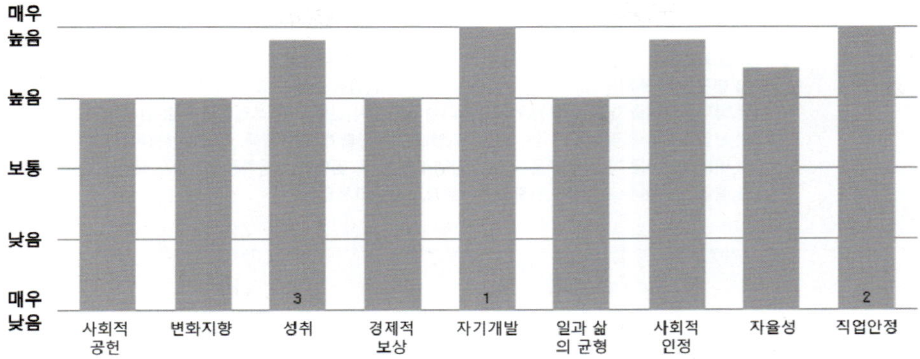

구분	사회적 공헌	변화지향	성취	경제적 보상	자기개발	일과 삶의 균형	사회적 인정	자율성	직업안정
원점수	4.0	4.0	4.8	4.0	5.0	4.0	4.8	4.4	5.0
표준점수	57	59	67	49	69	48	69	61	63
수준	상	상	최상	중	최상	중	최상	상	상

그리고 피검사자가 상대적으로 중요하게 생각하는 가치요인 3개와 상대적으로 중요하게 생각하지 않는 가치요인 3개를 정리해서 보여주고 있다. 피검사자가 상대적으로 중요하게 생각하는 가치요인은 자기개발, 직업안정, 성취의 순으로 나타났고 상대적으로 중요하게 생각하지 않는 가치요인은 일과 삶의 균형, 경제적 보상, 변화지향의 순으로 나타났다.

상위 직업가치관	순위	가치요인
	① 1순위	자기개발
	② 2순위	직업안정
	③ 3순위	성취

하위 직업가치관	순위	가치요인
	① 1순위	일과 삶의 균형
	② 2순위	경제적 보상
	③ 3순위	변화지향

(2) 추천직업

추천직업에서는 피검사자의 직업가치와 다른 직업들의 직업가치를 비교하여 피검사자에게 적합한 직업을 추천하고 있다.

추천직업	보건교사,조명기사,검표원,통역가,기자,자연및문화해설사,이미용사,치과 의사,반도체공학 기술자 및 연구원,제과·제빵원,자동차 영업원(자동차 딜러),경찰·소방·교도 관리자,전기공학기술자 및 연구원,화학공학기술자 및 연구원,기계공학기술자,영양사,건축 석공,보건위생·환경 검사원,자동조립라인·산업용로봇 조작원,감독 및 기술감독(방송.연극연출가, 영화감독, 광고영상감독, 기술감독),학원강사,보육교사,전기·전자 부품·제품 조립원,법무사 및 집행관,원자력공학기술자,재료(금속)공학기술자,직업 운동선수,보조교사,건축공학기술자,제품광고영업원

(3) 9개 직업가치에 대한 설명 및 관련직업

9개 직업가치에 대한 설명 및 관련직업에서는 9개 가치요인과 각 가치요인에 대한 설명, 그리고 각 가치요인별 관련직업에 대해 제시하고 있다.

가치요인	가치 설명	관련직업
1. 사회적 공헌	일을 통해 다른 사람이나 사회에 도움이 되는 것을 중시	판사, 소방관, 성직자, 경찰관, 사회복지사 등
2. 변화지향	업무가 고정되어 있지 않고 변화 가능한 것을 중시	연구원, 컨설턴트, 소프트웨어개발자, 광고 및 홍보전문가, 메이크업아티스트 등
3. 성취	자신이 세운 목표를 이루고 달성해 나가는 것을 중시	대학교수, 연구원, 프로운동선수, 연주가, 관리자 등
4. 경제적 보상	일에 대한 정당한 대가로서의 돈을 중시	프로운동선수, 증권 및 투자중개인, 공인회계사, 금융자산운용가, 기업고위임원 등
5. 자기개발	직업을 통해 지식, 기술, 능력 등을 발전시켜 성장해 나가는 것을 중시	판사, 연구원, 경영컨설턴트, 소프트웨어개발자, 디자이너 등
6. 일과 삶의 균형	일뿐만 아니라 자신의 삶에서도 만족할 수 있도록 적절한 균형을 가질 수 있는 것을 중시	레크리에이션 진행자, 교사, 교수, 화가, 조경기술자 등
7. 사회적 인정	일과 관련하여 다른 사람에게 인정받는 것을 중시	항공기조종사, 판사, 교수, 운동선수, 연주가 등
8. 자율성	자율적으로 업무를 해나가는 것을 중시	연구원, 자동차영업원, 레크리에이션 진행자, 광고전문가, 예술가 등
9. 직업안정	직업에서 오랫동안 안정적으로 일할 수 있는지를 중시	연주가, 미용사, 교사, 약사, 변호사, 기술자 등

(4) 희망직업과 직업가치 점수 비교

피검사자가 자신이 희망하는 직업을 작성한 경우 희망하는 직업과 피검사자의 직업가치를 비교하여 제시하고 있다. 다음은 대학교수와 직업상담사를 희망직업으로 적은 경우 직업가치와 비교한 것이다.

희망직업	대학교수	직업상담사

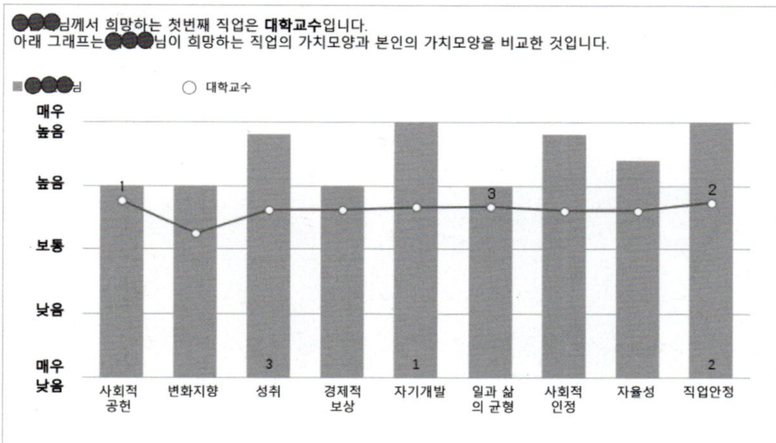

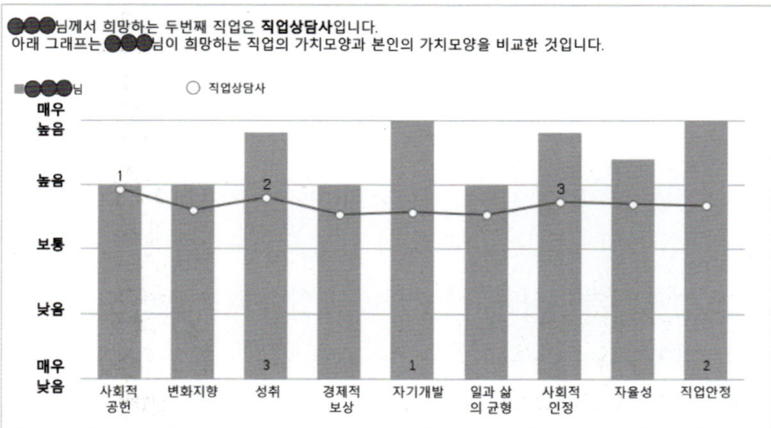

위의 희망직업과의 비교 그래프들을 살펴보면 피검사자의 직업가치 모양과 희망직업의 직업가치 모양이 서로 다르게 나타난 것을 확인할 수 있다. 따라서 희망직업이 피검사자의 직업만족을 충족시키기 어려울 것으로 해석할 수 있다.

(5) 검사결과 요약

검사결과 요약에서는 직업가치관 검사결과와 현재 피검사자의 학력이나 경력 등에 대한 내용을 담고 있다.

■ **검사결과 요약**

상위 직업가치관	**1순위**	자기개발
	2순위	직업안정
	3순위	성취

이름		희망 직업	대학교수
나이			직업상담사
결혼관계		학력	
거주지	대도시	전공	교육일반
생활수준		자격증	중등학교정교사
월수입			직업능력개발훈련교사
직업유무	예	직위	
근무년수		회사변경횟수	
사업장규모		직업변경횟수	
직업수행		직업만족	
본인직업			

직업가치관검사는 개인이 직업 선택 시 중요하게 생각하는 가치요인이 무엇인지를 파악하여 해당 가치요인이 충족될 수 있는 가능한 직업에 대한 정보를 제공하고 있다. 그러나 직업을 선택할 때 직업가치만을 고려해서는 안 된다. 자신의 가치와 맞는다 하더라도 직업에서 요구되는 업무를 수행할 수 있는 능력이 있어야 하고 해당 분야에 대한 흥미가 있어야 한다. 즉, 우리가 직업을 선택할 때는 직업적성, 흥미, 직업가치 등 여러 가지를 고려하여 직업을 선택하기 때문이다. 또한 학력수준, 직업의 전망, 경제적 여건 등의 외적 요인도 고려해야 한다. 따라서 직업가치관 검사결과를 최종 직업을 선택하는 데 안내 역할을 하는 참고자료 정도로 활용해야 할 것이다.

3. 학습정리

1) 직업적성의 의미에 대해 설명한다.

2) 직업가치관의 의미에 대해 설명한다.

3) 워크넷 직업적성검사의 적성요인과 직업가치관검사의 가치요인에 대해 설명한다.

4) 직업적성검사의 추천직업과 직업가치관검사의 추천직업에 대해 설명한다.

05

CHAPTER

직업흥미의 이해

직업 탐색 및 선택을 위해 직업흥미 이론에 대해 살펴본다. 직업흥미 이론에 대해서는 홀랜드(J. Holland)의 직업성격유형 이론을 중심으로 구체적으로 검토한다. 워크넷의 성인용 직업심리검사 중 직업선호도(S형)검사를 실시하고 검사결과에서 제시한 추천직업에 대해 살펴본다. 이를 직업 탐색 및 선택을 위한 기초자료로 활용한다.

학습목표

1. 홀랜드의 직업흥미 이론에 대한 개념을 이해한다.
2. 홀랜드의 여섯 가지 흥미 유형의 특징들에 대해 검토한다.
3. 워크넷의 직업선호도(S형) 검사결과에서 추천한 직업들에 대해 살펴본다.

학습내용

Think Pocket

1. 홀랜드의 직업흥미 이론
2. 직업흥미검사
3. 학습정리

Chapter

05 직업흥미의 이해

Think Pocket

직업 선택의 십계!

하나, 월급이 적은 쪽을 택하라.

둘, 내가 원하는 곳이 아니라 나를 필요로 하는 곳을 택하라.

셋, 승진 기회가 거의 없는 곳을 택하라.

넷, 모든 조건이 갖추어진 곳을 피하고 처음부터 시작해야 하는 황무지를 택하라.

다섯, 앞을 다투어 모여드는 곳은 절대 가지 마라. 아무도 가지 않는 곳으로 가라.

여섯, 장래성이 전혀 없다고 생각되는 곳으로 가라.

일곱, 사회적 존경 같은 건 바라볼 수 없는 곳으로 가라.

여덟, 한가운데가 아니라 가장자리로 가라.

아홉, 부모나 아내나 약혼자가 결사반대를 하는 곳이면 틀림이 없다. 의심치 말고 가라.

열, 왕관이 아니라 단두대가 기다리고 있는 곳으로 가라.

직업 선택의 십계는 전영창 교장(거창고등학교 3대 교장)이 세상을 떠난 후 그의 철학을 거창고등학교 교사 전성은과 도재원이 열 가지 계명의 형태로 정리한 것이다. 현재는 거창고등학교 강당 뒤편에 아주 소박한 액자에 담겨 걸려 있다.

직업 십계명은 무슨 직업을 선택하는 것이 유리한지 알려주는 이야기가 절대로 아니다. 만약 내 삶에 이익이 되는 선택을 하려는 사람이라면 차라리 직업 십계명을 모르는 편이 나을지 모른다. 괜히 알고도 지키지 못하면 마음만 편치 않을 테니 말이다.

직업 십계명은 열 가지 계명의 형태로 존재하지만, 실은 그 열 가지가 각각의 다른 내용을 말하는 것이 아니다. 똑같이 한 방향을 가리킨다. 그것은 세상 사람들이 생각하는 성공의 기준과 다른 방향에서 성공을 조명하는 삶이다. 남보다 더 많이 가지려고 아등바등하는 삶에서는 누릴 수 없는 참으로 사람 답게 살아내는 삶이며, 그로써 고난이 온다 해도 기꺼이 견뎌낼 수 있는 삶이다. 이것을 배운 거창고등학교 졸업생들은 직업 십계명이 현실에서는 도저히 지켜낼 수 없는 가르침이라고 생각하면서도 은연중에 신경이 쓰인다고 고백한다. 비록 고스란히 지켜내진 못하지만 각자의 삶의 현장에서 저마다의 방법으로 가슴에 안고 살아가는 가르침이라고 말이다(강현정 · 전성은, 2018).

1. 홀랜드의 직업흥미 이론

오랫동안 흥미는 직업 선택에서 가장 중요한 특성으로 간주되어 왔다. 그 이유는 직업을 갖기 위해 다양한 직업들 중 어느 하나를 선택할 수 있는 능력은 개인의 적성보다는 흥미에 의해 더 정확하게 예측되기 때문이다.

진로 선택과 적응이 개인의 성향을 나타낸다는 것이 홀랜드의 관점이다. 사람들은 진로 선택과 경험을 통해 자신을 표현하고 자신의 흥미와 가치를 표현한다. 홀랜드는 자신의 이론에서 사람들이 직업에 대해 갖는 생각과 일반화가 대부분 정확하다고 가정하였다. 홀랜드는 이러한 연구를 통해 사람과 직업환경을 특별한 범주들로 분류하였다. 홀랜드는 자신의 이론이 진로 선택의 기초가 되는 여러 요인 중 일부만을 설명할 수 있다는 것을 인정하였다. 그는 자신의 이론적 모델이 연령, 성, 사회계층, 지능, 교육의 영향을 받을 수 있다고 보았다. 그러한 이해를 근거로 그는 여섯 가지 유형, 즉 현실형(Realistic), 탐구형(Investigative), 예술형(Artistic), 사회형(Social), 진취형(Enterprising), 관습형(Conventional)을 개발하고 개인과 환경이 어떻게 상호작용하는지를 설명하였다. 홀랜드의 직업흥미 이론을 홀랜드의 육각형(hexagon) 모델 또는 RIASEC 모델이라고 한다.

홀랜드(Holland, 1985) 이론은 다음과 같은 네 가지 가정을 전제로 한다.

첫째, 대부분의 사람들은 현실형, 탐구형, 예술형, 사회형, 진취형, 관습형의 여섯 가지 유형으로 분류할 수 있다.

둘째, 대부분의 사람들이 접하는 환경도 현실형, 탐구형, 예술형, 사회형, 진취형, 관습형의 여섯 가지 유형이 있다.

셋째, 사람들은 자신들의 기술과 능력을 연습할 수 있고, 자신의 태도와 가치들을 표현할 수 있는 환경을 선호하고, 자신에게 알맞고 즐거운 문제들과 역할을 맡는다. 즉, 현실형은 현실적인 환경을, 사회형은 사회적인 환경을 추구한다. 환경은 사람들과의 관계나 연습을 통해서도 찾게 된다.

넷째, 행동은 성격과 환경의 상호작용에 의해 결정된다. 만일 개인의 성격유형과 환경유형에 대해 알고 있다면, 우리가 가지고 있는 성격유형과 환경모형에 대한 지식을 이용하여 성격과 환경의 조합 결과를 예측할 수 있다. 이렇게 예측된 결과는 직업 선택, 직업 전환, 직업 성취, 개인적성과 교육·사회적 행동에 관한 것이다.

이러한 네 가지 기본 가정을 전제로 성격과 환경과의 상호작용에 의해 결정되는 직업흥미는 다섯 가지 기본 개념인 일관성(consistency), 일치성(congruency), 변별성(differentiation), 정체성(identity), 계측성(calculus)에 의해 그 관계들이 설명된다.

먼저 일관성이다. 홀랜드의 여섯 가지 유형은 [그림 5-1]과 같은 육각형 구조로 설명된다. 그림에 표시되어 있는 선들은 개인 혹은 환경 내 일관성 정도를 나타내고 있다. 육각형에서 서로 간에 인접해 있는 유형들, 즉 바로 옆에 붙어 있는 유형들은 가장 일관성이 높고, 흥미, 성향 또는 직무 등의 상호 관련성이 높다. 육각형에서 서로 정반대에 위치한 유형 간에는 일관성이 가장 낮고 흥미, 성향 또는 직무 등의 관련성이 거의 없다. 예를 들어, RI와 AI의 경우 일관성이 높은 것으로 볼 수 있고 RS, EI, AC의 경우는 일관성이 가장 낮다. 직업흥미 검사결과에서 일관성은 보다 안정된 직업경력을 가진 사람에게서 볼 수 있으며, 이러한 일관성은 직업성취와 자신의 목표가 분명한 사람에게서 나타날 수 있다.

둘째, 일치성이다. 일치성은 개인이 자기 자신의 성격유형과 동일하거나 유사한 환경에서 일하고 생활할 때를 의미한다. 즉, 예술적인 성격유형의 사람이 예술적인 환경에서 일하고 있는가의 여부를 나타내는 것이다. 현실형 사람이 현실적인 환경에서 일할 경우 일치성이 높다고 볼 수 있다. 반면 예술형의 사람이 관습적인 환경에서 일하고 생활한다면 빈약한 일치성을 가지고 있다고 볼 수 있다.

셋째, 변별성이다. 변별성은 개인이 성격이나 환경의 어느 한 유형에서 뚜렷하게 높은 경향성을 보이는 것을 의미한다. 즉, 어떤 개인의 성격이나 환경은 다른 개인의 성격이나 환경보다 더욱 분명하게 정의될 수 있다는 것이다.

넷째, 정체성이다. 개인의 정체성은 개인이 목표, 흥미, 소질에 대해 얼마나 명확하고 안정된 상태를 가졌는가를 말하는 것이다. 환경적 정체성은 환경이나 조직이 명쾌하고 통합된 목표나 업무 등을 가지고 있을 때 나타난다. 사람과 환경의 상호작용은 이 정체성에 따라 영향을 받게 된다. 분명한 정체성을 가진 사람과 제한된 수의 행동상황을 가진 환경 간의 상호작용은 불분명한 정체성을 가진 사람과 광범위한 행동상황을 가진 환경 간의 상호작용보다는 더 예측적이다.

마지막은 계측성이다. 계측성이란 성격과 환경 사이의 모든 연관성은 육각형 모델에 의해 이루어지는데, 모델 속의 유형들 간의 거리는 이론적 관계성과는 반비례한다는 것이다. 계측이란 양적으로 파악하는 것을 의미하고, 반비례란 한쪽의 양이 커질 때 다른 쪽 양이 그와 같은 비율로 작아지는 것을 말한다. 즉, 홀랜드의 계측성이란 개인의 흥미라는 이론적 개념의 양이 한쪽이 커지면 반대쪽은 반드시 줄어들게 된다는 것을 의미한다.

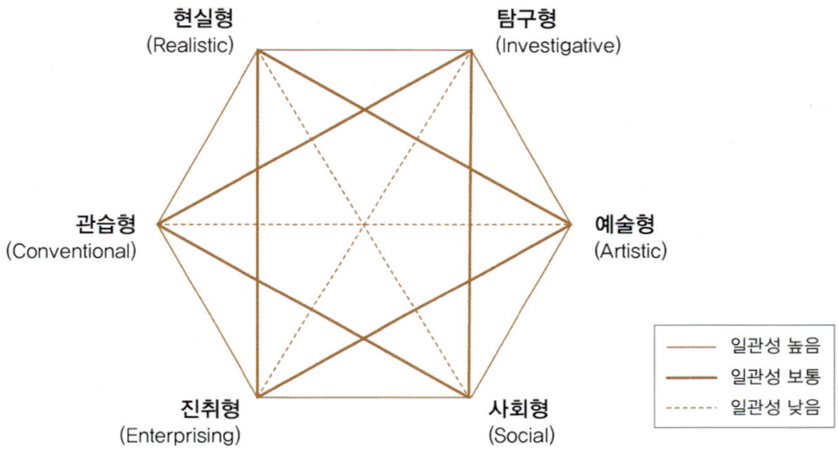

[그림 5-1] 홀랜드의 육각형 모형

출처 : Sharf, R. S., 이재창 외 공역(2008). 진로발달이론을 적용한 진로상담 내용 수정.

2. 직업흥미검사

1) 워크넷 직업선호도검사

워크넷 직업선호도검사는 홀랜드 직업성격유형 이론을 바탕으로 검사지를 구성하였다. 성인용 직업선호도검사에는 L형과 S형이 있다. L형은 60분이 소요되는 검사로 여기에는 직업선호도검사, 성격검사와 생활사검사가 포함된다. S형은 20분이 소요되는 검사로 직업선호도만을 검사한다.

2) 워크넷 직업선호도(S형) 검사결과

먼저 워크넷 직업선호도(S형) 검사결과를 살펴보면 피검사자의 간단한 인적사항이 표기되어 있다. 그 다음으로 직업선호도검사의 구성에 대해 소개하고 있다. 직업선호도검사는 개인의 관심과 흥미를 측정하여 적합한 직업을 안내하는 검사이다. 개인의 흥미를 측정하기 위해 활동에 대한 관심, 유능감, 직업에 대한 선호, 선호분야, 일반성향의 다양한 특성을 측정하여 이를 토대로 개인의 흥미 유형을 여섯 가지 유형으로 분류하여 결과를 제시하였다. 직업선호도검사는 홀랜드의 여섯 가지 흥미 유형 분류에 근거하여 자신의 특성을 탐색하고 흥미 유형에 적합한 직업을 제시하고 있다.

다음으로 직업선호도검사 길잡이에서는 직업선호도검사의 활용방안에 대해 설명하고 있다. 직업선호도검사는 개인의 현재 보유능력이나 학력, 전공, 자격, 가치관 등은 반영하지 않고 오로지 흥미성향에 관련한 정보만을 제공한다. 따라서 이 검사의 결과는 개인이 직업이나 직무를 선택할 때 참고자료로 활용할 수 있다.

(1) 검사결과 바르게 읽기

검사결과 바르게 읽기에서는 검사 점수에 대해 설명하고 있다. 직업선호도검사는 원점수(raw scores)와 표준점수(standard scores)를 사용한다. 일반적으로 결과해석에 편리하도록 점수전환을 하게 되는데, 원점수는 전환을 위한 기초 점수이다. 표준점수는 타인과의 비교를 위해 원점수를 해석하기 편리하게 전환한 점수를 의미한다.

◆ 검사결과 바르게 읽기

◇ 직업선호도검사는 원점수와 표준점수라는 두가지 검사점수를 사용합니다.

원점수(raw scores)	표준점수(standard scores)
일반적으로 결과해석에 편리하도록 점수전환을 하게 되는데 원점수란 전환을 위한 기초 점수입니다.	타인과의 비교를 위해 원점수를 해석하기 편리하게 전환한 검사점수입니다.

표준점수분포와 점수의 의미에 대해 살펴보면, 표준점수는 타인과의 비교를 위해 원점수를 전환한 점수로 표준점수가 40점 이하이면 흥미가 낮다고 해석할 수 있다. 또 표준점수가 41점에서 59점 사이이면 흥미가 보통수준이라고 볼 수 있다. 반면에 표준점수가 60점 이상이면 흥미가 높다고 해석할 수 있다. 이러한 표준점수를 백분점수로 환산하면 40점 이하는 16점 이하로, 41점에서 59점 사이는 17점에서 83점 사이로, 60점 이상은 84점 이상으로 환산할 수 있다. 따라서 우리가 흥미가 낮다, 높다로 해석할 때는 표준점수를 보고 흥미 수준을 해석해야 한다.

◇ 표준점수분포와점수의 의미

표준점수를 의미있게 해석하기 위해서는 다음의 표준점수분포를 참고하면 됩니다. 당신의 점수가 분포의 어느 위치에 놓이는지 표시해가며 점수의 의미를 살펴보시기 바랍니다.

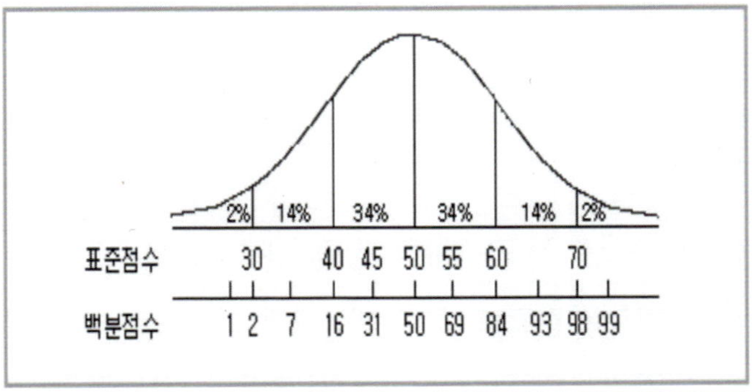

표준점수	40점 이하	41-59점	60점 이상
백분점수	16점 이하	17-83점	84점 이상
점수의미	대체로 낮은 점수	중간점수	대체로 높은 점수

(2) 흥미코드와 육각형 모형

직업흥미검사의 결과는 여섯 가지 유형의 코드 조합으로 나타난다. 완전하게 한 가지 유형이라고 할 수 있는 실제 직업환경은 없다. 대부분의 직업환경은 유형들이 결합되어 있다. 한 가지 코드만으로 설명할 수 있는 직업환경이 없는 것처럼 어떤 사람에게 적합한 오직 한 가지 유형은 드물다. 홀랜드의 경우 개인의 직업흥미에 대해 두 가지 코드로 표현하였다. 흥미 유형으로 결과를 표시할 때 맨 앞에 오는 코드는 가장 흥미가 높은 유형을 의미한다.

●●●님의 대표 흥미 코드는 ES입니다.

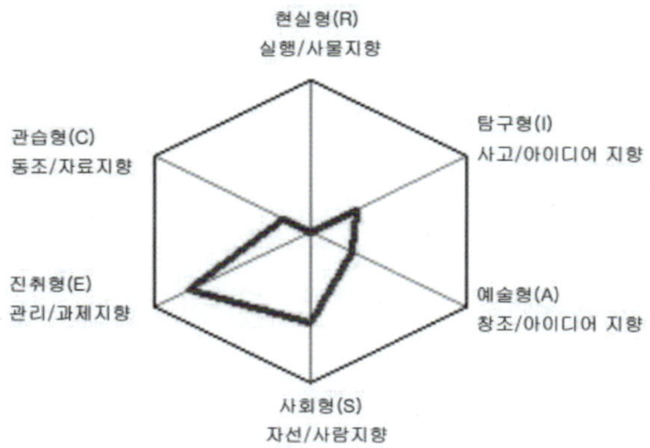

○ 직업 흥미 유형별 점수

구 분	현실형	탐구형	예술형	사회형	진취형	관습형
원 점 수	0	10	9	21	27	6
표준점수	41	56	42	57	69	42

* 원점수는 스스로가 좋아하거나 싫어한다고 주관적으로 여기는 흥미 정도입니다.
* 표준점수는 타인과 비교하였을 때의 흥미수준을 말하며 보조적으로 활용할 수 있습니다.

위의 그림에서 알 수 있듯이 육각형 모형 안에 다시 육각형 모양으로 결과가 표시된다. 워크넷의 직업선호도 검사결과는 2개의 코드로 흥미 유형이 표시된다. ES(진취형/ 사회형)가 이 유형의 직업흥미코드가 된다. 검사에 참여하는 개인에 따라서 육각형 모양은 다르게 나타나고 이렇게 나타난 육각형 모양이 결국 각 개인마다 차별성을 갖는 개인만의 흥미코드를 형성한다. 흥미코드는 원점수를 반영하여 결정된다. 원점수는 스스로가 좋아하거나 싫어한다고 주관적으로 여기는 흥미 정도를 의미한다. 표준점수는 타인과 비교하였을 때 흥미수준을 말하며 흥미수준의 정도를 설명한다.

직업흥미 유형별 점수표를 살펴보면 원점수에 따른 표준점수가 각기 다르게 표시되는 것을 확인할 수 있다. 특히 현실형의 경우 원점수가 0점인데 표준점수는 41점으로 나타났다. 또 관습형의 경우도 원점수가 6점인데 표준점수가 42점으로 나타났다. 진취형의 경우 원점수가 27점인데 표준점수는 69점으로 나타났다. 이는 흥미수준을 비교하는 표준점수가 흥미 유형별 원점수에 따라 각기 다르게 환산된다는 것을 보여주는 것이다.

위의 육각형 그림을 볼 때, 육각형의 크기가 매우 작아 보인다. 이는 흥미가 매우 낮은 수준이라는 해석을 할 수도 있다. 그러나 이는 잘못된 것이다. 흥미수준은 표준점수를 고려하여 해석해야 하기 때문이다. 따라서 육각형 크기가 매우 작아 보이지만 흥미 유형별 점수표를 확인해 보면 실제 흥미수준은 낮다고 보기 어렵다. 표준점수가 40점 이하인 유형이 하나도 없을 뿐 아니라 진취형의 경우 표준점수가 60점 이상으로 흥미가 높고, 나머지 5개의 유형은 흥미수준이 보통수준이기 때문이다. 따라서 육안으로 육각형의 크기를 확인해서 이에 대한 해석을 하는 것은 바람직하지 않다.

○ 흥미의 육각형 모형

		육각형의 모양	
		한쪽으로 찌그러진 모양	정육각형에 가까운 모양
육각형의 크기	크다	특정 분야에 뚜렷한 관심을 보입니다. 흥미가 잘 발달되어 있고 안정적인 형태입니다. 성격, 능력, 경험 등이 관심분야와 조화로운지 살펴보는 것이 바람직합니다.	관심분야가 폭넓은 경우입니다. 거의 모든 분야에 호기심이 있지만 자신의 진정한 흥미분야가 무엇인지는 잘 모를 수 있습니다. 능력, 성격, 경험 등을 고려하여 흥미분야를 좁혀 보는 것이 바람직합니다.
	작다	특정 분야에 대한 관심이 있기는 하지만 그 정도가 크지 않은 편입니다. 또한 대체로 어떤 분야에 흥미가 있는지 탐색이 더욱 깊이 이루어질 필요가 있습니다. 조금이라도 관심있는 분야에 대해 적극적 탐색을 해봅시다.	뚜렷한 관심분야가 없습니다. 무엇에 관심이 있는지 무엇을 잘 할수 있는지 등과 같은 자기이해가 부족한 경우입니다. 과거에 즐거워했거나 잘할 수 있었던 작은 경험부터 떠올려 봅시다.

그럼에도 불구하고 육각형의 모형과 크기에 따라 흥미 정도를 해석해 볼 수 있다. 결과로 나타난 육각형 모양에 따라 개인의 직업흥미에 대한 해석이 가능하다. 먼저 육각형의 크기가 크면서 한쪽으로 찌그러진 경우이다. 이는 특정 분야에 뚜렷한 관심이 있는 것으로 흥미가 잘 발달되어 있고 안정적인 형태이다. 이럴 경우 자신의 성격, 능력이나 경험이 관심분야와 조화로운지 살펴보는 것이 필요하다. 육각형이 한쪽으로 찌그러진 모양이면서 크기가 작은 경우는 대체로 흥미발달이 잘 이루어지지 않았다고 볼 수 있다. 특정 분야에 관심이 있긴 하지만 그 정도가

크지 않다. 이럴 경우 자신이 조금이라도 관심이 있는 분야에 대해 적극적인 탐색을 해볼 필요가 있다.

검사결과가 정육각형에 가까우면서 크기가 큰 것은 관심분야가 폭넓은 경우이다. 거의 모든 분야에 호기심이 있지만 자신의 진정한 흥미분야가 무엇인지 파악하기 어려울 수 있다. 이럴 경우 자신의 능력, 성격이나 경험 등을 고려하여 흥미분야를 좁혀볼 필요가 있다. 반면 정육각형에 가까운 모양이면서 크기가 작은 것은 뚜렷한 관심분야가 없는 경우이다. 무엇에 관심이 있는지, 무엇을 잘할 수 있는지에 대한 자기이해가 부족하다고 볼 수 있다. 이럴 경우 과거에 즐거웠던 일이나 잘했던 일들을 떠올려 보는 것이 필요하다.

(3) 흥미 유형의 특징

다음은 워크넷 직업선호도 검사결과에서 제시하는 여섯 가지 흥미 유형의 특징들을 정리한 것이다.

현실형(R) 현실형 점수가 높은 사람은 활동적이며 실물적인 일을 좋아합니다.

- 명확하고 체계적이며 질서정연한 일을 좋아하고 기존의 가치와 신념체계에 위배되지 않는 선에서 원리원칙적으로 사고하고 명확한 방법을 사용하여 행동하는 경향이 강합니다.
- 전기나 기계, 공학계열 분야와 같이 실제적이고 규칙적인 행동양식이 존재하는 분야를 선호하는 편입니다. 사물을 다루고 조작하는 것을 좋아해 손재주가 있다는 평을 듣는 경우가 많으며 겸손하고 솔직하지만 스스로 사회적인 영향력을 발휘해야 하는 일과 학문적이고 창의적인 일에 서툴다고 여기는 편입니다.

탐구형(I) 탐구형 점수가 높은 사람은 관찰하고 탐구하며 사고하는 일을 좋아합니다.

- 현상을 비판적이고 분석적으로 관찰하고, 체계적이고 창조적으로 탐구하는 것을 좋아하는 반면, 규칙적이고 반복적인 활동이나 리더십을 발휘해야 하는 활동은 별로 좋아하지 않습니다. 인간적 감정이나 사회적 환경보다는 자연현상이나 사회현상에 대한 탐구활동에 대한 관심이 많습니다.
- 독립적이며 개방적인 태도로 정보를 수집하고 자료를 분석하며 현상에 대한 결론을 내리는 과정을 거쳐 문제를 해결하는 방식의 일을 선호합니다.

예술형(A) 예술형 점수가 높은 사람은 창의적이고 변화를 추구하는 일을 좋아합니다.

- 창의적이고 유연한 사고를 즐겨하며 아름다움을 추구하는 경향이 강합니다. 틀에 박힌 일이나 같은 패턴의 일, 변화가 없이 틀에 맞추어 해야 하는 일을 별로 좋아하지 않습니다.
- 같은 사물이나 현상을 보고도 획일적으로 판단하지 않으며 상상력이 풍부하고 독창적인 편입니다. 예술적 감수성이 뛰어나고 능력을 발휘하며 즐기는 반면, 명확하고 규칙적인 활동이나 객관적인 사실을 추구하는 활동에는 약한 편입니다. 개방적인 사고체계를 소유하고 있어 변화를 주도하고 추구하며 자신의 직감에 의존하여 문제를 해결하려는 경향도 있습니다.

사회형(S) 사회형 점수가 높은 사람은 사람들과 교류하고 협력하는 일을 좋아합니다.

- 타인의 문제를 듣고 공감하고, 도와주고, 치료해 주는 것을 선호하며 사람을 상대하는 활동에 능숙합니다. 일반적으로 이타적이며 자애롭고 배려심이 깊은 인물로 평가를 받습니다.
- 사물을 지향하기보다는 사람과 사람 사이의 관계에 주목하는 경향이 강하여 다른 사람들에게 어떤 사실을 가르쳐주고 도와주거나 지원해 주는 활동을 좋아합니다.

진취형(E) 진취형 점수가 높은 사람은 목표를 정하고 성취하도록 이끄는 것을 좋아합니다.

- 자신이 기획하고 목표설정한 것을 실행시키는 데 탁월한 능력을 보이는 유형입니다. 개인과 조직의 목표를 달성하거나 경제적인 이익을 추구하기 위한 활동을 선호하며, 타인에게 영향력을 발휘하는 일을 하고 싶어 합니다. 계획하고 목표설정하며 추진하고 있는 일을 성공적으로 이끌기 위해 다른 사람들을 설득하거나 협상을 하는 등 사회성을 발휘하기도 합니다.

관습형(C) 관습형 점수가 높은 사람은 조직적이고 안정적이며 체계적인 일을 좋아합니다.

- 조직적이고 체계적이며 규칙과 시스템이 잡혀 있는 일을 좋아하고, 규정이나 시스템 등이 없이 불확실하고 애매하며 시시각각 변화하는 일을 피하려는 경향이 강합니다.
- 수립되어 있는 시스템에 적응하여 규칙에 맞게 성실하고 분명하면서도 체계적으로 일을 하는 것을 좋아하여, 서류 작성 및 기록 등과 같은 사무적인 일에 능력을 발휘합니다. 문제상황에서 변화를 추구하거나 비판하기보다는 조심스럽고 체계적으로 해결계획을 세우는 편입니다.

다음은 흥미 유형별 특성을 다양한 관점에서 정리한 것이다.

흥미 유형	흥미 특성
현실형(R)	분명하고 질서 정연하고 체계적인 것을 좋아하고 연장이나 기계를 조작하는 활동 내지 기술에 흥미가 있습니다.
탐구형(I)	관찰적, 상징적, 체계적이며 물리적, 생물학적, 문화적 현상의 창조적인 탐구를 수반하는 활동에 흥미가 있습니다.
예술형(A)	예술적 창조와 표현, 변화와 다양성을 선호하고 틀에 박힌 것을 싫어하며 모호하고, 자유롭고, 상징적인 활동에 흥미가 있습니다.
사회형(S)	타인의 문제를 듣고, 이해하고, 도와주고, 치료해 주고, 봉사하는 활동에 흥미가 있습니다.
진취형(E)	조직의 목적과 경제적인 이익을 얻기 위해 타인을 지도, 계획, 통제, 관리하는 일과 그 결과로 얻어지는 명예, 인정, 권위에 흥미가 있습니다.
관습형(C)	정해진 원칙과 계획에 따라 자료를 기록, 정리, 조직하는 일을 좋아하고 체계적인 작업환경에서 사무적, 계산적 능력을 발휘하는 활동에 흥미가 있습니다.

흥미 유형	자기평가	타인평가
현실형(R)	사교적 재능보다는 손재능 및 기계적 소질이 있다고 평가	겸손하고 솔직하지만 독단적이고 고집이 센 사람
탐구형(I)	대인관계 능력보다는 학술적 재능이 있다고 평가	지적이고 현학적이며 독립적이지만 내성적인 사람
예술형(A)	사무적 재능보다는 혁신적이고 지적인 재능이 있다고 평가	유별나고 혼란스러워 보이며 예민하지만 창조적인 사람
사회형(S)	기계적 능력보다는 대인관계적 소질이 있다고 평가	이해심 많고 사교적이고 동정적이며 이타적인 사람
진취형(E)	과학적 능력보다는 설득력 및 영업능력이 있다고 평가	열정적이고 외향적이며 모험적이지만 야심이 있는 사람
관습형(C)	예술적 재능보다는 비즈니즈 실무능력이 있다고 평가	안정을 추구하고 규율적이지만 유능한 사람

흥미 유형	선호활동	회피활동
현실형(R)	기계나 도구 등의 조작	타인과의 상호작용
탐구형(I)	자연 및 사회현상의 탐구, 이해, 예측 및 통제	설득 및 영업활동
예술형(A)	문학, 음악, 미술활동	틀에 박힌 일이나 규칙
사회형(S)	상담, 교육, 봉사활동	기계기술적 활동
진취형(E)	설득, 지시, 지도활동	과학적, 지적, 추상적 주제
관습형(C)	규칙을 만들거나 따르는 활동	명확하지 않은 모호한 과제

흥미 유형	성 격	가 치
현실형(R)	현실적이고 신중한 성격	눈에 보이는 성취에 대한 물질적 보상
탐구형(I)	분석적이고 지적인 성격	지식의 개발과 습득
예술형(A)	경험에 대해 개방적인 성격	아이디어, 정서, 감정의 창조적 표현
사회형(S)	동정심과 참을성이 있는 성격	타인의 복지와 사회적 서비스의 제공
진취형(E)	대담하고 사교적인 성격	경제적 성취와 사회적 지위
관습형(C)	현실적이고 성실한 성격	금전적 성취와 사회, 사업, 정치영역에서의 권력 획득

흥미 유형	적 성	대표직업
현실형(R)	기계적 능력	기술자, 가동기계 및 항공기조종사, 정비사, 농부, 엔지니어, 전기·기계기사, 군인, 경찰, 소방관, 운동선수 등
탐구형(I)	학구적 능력	언어학자, 심리학자, 시장조사분석가, 과학자, 생물학자, 화학자, 물리학자, 인류학자, 지질학자, 경영분석가 등
예술형(A)	예술적 능력	예술가, 작곡가, 음악가, 무대감독, 작가, 배우, 소설가, 미술가, 무용가, 디자이너, 광고 기획자 등
사회형(S)	대인지향적 능력	사회복지사, 교육자, 간호사, 유치원 교사, 종교지도자, 상담가, 임상치료가, 언어치료사 등
진취형(E)	경영 및 영업 능력	기업경영인, 정치가, 판사, 영업사원, 상품구매인, 보험회사원, 판매원, 연출가, 변호사 등
관습형(C)	사무적 능력	공인회계사, 경제분석가, 세무사, 경리사원, 감사원, 안전관리사, 사서, 법무사, 의무기록사, 은행사무원 등

(4) 직업흥미 특성과 잘 어울리는 직업

피검사자의 흥미코드에 따라 적합직업이 제시된다. 피검사자와 직업흥미 유형이 유사한 종사자가 많은 직업을 적합직업으로 안내한다.

나의 직업흥미 특성과 잘 어울리는 직업
* 흥미코드에 따라 적합직업이 제시됩니다. 귀하와 흥미유형이 유사한 종사자가 많은 직업을 적합직업으로 안내합니다.
건축자재영업원(인테리어영업원 포함),경기심판,경찰관,금융 및 보험관련 전문가,기술 및 기능계 강사,레크레이션강사 ,변호사,병원코디네이터,보험대리인 및 중개인,부동산 컨설턴트(공인중개사),상품중개인 및 경매사,소년보호관 및 교도관,숙박관련 관리자,식품영업원,신문기자,아나운서 및 리포터,여행상품개발자,연예인 및 스포츠 매니저,영업 및 판매 관련 관리자,음식서비스 관련 관리자,의회의원ㆍ고위공무원 및 공공단체임원,인쇄 및 광고영업원,자동차영업원,장학관 및 연구관,정부 및 공공행정 전문가,제약영업원,증권중개인(증권딜러),직업상담 및 경력상담원,청원경찰/경호원,총무 및 인사관리자,환경, 청소 및 경비관련 관리자,회의기획자, 행사, 이벤트 및 전시기획전문가

위에 제시된 직업은 매우 다양한 직업들 중 많은 사람들이 종사하고 있는 일부 직업에 대해서만 담고 있다. 보다 다양한 직업에 대한 정보를 찾고 싶은 경우 고용

노동부와 한국고용정보원이 제공하는 직업정보 자료들을 활용하여 다양한 직업과 세부 직업정보에 대해 확인할 수 있다.

검사결과지 맨 마지막 페이지에는 피검사자의 검사별 응답정도를 표로 정리하여 제시하고 있다.

◆ 검사별 응답정도

다음은 귀하의 검사별 응답정도를 나타냅니다.
사선의 오른쪽(뒤) 숫자는 각 요인별 총문항수를 나타내고,
사선의 왼쪽(앞) 숫자는 귀하가 응답하신 문항수입니다.
응답하지 않은 문항이 많아 두 숫자의 차이가 클수록 결과표의 검사점수를
신뢰하기 어려우므로 직업심리검사의 결과해석 시 주의해야 합니다.

흥미검사	현실형	탐구형	예술형	사회형	진취형	관습형
	34/34	34/34	34/34	34/34	34/34	34/34

3. 학습정리

1) 홀랜드의 직업흥미 이론의 네 가지 기본 가정에 대해 설명한다.

2) 홀랜드의 직업흥미 이론에서 제시한 일관성에 대해 설명한다.

3) 워크넷 직업선호도(S형) 검사결과에서 육각형의 모양과 크기의 관계에 대해 설명한다.

4) 직업흥미 유형별 자기평가와 타인평가에 대해 설명한다.

06

CHAPTER

직업 탐색 및 선택

6장에서는 직업 탐색 및 선택에 도움이 되는 직업에 대한 이해, 기업과 업종, 직무기술서 등에 대해 살펴본다. 앞에서 학습한 직업적성, 직업가치관, 직업흥미 관련 워크넷 검사결과를 토대로 자신에게 적합한 직업을 선택해 본다. 선택한 직업이 자신에게 정말 적합한 직업인지 확인하는 차원에서 활용 가능한 직업체험(job shadowing) 방법을 학습한다.

학습목표

1. 직업의 개념에 대해 이해하고 직업에 해당되지 않는 활동들에 대해 살펴본다.
2. 기업과 업종, 직위와 직무에 대해 이해한다.
3. 직업심리 검사결과를 토대로 자신에게 적합한 직업을 선택하고 직업체험 방법을 익힌다.

학습내용

Think Pocket
1. 직업에 대한 이해
2. 10가지 직업의 대분류
3. 기업과 업종
4. 직위와 직무
5. 직업 선택
6. 직업체험
7. 학습정리

Chapter

06 직업 탐색 및 선택

Think Pocket

대한민국에 존재하는 1만 2,823개의 직업

한국직업사전은 우리나라의 모든 직업들을 총망라하여 정리한 것이다. 우리나라 최초의 직업사전은 1969년 인력개발연구소가 경제기획원, 과학기술처, 노동청의 감수를 받아 발간하였다. 이 직업사전에는 3,260개의 직업이 수록되었다.

1986년에 발간된 한국직업사전에는 8,900여 개의 직업들이 소개되었다. 이후 1995년에 발간된 한국직업사전 2판에서는 1986년에 비해 약 600여 개의 직업이 증가한 것으로 나타났다. 이는 기술발전으로 인해 직업 수가 증가했기 때문이다.

2003년 발간된 한국직업사전 3판에서는 직업 수가 7,980여 개로 이전보다 감소한 것을 확인할 수 있다. 직업 수가 감소한 주된 이유는 1990년대 후반부터 인터넷의 급속한 보급, 정보처리 기술의 발전으로 인한 직무 단순화와 이에 따른 직무 통합화가 가속화되었기 때문이다. 특히 기능원 및 조립과 관련된 생산직 직종에서는 직업 수가 줄어든 반면 전문 지식과 경험을 기초로 해당 분야에서 연구, 개발 및 개선 업무를 수행하는 전문가들이 포함된 직업 수는 증가하였다. 이러한 변화

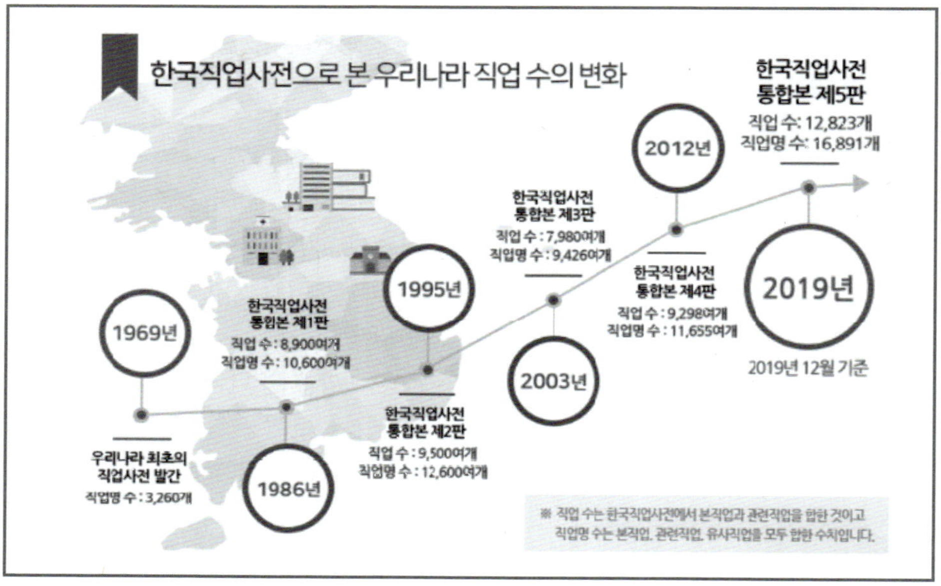

[그림 6-1] 한국직업사전으로 본 우리나라 직업 수의 변화

출처 : 워크넷(https://www.work.go.kr/consltJobCarpa/srch/jobDic/jobDicIntro.do?pageType=job Dic Notes).

를 통해 지식정보사회로의 전환이 시작되었으며 블루칼라와 화이트칼라의 비율이 역전되었다(차두원 · 김서현, 2016).

2012년 발간된 한국직업사전 4판에서는 다시 직업 수가 증가하여 9,298여 개로 조사되었다. 2003년 이후 새로 등장한 직업들은 주로 기술발전과 새로운 제품 및 서비스의 등장, 사회문화의 변화 및 새로운 제도의 시행 등을 통해 직업으로 인정받은 것들이다. 특히 전기자동차의 등장과 고속철도KTX의 개통, 신재생에너지 · 자원재활용 기술 및 산업의 성장, 영상처리 및 IT제품의 발전 등 기술의 진화와 새로운 제품, 서비스의 등장으로 나타난 신생직업 200여 개가 포함되었다. 신생직업은 전기자동차설계기술자, 폐기물자원화설비운전원, 태양전지모듈공정개발연구원, 디지털영상처리전문가, 증강현실전문가 등이다.

반면 제품의 생산이 중단되고 새로운 첨단 제품으로 대체되거나 자동화와 기계화로 직무가 사라지면서 30여 개의 직업이 소멸되었다. 브라운관의 생산 중단으로 사라진 직업은 브라운관봉입원과 전자총조립원 등이며, 비디오테이프의 생산 중단으로 비디오조립원과 비디오테이프검사원 등이 사라졌다. 유리진공병의 생산이 중단되면서 보온병도금원과 진공병양면부착원 등의 직업도 역사 속으로 사라졌고, 전신타자기의 사용 중지로 전보송수신원과 전보시설운용원 등의 직업이 소멸되었다(한국고용정보원, 2012. 3. 15).

2019년 발간된 한국직업사전 5판에서는 총 1만 2,823개의 직업이 등재되었으며 2012년에 발간된 4판에 비해 3,500여 개의 직업이 추가로 수록되었다. 특히 새로 등재된 270개의 신생직업은 주로 4차 산업혁명 등 과학기술의 발전, 고령화 등 인구학적 변화, 전문화 등 사회환경 변화, 정부 정책과 관련된 제도변화에 따른 것이 많았다.

디지털화 및 4차 산업혁명의 진전으로 빅데이터전문가(사이언티스트 · 엔지니어 · 시각화전문가), 블록체인개발자, 인공지능엔지니어(머신러닝엔지니어, 딥러닝엔지니어), 드론조종사, 디지털문화재복원전문가 등이 새롭게 등재되었다. 이 외에도 수납정리원, 애완동물장의사, 산림치유지도사, 스포츠심리상담사, 지속가능경영전문가, 창업기획자(엑셀러레이터), 도시재생코디네이터, 농촌관광플래너 등이 새롭게 수록되었다.

한편 제품의 생산 중단 및 디지털화 등 기술 발전에 따라 종사자가 없는 18개의 직업이 삭제되었다. 플라즈마영상패널 관련 생산직, 영화필름자막제작원, 필름색보정기사, 테니스라켓 제작 관련 직업이 제외되었으며 TV디스플레이로 쓰이던 플라즈마영상패널 PDP의 생산이 중단되면서 플라즈마영상패널격벽형성원 등의 직업이 소멸되었다(한국고용정보원, 2020. 5. 29).

직업은 기술 발전, 경제성장, 인구학적 변화와 사회환경의 변화 등으로 인해 소멸되고 생성되는 메커니즘을 갖는다. 이러한 현상은 앞으로도 계속될 것이다.

1. 직업에 대한 이해

국제표준직업분류(ISCO-08)에서 직무(job)는 '자영업을 포함하여 특정한 고용주를 위하여 개별 종사자들이 수행하거나 또는 수행해야 할 일련의 업무와 과업(tasks and duties)'이며, 직업(occupation)은 '유사한 직무의 집합'이다. 여기에서 유사한 직무란 '주어진 업무와 과업이 매우 높은 유사성을 갖는 것'을 의미한다.

직업은 유사성을 갖는 직무를 지속적으로 수행하는 계속성을 가져야 하는데, 일의 계속성이란 일시적인 것을 제외한 다음에 해당하는 것을 말한다.

- 매일, 매주, 매월 등 주기적으로 행하는 것
- 계절적으로 행해지는 것
- 명확한 주기는 없으나 계속적으로 행해지는 것
- 현재 하고 있는 일을 계속적으로 행할 의지와 가능성이 있는 것

(한국표준직업분류, 2017).

직업은 또한 경제성을 충족해야 하는데 이는 경제적인 거래 관계가 성립하는 활동을 수행해야 함을 의미한다. 따라서 무급 자원봉사와 같은 활동이나 전업학생의 학습행위는 경제활동 혹은 직업으로 간주하지 않는다. 직업의 성립에는 비교적 엄격한 경제성의 기준이 적용되는데 노력이 전제되지 않는 자연발생적인 이득의 수취나 우연하게 발생하는 경제적인 과실에 전적으로 의존하는 활동은 직업으로 보지 않는다. 직업 활동은 전통적으로 윤리성과 사회성을 충족해야 한다. 윤리성은 비윤리적인 영리행위나 반사회적인 활동을 통한 경제적인 이윤추구는 직업 활동으로 인정되지 않는다는 것을 의미한다. 사회성은 보다 적극적인 것으로 모든 직업 활동은 사회 공동체적인 맥락에서 의미 있는 활동, 즉 사회적인 기여를 전제조건으로 하는 것을 말한다. 또한 속박된 상태에서 행해지는 제반 활동은 경제성이나 계속성의 여부와 상관없이 직업으로 보지 않는다(한국표준직업분류, 2017).

다음은 직업에 해당되지 않는 활동들이다.

- 이자, 주식배당, 임대료(전세금, 월세) 등과 같은 자산 수입이 있는 경우
- 연금법, 국민기초생활보장법, 국민연금법 및 고용보험법 등의 사회보장이나 민간보험에 의한 수입이 있는 경우
- 경마, 경륜, 경정, 복권 등에 의한 배당금이나 주식투자에 의한 시세차익이 있는 경우
- 예 · 적금 인출, 보험금 수취, 차용 또는 토지나 금융자산을 매각하여 수입이 있는 경우
- 자기 집의 가사 활동에 전념하는 경우
- 교육기관에 재학하며 학습에만 전념하는 경우
- 시민봉사활동 등에 의한 무급 봉사적인 일에 종사하는 경우
- 사회복지시설 수용자의 시설 내 경제활동
- 수형자의 활동과 같이 법률에 의한 강제노동을 하는 경우
- 도박, 강도, 절도, 사기, 밀수와 같은 불법적인 활동

(한국표준직업분류, 2017)

2. 10가지 직업의 대분류

다음은 한국표준직업분류에서 제시한 10가지 직업의 대분류를 정리한 것이다(한국표준직업분류, 2017).

1) 관리자

의회의원처럼 공동체를 대리하여 법률이나 규칙을 제정하고, 정부를 대표, 대리하며 정부 및 공공이나 이익단체의 정책을 결정하고 이를 지휘 · 조정한다. 정부, 기업, 단체 또는 그 내부 부서의 정책과 활동을 기획, 지휘 및 조정하는 직무를 수행한다. 현업을 겸할 경우에는 직무시간의 80% 이상을 다른 사람의 직무를 분석, 평가, 결정하거나 지시하고 조정하는 데 사용하는 경우에만 관리자 직군으로 분류한다.

2) 전문가 및 관련 종사자

특정 분야의 전문지식과 경험을 바탕으로 개념과 이론을 이용하여 해당 분야에 대한 연구 · 개발, 자문, 지도(교수) 등 전문 서비스를 제공하는 자를 말한다. 주로 자료의 분석과 관련된 직종으로 물리, 생명과학 및 사회과학 분야에서 높은 수준의 전문적 지식과 경험을 기초로 과학적 개념과 이론을 응용하여 해당 분야를 연구하고 개발 및 개선하며 집행한다. 전문지식을 이용하여 의료 진료활동과 각급 학교 학생을 지도하고 예술적인 창작활동이나 스포츠 활동 등을 수행한다. 또한 전문가의 지휘하에 조사, 연구 및 의료, 경영에 관련된 기술적인 업무를 수행한다.

3) 사무종사자

관리자, 전문가 및 관련 종사자를 보조하여 경영방침에 의해 사업계획을 입안하고 계획에 따라 업무를 추진하며 해당 작업에 관련된 정보의 기록, 보관, 계산 및 검색 등의 업무를 수행한다. 또한 금전취급 활동, 법률 및 감사, 상담, 안내 및 접수와 관련하여 사무적인 업무를 주로 수행한다.

4) 서비스종사자

공공안전이나 신변보호, 돌봄, 보건·의료분야 보조 서비스와 미용, 혼례 및 장례, 운송, 여가, 조리와 관련된 공공 사회서비스 및 개인 생활 서비스 등 대인 서비스를 제공하는 업무를 주로 수행한다.

5) 판매종사자

영업활동을 통해 상품이나 서비스를 판매하거나 인터넷 등 통신을 이용하거나, 상점이나 거리 및 공공장소에서 상품을 판매 또는 임대한다. 상품을 광고하거나 상품의 품질과 기능을 홍보하며 매장에서 계산을 하거나 요금정산 등의 활동을 수행한다.

6) 농림어업 숙련 종사자

자기 계획과 판단에 따라 농산물, 임산물 및 수산물의 생산에 필요한 지식과 경험을 기초로 작물을 재배·수확하고 동물을 번식·사육하며, 산림을 경작, 보존 및 개발하고, 물고기 및 기타 수생 동·식물을 번식 및 양식하는 직무를 수행한다.

7) 기능원 및 기능 종사자

광업, 제조업, 건설업 분야에서 관련된 지식과 기술을 응용하여 금속을 성형하고 각종 기계를 설치 및 정비한다. 또한 섬유, 수공예 제품과 목재, 금속 및 기타 제품을 가공한다. 작업은 손과 수공구를 주로 사용하며 기계를 사용하더라도 기계의 성능보다 사람의 기능이 갖는 역할이 중요하다. 자동화된 기계의 발전에 따라 직무영역이 축소되는 추세인데 생산과정의 모든 공정과 사용되는 재료나 최종 제품에 관련된 내용을 알 수 있어야 한다.

8) 장치 · 기계 조작 및 조립 종사자

기계를 조작하여 제품을 생산하거나 대규모적이고 때로는 고도의 자동화된 산업용 기계 및 장비를 조작하고 부분품을 가지고 제품을 조립하는 업무로 구성된다. 작업은 기계 조작뿐만 아니라 컴퓨터에 의한 기계 제어 등 기술적 혁신에 적응할 수 있는 능력을 포함하여 기계 및 장비에 대한 경험과 이해가 요구되며 기계의 성능이 생산성을 좌우한다. 또한 여기에는 운송장비의 운전업무도 포함된다.

9) 단순노무 종사자

주로 간단한 수공구의 사용과 단순하고 일상적이며 어떤 경우에는 상당한 육체적 노력이 요구되고 거의 제한된 창의와 판단만을 필요로 하는 업무를 수행한다. 몇 시간 혹은 몇십 분의 직무 훈련으로 업무수행이 충분히 가능한 직업이 대부분이며 일반적으로 낮은 수준의 직무능력을 필요로 한다. 직능수준이 낮으므로 단순노무직 내부에서의 직업 이동은 상대적으로 매우 용이한 편이라고 할 수 있다.

10) A. 군인

의무 복무 여부를 불문하고 현재 군인 신분을 유지하고 있는 군인을 말한다. 직업정보 취득의 제약 등 특수 분야이므로 직무를 기준으로 분류하는 것이 아니라 계급을 중심으로 분류하였다. 국방과 관련된 정부기업에 고용된 민간인, 국가의 요청에 따라 단기간 군사훈련 또는 재훈련을 위해 일시적으로 소집된 자 및 예비군은 제외된다. 군인은 별도로 대분류 'A. 군인'에 분류된다. 이것은 수행된 일의 형태에 따라 분류되어야 한다는 일반원칙보다는 자료수집의 현실성에 따라 분류된 것이다.

3. 기업과 업종

기업은 가장 이기적인 집단 중 하나이다. 그 이유는 이윤추구라는 공통의 목표를 가진 개인들이 모인 조직이기 때문이다. 기업은 이윤을 추구함으로써 그 존속이 가능하고 이를 위해 조직적으로 업무를 수행할 필요가 있다. 과학기술의 발달은 노동력과 재화의 자유로운 이동을 가져왔고 기업의 규모는 자국 영토 내에 머무르지 않고 국외로 확대되었다. 따라서 과거와 달리 기업의 경영기능은 점점 더 다양화되고 복잡해지고 있다.

모든 기업들은 자신들이 주력으로 내세우는 영업의 분야가 있다. 이것이 바로 업종이다. 업종의 사전적 의미는 '직업이나 영업의 종류'를 뜻한다. 기업들은 자신이 가장 자신 있고 뛰어난 영업 분야를 선택해 이 분야를 중심으로 비즈니스를 한다. 기업 설립 당시에 업종이 정해지는 것이 보통이나 이후 기업의 형편에 따라 업종이 추가되거나 변경되기도 한다. 하지만 업종의 추가나 변경은 함부로 결정할 수 있는 일은 아니다. 이는 기업의 이윤추구와 직결되는 문제이기 때문이다. 따라서 신중한 사업성 검토를 통해 업종을 추가하거나 변경하게 된다. 실제로 기업들이 비즈니스 하는 영업의 종류는 매우 다양하다. 〈표 6-1〉은 통계청의 한국산업표준분류에 따른 업종분류표이다.

〈표 6-1〉 업종분류표

대분류	중분류
A. 농업, 임업 및 어업	1. 농업 2. 임업 3. 어업
B. 광업	5. 석탄, 원유 및 천연가스 광업 6. 금속광업 7. 비금속광물 광업; 연료용 제외 8. 광업 지원 서비스업
C. 제조업	10. 식료품 제조업 11. 음료 제조업 12. 담배 제조업 13. 섬유제품 제조업; 의복 제외 14. 의복, 의복 액세서리 및 모피제품 제조업 15. 가죽, 가방 및 신발 제조업 16. 목재 및 나무제품 제조업; 가구 제외 17. 펄프, 종이 및 종이제품 제조업

	18. 인쇄 및 기록매체 복제업 19. 코크스, 연탄 및 석유정제품 제조업 20. 화학 물질 및 화학제품 제조업; 의약품 제외 21. 의료용 물질 및 의약품 제조업 22. 고무 및 플라스틱제품 제조업 23. 비금속 광물제품 제조업 24. 1차 금속 제조업 25. 금속 가공제품 제조업; 기계 및 가구 제외 26. 전자 부품, 컴퓨터, 영상, 음향, 통신장비 제조업 27. 의료, 정밀, 광학 기기 및 시계 제조업 28. 전기장비 제조업 29. 기타 기계 및 장비 제조업 30. 자동차 및 트레일러 제조업 31. 기타 운송장비 제조업 32. 가구 제조업 33. 기타 제품 제조업 34. 산업용 기계 및 장비 수리업
D. 전기, 가스, 증기 및 공기 조절 공급업	35. 전기, 가스, 증기 및 공기 조절 공급업
E. 수도, 하수 및 폐기물 처리, 원료 재생업	36. 수도사업 37. 하수, 폐수 및 분뇨 처리업 38. 폐기물 수집, 운반, 처리 및 원료 재생업 39. 환경 정화 및 복원업
F. 건설업	41. 종합 건설업 42. 전문직별 공사업
G. 도매 및 소매업	45. 자동차 및 부품 판매업 46. 도매 및 상품중개업 47. 소매업; 자동차 제외
H. 운수 및 창고업	49. 육상 운송 및 파이프라인 운송업 50. 수상 운송업 51. 항공 운송업 52. 창고 및 운송관련 서비스업
I. 숙박 및 음식점업	55. 숙박업 56. 음식점 및 주점업
J. 정보통신업	58. 출판업 59. 영상 · 오디오 기록물 제작 및 배급업 60. 방송업 61. 우편 및 통신업 62. 컴퓨터 프로그래밍, 시스템 통합 및 관리업 63. 정보서비스업
K. 금융 및 보험업	64. 금융업 65. 보험 및 연금업 66. 금융 및 보험 관련 서비스업
L. 부동산업	68. 부동산업
M. 전문, 과학 및 기술 서비스업	70. 연구개발업 71. 전문 서비스업 72. 건축기술, 엔지니어링 및 기타 과학기술 서비스업 73. 기타 전문, 과학 및 기술 서비스업
N. 사업시설 관리, 사업 지원 및 임대 서비스업	74. 사업시설 관리 및 조경 서비스업 75. 사업 지원 서비스업 76. 임대업; 부동산 제외
O. 공공 행정, 국방 및 사회보장 행정	84. 공공 행정, 국방 및 사회보장 행정
P. 교육 서비스업	85. 교육 서비스업

Q. 보건업 및 사회복지 서비스업	86. 보건업 87. 사회복지 서비스업
R. 예술, 스포츠 및 여가관련 서비스업	90. 창작, 예술 및 여가관련 서비스업 91. 스포츠 및 오락관련 서비스업
S. 협회 및 단체, 수리 및 기타 개인 서비스업	94. 협회 및 단체 95. 개인 및 소비용품 수리업 96. 기타 개인 서비스업
T. 가구 내 고용활동 및 달리 분류되지 않은 자가 소비	97. 가구 내 고용활동 98. 달리 분류되지 않은 자가 소비를 위한 가구의 재화 및 서비스 생산활동
U. 국제 및 외국기관	99. 국제 및 외국기관

출처 : 통계청(2017). 한국산업표준분류.

위의 표를 통해 한국산업표준분류에 따른 업종분류가 상당히 복잡하고 그 종류도 많은 것을 알 수 있다. 따라서 직업 탐색을 위해 이를 간단히 정리해 볼 필요가 있다. 다음은 지원자들이 주로 관심을 갖는 회사의 업종을 중심으로 정리한 것이다(박윤희, 2018b).

전기	철강	은행	의약
전자	기계	카드	화장품
반도체	조선	보험	
통신	건설	증권	유통
IT	설계 및 엔지니어링		식품 및 음료
	자동차 및 부품	방송 및 미디어	가구
화학		출판	섬유 및 의류
정유	항공 및 운송	교육서비스	
에너지	숙박(호텔, 리조트 등)		
	여행		

4. 직위와 직무

직위는 조직 내의 한 사람에게 부여된 조직상의 지위(status)로서, 직무와 책임을 포함한다. 즉, 한 사람이 수행해야 할 직무와 이와 관련하여 주어진 권한과 의무 등을 포함한다. 실무에서는 직책, 지위 등 다양한 용어로 사용하고 있다. 우리나라의 경우 대게 사원－(주임)대리－과장－차장－부장－이사(상무이사－전무이사)－부사장－사장으로 직위체계가 이어진다. 이러한 직위체계는 신분 상징이나 처우의 기준이 되기 때문에 인사관리의 중심축 역할을 하고 있다. 최근 기업들이 팀제로 조직을 개편하면서 직위를 팀장과 팀원으로 단순화하고 있지만 여전히 과장, 차장 등 과거 사용하던 직위를 함께 사용하고 있는 것이 현실이다.

앞서 살펴본 바와 같이 직무는 '자영업을 포함하여 특정한 고용주를 위하여 개별 종사자들이 수행하거나 또는 수행해야 할 일련의 업무와 과업'이다. 또 직무군은 특정 조직구성원들이 실제로 수행하는 구체적인 과업(task)들의 집합체로 정의된다. 직무의 내용은 과업의 일반적인 속성에 관한 것으로 다양성, 자율성, 복잡성과 단순성, 곤란성, 그리고 업무의 정체성, 예컨대 전체적인 일을 하는가 아니면 부분적인 일을 하는가를 포함한다. 다음은 지원자들이 주로 관심을 갖는 직무를 중심으로 정리한 것이다(박윤희, 2018b).

경영기획, 경영전략, 법무, 노무, 인사, 교육, 회계(원가회계), 재무, 세무, 경영지원, 총무, 비서, 채권관리, 감사, 컨설팅

마케팅, 홍보 · 광고, 상품기획, 구매, 물류관리, 자재관리, SCM,
영업, 영업기획, 해외영업, 기술영업, 영업지원, 솔루션 영업

시스템 엔지니어링, 웹 프로그래밍, 웹 개발, 웹 기획, 웹 디자인, 웹 페이지 개발 및 유지보수,
생산관리, 품질관리, 생산기술, 현장관리, 생산기획, 기술지원, 외주관리, 공정기술, 제조기술,
연구기획, 연구개발, 기술연구, 제품개발, 재료개발, HW개발, SW개발, 기구개발, 회로설계,

모바일 솔루션 개발, 모바일 앱 운영 및 개발, 서비스 기획 및 운영, 게임분석 및 전략수립, 정보보호, 보안기술, 서버관리, 네트워크 관리, 시스템 프로그래밍, 네트워크 환경 및 장비운영

보상서비스, 자산운용, 개인보험지원, 일반보험업무, 손해사정, 선물옵션트레이딩, 리스크 관리, 재무설계, 투자상담, 재테크상담, 리스크 분석, 고객관리, 금융컨설팅, 투자분석, 자산관리, 금융영업, 대출심사, 텔러, 여신상담, 퇴직연금, 채권관리, 채권추심, 대출영업, 보험심사, 고객지원 및 상담

제품디자인, 출판 · 편집 디자인, 의류 · 패션 디자인, 그래픽 디자인

교육기획, 상담 및 운영, 교재 편집 및 기획, 컨텐츠 기획 및 개발

기자, 사진기자, 작가, PD, 아나운서, 리포터, 촬영 및 편집, 영상제작, 배급, 영화투자

5. 직업 선택

1) 적합 직업 선택

워크넷의 직업적성, 직업선호도(S형), 직업가치관 검사결과를 토대로 자신에게 적합한 직업을 선택한다. 이를 위해 검사결과를 토대로 다음에 제시된 양식을 작성한다.

❖ 직업심리 검사결과에 기초한 직업 선택

<table>
<tr><th>검사 종류</th><th>추천직업목록</th><th>희망직업</th></tr>
<tr><td>직업적성검사</td><td></td><td rowspan="3">1.

2.

3.

4.

5.</td></tr>
<tr><td>직업선호도(S형)검사</td><td></td></tr>
<tr><td>직업가치관검사</td><td></td></tr>
<tr><td>선택 직업</td><td colspan="2"></td></tr>
</table>

먼저 자신의 희망직업을 적는다. 희망직업이 없는 경우 적지 않아도 된다. 또 희망직업이 많은 경우 가급적 모두 적는다. 여기서 희망직업이란 꼭 그 직업을 갖고 싶다는 개념이 아니어도 좋다. 관심이 가는 직업, 한번 알아보고 싶은 직업들도 모두 희망직업에 해당되니 그러한 직업들이 있다면 모두 적는다.

두 번째로 작성해야 하는 것은 직업적성검사 추천직업목록으로 워크넷 직업적성검사에서 나의 적성특성에 적합한 직업 중 세부직업 목록의 직업들을 제시된 양식의 추천직업목록란에 모두 적는다. 가급적 직업은 빠놓지 않고 모두 적는 것이 좋다. 그래야 직업 선택 시 선택의 폭이 넓어질 수 있다.

2. 직업 추천 결과

1 나의 적성특성에 적합한 직업

추천 순위	직업	세부 직업	중요적성 요인
1	연극영화방송 전문가	감독 및 기술감독,아나운서 및 리포터	사고유창력/언어력/문제해결능력
2	금융· 보험 전문가	투자· 신용분석가,자산운용가,보험· 금융상품 개발자,증권· 외환 딜러,손해사정사,기타 금융· 보험 전문가	수리력/문제해결능력/언어력/사고유창력
3	무역· 운송· 생산· 품질 사무원	무역 사무원,운송 사무원,물류(유통) 사무원,자재· 구매 사무원,생산· 품질 사무원	언어력/수리력/문제해결능력
4	금융· 보험 사무원	금융 사무원,보험 심사원 및 사무원,출납창구 사무원	문제해결능력/집중력/상황판단력
5	사회복지사 및 상담사	사회복지사,상담전문가 및 청소년지도사,직업상담사 및 취업알선원,시민단체 활동가	상황판단력/사고유창력/언어력/집중력

세 번째로 작성해야 하는 것은 직업선호도검사의 추천직업목록이다. 여기에는 검사결과지에서 나의 직업흥미 특성과 잘 어울리는 직업 목록들 중 자신이 마음에 드는 15개 정도의 직업을 선택하고 이를 제시된 양식의 추천직업목록란에 적는다.

나의 직업흥미 특성과 잘 어울리는 직업
* 흥미코드에 따라 적합직업이 제시됩니다. 귀하와 흥미유형이 유사한 종사자가 많은 직업을 적합직업으로 안내합니다.
건축자재영업원(인테리어영업원 포함),경기심판,경찰관,금융 및 보험관련 전문가,기술 및 기능계 강사,레크레이션강사 ,변호사,병원코디네이터,보험대리인 및 중개인,부동산 컨설턴트(공인중개사),상품중개인 및 경매사,소년보호관 및 교도관,숙박관련 관리자,식품영업원,신문기자,아나운서 및 리포터,여행상품개발자,연예인 및 스포츠 매니저,영업 및 판매 관련 관리자,음식서비스 관련 관리자,의회의원 • 고위공무원 및 공공단체임원,인쇄 및 광고영업원,자동차영업원,장학관 및 연구관,정부 및 공공행정 전문가,제약영업원,증권중개인(증권딜러),직업상담 및 경력상담원,청원경찰/경호원,총무 및 인사관리자,환경, 청소 및 경비관련 관리자,회의기획자, 행사, 이벤트 및 전시기획전문가

마지막으로 적어야 하는 것은 직업가치관 검사결과에 따른 추천직업목록이다. 직업가치관 검사결과지에서 추천직업에 제시되어 있는 직업들 중 15개 정도의 직업을 선택하고 이를 제시된 양식의 추천직업목록란에 적는다.

추천직업	보건교사,조명기사,검표원,통역가,기자,자연및문화해설사,이미용사,치과 의사,반도체공학 기술자 및 연구원,제과·제빵원,자동차 영업원(자동차 딜러),경찰·소방·교도 관리자,전기공학기술자 및 연구원,화학공학기술자 및 연구원,기계공학기술자,영양사,건축 석공,보건위생·환경 검사원,자동조립라인·산업용로봇 조작원,감독 및 기술감독(방송.연극연출가, 영화감독, 광고영상감독, 기술감독),학원강사,보육교사,전기·전자 부품·제품 조립원,법무사 및 집행관,원자력공학기술자,재료(금속)공학기술자,직업 운동선수,보조교사,건축공학기술자,제품광고영업원

이렇게 자신의 희망직업, 직업적성, 직업선호도, 직업가치관 검사결과에 따른 추천직업목록을 모두 작성하였다면 이제는 자신에게 적합한 직업을 선택해 보아야 한다.

먼저, 첫 번째 직업 선택 방법은 희망직업과 추천직업목록에 중복되는 직업이 나오는 경우이다. 이 경우 중복되는 직업을 선택 직업란에 적는다.

두 번째 직업 선택 방법은 희망직업과 추천직업목록의 직업들이 중복되지 않는 경우이다. 이 경우에는 자신이 가장 희망하는 직업을 선택 직업란에 적는다.

세 번째 직업 선택 방법은 희망직업을 적지 못한 경우이다. 이 경우 직업목록 중 중복되는 직업이 나온다면 그 중복되는 직업을 선택 직업란에 적으면 된다. 직업 선택에 어려움을 겪고 있었다면 직업심리검사를 통해 직업을 선택할 수 있는 가장 이상적인 경우에 해당된다.

마지막 직업 선택 방법은 희망직업을 적지 못했고 추천직업목록 중 중복되는 직업도 없는 경우이다. 이 경우에는 추천직업목록을 잘 살펴보고 그중에 가장 관심이 가는 직업을 선택해 그 직업을 선택 직업란에 적는다.

위와 같은 방법으로 직업을 선택해 보았다면 그 직업을 당장 갖기 위해 무엇을 하기보다는 그 직업이 정말 자신에게 잘 맞는 직업인지 공부하고 확인하는 절차가 필요하다. 이때 가장 효과적인 방법이 직업체험(job shadowing)이다.

6. 직업체험

Super(1980, 1990)는 전생에 걸쳐 진로발달이 이루어지며 진로발달은 개인과 환경 간 상호작용 속에서 적응하는 과정이라고 주장하였다. 또한 진로발달 단계에 대한 연구에서 성장기, 탐색기, 확립기, 유지기, 쇠퇴기로 구분하여 진로발달의 특성과 직업 선택을 위한 활동을 체계적으로 기술하였다. 진로발달 단계에서 탐색기는 연령구분에 따라 15세부터 24세에 해당하는 시기로 교내활동과 교외활동을 통해 자신에 대한 이해도를 높이고 직업적으로 탐색하고 준비하는 시기라고 볼 수 있다(김철, 2018).

탐색기에 개인들이 직업을 탐색하고 준비할 수 있도록 돕는 방법이 직업체험이다. 직업체험은 개인에게 맡겨진 직무와 역할을 실제로 경험하거나 몸소 겪어 지식, 기능, 의식을 내재화하는 과정이며 이를 교육적 측면에서 보면 타인의 직업을 체험해 봄으로써 그 지식과 기능, 의식을 학습하는 과정이라 할 수 있다(김철,

2018). 직업체험은 그 범위가 매우 넓은데 실제 직업현장에서 직접적인 체험, 직업현장에서의 상황과 직업인의 활동 관찰, 직업인 초청 강연(한상근 외, 2007) 이외에도 직업인을 인터뷰하는 것까지도 포함된다. 여러 연구에서 우리나라 학생들이 가장 선호하는 진로교육 방법은 직업체험활동인 것으로 나타났다(정윤경 외, 2011; 한상근 외, 2007).

우리는 직업을 선택할 때 직접 경험해 보지 않고 막연한 생각으로 또는 잠깐씩 보여지는 모습을 보고 직업 자체를 평가하고 선택하는 경우가 많다. 자신이 지원하는 분야에서 어떤 일을 하는지조차 제대로 파악하지 않고 지원하는 것은 인생의 중요한 시기에 시간을 낭비하는 일이다. 실제 직업체험을 하게 해보면 막연하게 생각했던 직업에 대해 다른 생각을 갖게 되는 경우가 있다. 어떤 직업은 보수가 너무 적다거나 또 어떤 직업의 경우 외부 거래업체를 관리해야 하는 일이 힘들다거나 하는 등의 전혀 예상하지 못했던 직업의 어려움을 발견하게 되는 것이다. 따라서 본인이 직업을 선택하기 전에 반드시 시도해야 하는 것이 직업체험이다.

직접 해당 직업을 체험하기 어렵다면 그 일을 현재 하고 있는 사람들을 만나서 정보를 얻고 경험하는 것을 추천한다. 만약 그렇지 못하다면 인터넷 검색 등을 통해 정보를 얻을 수도 있다. 하지만 이는 편협하고 한정된 정보를 얻을 가능성이 크다. 따라서 가능하다면 직접 그 일에 종사하는 사람을 만나는 것이 좋다. 가장 좋은 방법은 직접 해당 직업을 경험해 보고 정보를 얻은 후 인터넷 검색을 통해 추가 정보를 확인하는 것이다.

자신에게 잘 맞는 직업을 선택했다면 다음에 제시된 직업체험 양식을 활용하여 직업인 인터뷰를 실시한다. 직업인 인터뷰 이후에 직업체험 이후 고려해야 할 것 양식을 활용하여 선택 직업을 갖기 위해 고려하고 준비해야 할 것들에 대해 적어본다.

✣ 직업체험(직업인 인터뷰)

항 목	인터뷰 내용
희망 직업(직무)	
하루 일과	
주로 만나는 사람들	
주요 업무	
스트레스 정도	
처우 및 급여수준	
느낀 점	

✥ 직업체험 이후 고려해야 할 것

해당 직업에 대한 전망
해당 직업에서 요구하는 경력
해당 직업을 갖기 위해 필요한 학력과 전공
해당 직업을 갖기 위해 필요한 직업훈련이나 자격증
그 밖에 준비해야 할 것
자신의 현재 준비 상태에 대한 점검

7. 학습정리

1) 직업의 의미와 직업에 해당되지 않는 활동들을 설명한다.

2) 업종에 대한 개념과 자신이 관심을 갖고 있는 업종에 대해 설명한다.

3) 직무의 의미와 자신이 관심을 갖고 있는 직무에 대해 설명한다.

4) 직업체험의 의미와 직업체험(직업인 인터뷰) 양식의 내용에 대해 설명한다.

07

CHAPTER

비전수립

7장에서는 비전을 만들기 위해 자신에게 가장 중요한 삶의 가치와 꿈의 목록에 대해 살펴본다. 특히 비전보드에 대해 이해함으로써 비전을 보다 구체적으로 시각화한다. 비전에 기초한 목표설정과 실행계획 수립에 대해 이해하고 목표달성을 위해 구체적인 실행계획을 수립한다. 비전을 달성하는 데 도움을 줄 수 있는 역할모델과 멘토의 중요성을 인식하고 배울 점에 대해서도 생각해 본다.

학습목표

1. 삶에서 비전의 중요성을 인식하고 비전을 시각화할 수 있다.
2. 비전에 기초한 목표를 설정하고 실행계획 수립에 대해 이해한다.
3. 역할모델과 멘토의 개념을 이해하고 중요성을 인식한다.

학습내용

Think Pocket

1. 비전 만들기
2. 목표설정 및 실행계획 수립
3. 역할모델과 멘토
4. 학습정리

Chapter

07 비전수립

Think Pocket

골디락스 수준의 목표!

골디락스(Goldilocks)는 경제학에서 주로 사용하는 용어로, 경제가 높은 성장을 이루고 있지만 물가상승이 없는 이상적인 경제상황을 의미한다. 그렇다면 골디락스의 본래 의미는 무엇일까? 골디락스는 본래 황금색의 머릿결을 의미한다.

골디락스는 영국의 전래동화 '골디락스와 세 마리 곰'의 주인공인 금발 소녀의 이름에서 유래한 용어이다. 골디락스가 어느 날 숲속에 들어가서 길을 잃고 헤매다 오두막을 발견하였다. 이 오두막의 주인은 세 마리의 곰(아기 곰, 엄마 곰, 아빠 곰)이다. 세 마리 곰은 외출하고 집에 없었다. 오두막에 들어간 골디락스는 식탁에 차려 놓은 세 그릇의 수프를 발견하였다. 하나는 막 끓여 놓은 뜨거운 수프이고, 하나는 식어서 차가운 수프이고, 다른 하나는 '뜨겁지도 차갑지도 않은 먹기에 적당한(just right, not too hot and not too cold)' 수프였다. 허기에 지쳐있던 골디락스는 이 가운데 뜨겁지도 차갑지도 않은 먹기에 적당한 수프를 먹었다. 수프를 먹은 후 피곤했던 골디락스는 온몸이 나른해지며 졸리기 시작하였다. 골디락스가 부엌 옆의 침실을 열어보니 세 개의 침대가 보였다. 하나는 아주 딱딱한 침대이고, 하나는 쿨렁거리는 부드러운 침대이고, 하나는 너무 딱딱하지도 않고 너무 부드럽지도 않은 적당한 탄력을 가진 침대였다. 그녀는 이 가운데 너무 딱딱하지도 않고 너무 부드럽지도 않은 적당한 탄력을 가진 침대를 골라 낮잠에 빠졌다. 세 마리의 곰이 집에 돌아와 보니 누군가가 자기들이 준비한 음식 가운데 제일 좋은 음식을 먹어 버렸고, 낯 모르는 소녀가 제일 좋은 침대에서 자고 있는 것을 보게 되었다. 화가 난 곰들이 버럭 소리를 질렀다. 골디락스는 놀라서 깨어났다[네이버 지식백과, 적당한경제(경제학 주요개념, 김철환)].

이것이 동화의 내용이다. 동화의 내용에서 알 수 있듯이 골디락스는 너무 과하지도 부족하지도 않은 가장 적당한 수준을 의미한다. 그렇다면 골디락스 수준의 목표는 무엇을 말하는가? 골디락스 수준의 목표는 도전하기에 너무 쉽지도 않고 너무 어렵지도 않은 적당한 수준의 목표를 말하는 것이다.

1. 비전 만들기

1) 행 복

행복이란 말은 언제 들어도 기분 좋은 말이다. 하지만 누군가가 '당신은 행복합니까?'라고 묻는다면 대답하기는 쉽지 않다. 인간의 삶에서 행복은 바람직한 것이고 추구해야 하는 것이라고 생각하지만 그것이 정확히 어떤 의미인지 정의 내리기는 어렵다.

태어난 지 얼마 되지 않은 어린아이들은 자신이 불편한 상황에 놓이면 울음을 통해 자신의 상태를 표현한다. 또 만족스러운 상황이 되면 웃음을 보인다. 웃고

우는 것은 자신의 육체적 혹은 심리적 상태를 표현하는 것이다. 그런데 이러한 것들은 배우지 않고도 가능하다. 본능이기 때문이다.

누가 가르쳐 주거나 배우지 않더라도 사람들은 행복이 어떤 느낌인지 알고 있다. 막연하기는 하지만 행복을 좋은 느낌으로 불행을 나쁜 느낌으로 이해한다. 슬픔보다는 행복한 것을 좋아하는 것은 인간의 자연스러운 본능인 것이다. 행복한 것을 좋아하는 것은 인간의 본능이지만 행복을 느끼는 상황을 만들어가는 것은 인간이 자신의 삶을 통해 이루어야 하는 것이다.

행복은 육체적 만족이나 쾌락보다는 훨씬 더 큰 개념이다. 행복을 느끼는 것은 육체적, 심리적, 사회적 상황을 모두 고려한 결과이다. 과거에는 행복의 의미가 개인의 주관적인 것에 국한되지 않고 사회 속에서 암묵적으로 인정된 객관적인 기준을 포함하는 것이었다. 하지만 다양성과 창의성이 존중되고 인간의 존엄성이 강조되고 있는 사회풍토 속에서 암묵적으로 인정된 객관적인 기준에 대한 정의 내림은 쉽지 않다. 따라서 행복의 의미는 과거와 달리 주관적인 것이 될 수밖에 없다. 단, 여기에는 지나친 쾌락이나 비도덕적인 것 등을 통해 느끼는 행복은 배제되어야 한다. 따라서 행복이 지극히 주관적인 정의 내림이라는 것을 인정하게 된다면, 개인들은 행복에 대한 자신만의 정의를 내려야 할 필요가 있다.

그렇다면 행복이란 무엇인가? 건강, 출세, 명성, 가족, 많은 돈? 우리가 행복을 어떻게 정의하든 그것은 우연히 하늘에서 떨어지는 것은 아니다. 행복은 스스로 노력하는 사람만이 얻을 수 있는 것이다. 또 행복은 마음 상태에 따라 바뀔 수 있으며, 행복한 삶을 살기 위해서는 자신의 삶을 좋은 방향으로 개선할 수 있다고 믿는 사고방식을 가져야 한다. 개인에게 행복은 성공과 무관하지 않다. 우리는 성공해서 행복한 것이 아니라 행복해서 성공한 것이다(박윤희, 2018b).

2) 성 공

"성공하지 못한 일은 있어도 일하지 않고 얻은 성공은 없다." 1665년 라로쉬푸

코(F. Rochefoucauld)가 지난날을 회고하며 한 말이다. 현대를 살아가고 있는 우리에게 진정한 성공의 의미는 무엇일까?

어떤 사람은 성공을 부의 축적이라고 생각한다. 또 어떤 사람은 직장에서의 지위 혹은 사회적 신분 등으로 성공을 정의하기도 한다. 자신이 교류하고 있는 사람들의 수준을 성공의 기준으로 삼는 사람도 있다. 이 밖에 일과 삶의 균형을 얼마나 잘 유지하는가로 성공을 평가하는 사람도 있다. 이렇듯 개인이 생각하는 성공의 정의는 다를 수 있다. 획일적인 성공의 기준이 의미 없는 것은 앞서 살펴본 행복이 주관적으로 정의되어야 하는 것과 일맥상통하는 것이다. 결국 성공의 의미는 행복의 의미와 동일하게 개인적이고 주관적인 것이 될 수밖에 없다.

성공의 의미가 개인적이고 주관적이긴 하지만 그렇다 하더라도 성공의 기본 전제 조건이 없는 것은 아니다. 지나친 쾌락추구나 비도덕적인 개인의 행복추구가 사회적으로 지양되어야 하는 것과 같이 성공 또한 바람직한 성공의 조건을 갖는다.

먼저 개인적인 측면에서 성공의 조건은 삶의 영역 어느 한 분야에 치우친 성공이 아니라 삶의 각 영역에서 균형 잡힌 성공을 의미한다. 균형 잡힌 성공이란 신체적, 정신적, 가족관계, 경제적, 사회적, 자기개발, 직업적 영역에서 어느 한쪽으로 크게 치우침 없이 자신이 원하는 만큼의 성공을 거두는 것을 의미하는 것이다. 우리는 주변에서 경제적이나 직업적으로 크게 성공을 거둔 사람들을 보게 된다. 이들 중 균형 잡힌 성공을 거둔 사람들도 있지만 일부는 건강이 좋지 않아 자신이 쌓아 놓은 많은 것들을 한순간에 잃어버리는 경우도 있고, 또 일부는 직업적 영역에 자신의 에너지를 너무나 많이 쏟아 부은 결과 가정적으로 문제가 있어서 어려움을 겪는 경우도 있다. 따라서 개인들이 정의 내리는 바람직한 성공의 조건은 삶의 여러 영역에서 균형을 이루는 것이어야 한다.

사회적인 측면에서 바람직한 성공의 조건은 개인의 이익과 안녕만을 추구하는 성공이 아니라 함께 나누는 성공을 의미한다.

중국 속담에 다음과 같은 말이 있다.

"한 시간 동안 행복하고 싶다면 낮잠을 자라.
하루 동안 행복하고 싶다면 낚시를 가라.
일 년 동안 행복하고 싶다면 유산을 물려받아라.
평생을 행복하고 싶다면 다른 사람을 도우라."

인간은 더불어 살아가야 하는 운명을 타고난 존재이다. 아울러 자신이 속한 주변 환경에 많은 영향을 받는 존재이기도 하다. 내가 속한 사회에 함께 살아가는 사람들과 나눌 수 있는 성공은 그 무엇보다도 값진 것이 될 수 있다. 따라서 이기적이고 자신만의 이익을 추구하는 성공이 아니라 함께 나누고 봉사할 수 있는 성공이 바람직한 성공이라 할 수 있다.

다음은 미국의 저명한 시인이었던 에머슨(Ralph W. Emerson)이 자신의 시에서 언급한 진정한 성공의 의미이다.

"건강한 아이를 낳든, 한 뙈기의 정원을 가꾸든,
사회환경을 개선하든, 자기가 태어나기 전보다
세상을 조금이라도 살기 좋은 곳으로 만들어 놓고 떠나는 것.
자신이 한 때 이곳에 살았으므로 해서
단 한 사람의 인생이라도 행복해지는 것.
이것이 진정한 성공이다."

에머슨의 글은 함께하는 성공의 의미를 잘 보여준다(박윤희, 2018b).

3) 비전 만들기

비전은 눈에 보이지 않는 것이다. 내 삶이 가고자 하는 바람직한 방향이며 내가 꿈꾸는 미래의 모습이다. 비전은 우리 삶에서 어두운 밤 하늘에 빛나는 북극성 혹은 나침반에 비유된다. 비전은 자신이 어디로 가야 할지 알려주는 것이고 막막하고 어두운 밤과 같은 삶의 어려움을 헤쳐 나갈 수 있게 해주는 것이다.

비전이 없는 사람은 망망대해에서 방향을 잃고 표류하는 배와 같다고 할 수 있다. 목적지가 있어 그곳을 향해 항해하는 배는 바다 위에서 풍랑을 만나더라도 굳건하게 이겨내고 자신이 계획한 목적지를 향해 나아간다. 이것이 표류하는 배와 항해하는 배의 차이점이다. 이는 비전이 있는 사람과 비전이 없는 사람의 삶에 비유할 수 있다. 비전은 자신이 바라는 미래의 청사진을 눈앞에 그리는 것으로 매일 매일의 결정을 내릴 수 있도록 지침을 준다. 또 비전은 단지 글자의 나열이 아니라 가슴을 설레게 하는 것이어야 한다.

이러한 비전은 몇 가지 특징을 가진다.

첫째, 비전은 미래에 대한 것이고 원대한 것이어야 한다. 비전은 구체적으로 보이지 않는 것이고 아직 일어나지 않은 미래에 대한 것이다. 하지만 마치 보이는 것처럼 때로는 만져지는 것처럼 구체적이고 확신을 가질 수 있는 것이어야 한다. 또 비전이 원대해야 한다는 것은 그것이 크고 이루는 데 많은 노력이 필요하다는 것이다. 비전은 자신의 삶 전체를 조명해 줄 수 있도록 원대해야 한다.

둘째, 비전은 바람직한 것이고 함께하는 것이어야 한다. 비전은 반사회적이거나 다른 사람에게 해를 끼치면서까지 자신이 이루고 싶은 것이어서는 안 된다. 비전은 개인적인 이기심을 채우기보다는 다른 사람들과 함께 나누고 사회에 기여할 수 있는 것일 때 더욱 빛을 발할 수 있다.

셋째, 비전은 변화와 발전을 수반하는 것이어야 한다. 비전은 미래에 이루고자 하는 원대한 것이기 때문에 지금 현재 자신의 모습으로는 이루기 어려운 것이다. 따라서 비전을 이루기 위해서는 자신을 끊임없이 개발하고 발전시키려는 노력이 필요하다. 또 비전은 미래의 모습이기 때문에 변화된 미래에 적합한 것이어야 한다.

넷째, 비전은 장기적인 것이어야 한다. 비전은 단기간에 이루어지기 어려운 것이다. 따라서 비전을 이루기 위해서는 목표를 수립하고 다시 그 목표를 달성하기 위한 세부계획을 세워 실천해 가는 노력이 필요하다. 흔히 인생은 마라톤에 비유되곤 한다. 멋지게 결승선을 통과하기 위해서는 42.195km를 어떻게 잘 운영하느냐가 중요하다. 초반에 너무 스피드를 높여 페이스 조절에 실패한다면 결국 완주하지 못하게 될 수도 있다. 따라서 차근차근 계획을 세우고 실천해 가는 것이 필요하다.

다섯째, 비전은 가슴을 뛰게 하는 것이어야 한다. 비전은 장래에 자신이 이루고자 하는 모습이므로 생각만으로도 기쁘고 가슴이 설레는 것이어야 한다. 바람직한 비전은 그것을 품은 사람의 가슴을 뛰게 한다. 이것이 바로 진짜 비전이다.

가슴 뛰는 비전을 우연히 발견하게 되는 사람도 있을 것이다. 하지만 가슴 뛰는 비전은 비전을 찾으려고 노력하고 자신의 미래에 대해 끊임없이 생각하고 갈구하는 사람이 찾을 수 있는 것이다.

다음은 개인들의 비전 사례들이다.

- 다른 사람이 성장하고 발전할 수 있도록 도와주는 것
- 50세가 되기 전에 노인복지시설을 세우고 책임자가 되는 것
- 우주과학자가 되어 NASA에서 일하는 것
- 평생 죽을 때까지 다른 사람들의 멈추어버린 꿈의 심장을 뛰게 하는 것
- 은퇴 이후의 삶을 필리핀에서 행복하고 멋지게 보내는 것
- 은퇴 후 조용하고 한적한 전원생활을 하며 느리게 사는 것
- 100억 재산을 모으고 성공한 재테크 강사가 되어 사람들에게 꿈과 희망을 주는 것
- 손자들을 키우는 멋진 할아버지가 되는 것
- 영원히 은퇴하지 않는 것
- 내 고등학교 은사님 같은 교사가 되는 것

그렇다면 나는 어떤 비전을 가지고 있는가? 내가 꿈꾸는 미래의 모습은 무엇인지 살펴보자. 우선 자신의 비전을 설정하기 위해서 자신의 삶에서 가장 중요하다고 생각하는 것은 무엇인지, 그리고 자신이 이루고 싶은 꿈은 무엇인지에 대해 생각해 보자.

(1) 내 삶의 가치 찾기

삶의 비전은 자신이 삶에서 가장 중요하게 생각하는 가치와 관련이 있다. 다음은 삶에서 가장 중요하게 생각하는 가치를 찾기 위한 질문들이다. 다음 질문들에 답하면서 자신의 삶에서 가장 중요한 가치를 찾아보자.

내가 행복할 때는 언제인가?
삶에서 내가 항상 관심을 유지하고 있는 것은 무엇인가?
나를 생각하면 가장 먼저 떠오르는 것은 무엇인가?
내가 살면서 꼭 이루고 싶은 것이 있다면 무엇인가?
다른 사람에게 기억되고 싶은 나의 모습은 무엇인가?

(2) 꿈의 목록

사람들은 늘 꿈을 꾼다. 때로는 그것이 허황된 것이기도 하지만 또 때로는 그것을 쉽게 이루기도 한다. 비전은 자연스럽게 자신의 삶에서 이루고자 하는 것들, 즉 꿈과 연결된다. 따라서 자신이 이루고자 하는 꿈의 목록을 작성함으로써 비전을 구체화시킬 수 있다. 다음의 사례는 자신의 꿈을 이룬 사람에 관한 이야기이다.

1972년 미국 〈라이프〉지는 '꿈을 성취한 미국인, 고다드(J. Goddard)'에 대해 대서 특필하였다. 당시 고다드는 15세에 작성했던 127개의 꿈의 목록 중에서 무려 104개를 달성한 상태였다. 고다드는 이후에도 끊임없이 자신의 꿈을 이루어 갔는데, 1980년 우주비행사가 됨으로써 자신의 125번째 목표를 달성하였다.

다음은 고다드가 작성한 꿈의 목록 127가지이다.

*** 탐험할 장소**
1. 나일강 2. 아마존강 3. 콩고강 4. 콜로라도강 5. 중국의 양자강 6. 니제르강
7. 베네주엘라의 오리노코강 8. 니카라과의 리오코코강

*** 원시 문화 답사**
9. 콩고 10. 뉴기니 섬 11. 브라질 12. 보르네오 섬 13. 수단
14. 호주 원주민들의 문화 15. 케냐 16. 필리핀 17. 탄자니아 18. 이디오피아
19. 나이아지리아 20. 알래스카

*** 등반할 산**
21. 에베레스트산 22. 안데스 산맥 최고봉 아곤카과산 23. 멕킨리봉 24. 페루 후아스카란봉
25. 킬리만자로산 26. 터키 아라라트산 27. 케냐산 28. 뉴질랜드 쿠크산
29. 멕시코 포포카테페틀산 30. 마터호른산 31. 라이너산 32. 후지산 33. 베수비오스산
34. 자바 브로모산 35. 그랜드 테튼산 36. 켈리포니아 볼디 마운틴

*** 사진촬영**

37. 브라질 이과수 폭포 38. 빅토리아 폭포 39. 뉴질랜드의 서덜랜드 폭포 40. 요세미티 폭포 41. 나이아가라 폭포 42. 마르코폴로와 알랙산더 대왕의 원정길 되짚어 가기

*** 수중탐험**

43. 플로리다의 산호 암초 지대 44. 호주 그레이트 베리어 대암초 지대 45. 홍해 46. 피지 군도 47. 바하마 군도 48. 오케페노키 늪지대와 에버글레이즈 탐험

*** 배워야 할 것들**

49. 의료활동과 탐험분야에서 많은 경력을 쌓을 것 50. 나바호족과 호피족 인디언에 대해 배울 것 51. 비행기 조종술 배우기 52. 로즈 퍼레이드에서 말타기

*** 여행할 장소**

53. 북극과 남극 54. 중국 만리장성 55. 파나마 운하와 수에즈 운하 56. 이스터섬 57. 바티칸 시 58. 갈라파고스 군도 59. 인도의 타지마할 묘 60. 피사의 사탑 61. 프랑스의 에펠탑 62. 블루 그로토 63. 런던탑 64. 호주의 아이어 암벽 등반 65. 멕시코 치첸이차의 성스러운 우물 66. 요르단 강을 따라 갈릴리 해에서 사해로 건너가기

*** 수영해 볼 장소**

67. 중미의 니카라과 호수 68. 빅토리아 호수 69. 슈피리오 호수 70. 탕카니카 호수 71. 티티카카 호수

*** 해낼 일**

72. 독수리 스카우트 단원 되기 73. 잠수함 타기 74. 항공모함에서 비행기를 조종해서 이착륙하기 75. 전 세계의 모든 국가들을 한 번씩 방문할 것 76. 소형 비행선, 열기구, 글라이더 타기 77. 코끼리, 낙타, 타조, 야생말 타기 78. 4.5킬로그램의 바닷가재와 25센티미터의 전복 채취하기 79. 스킨 다이빙으로 12미터 해저로 내려가서 2분 30초 동안 호흡을 참고 있기 80. 1분에 50자 타자하기 81. 플루트와 바이올린 연주 82. 낙하산 타고 뛰어내리기 83. 스키와 수상스키 배우기 84. 복음 전도 사업 참여 85. 탐험가 존 뮤어의 탐험길을 따라 여행할 것 86. 원시 부족의 의약품을 공부해 유용한 것들 가져오기 87. 코끼리, 사자, 코뿔소, 케이프 버팔로, 고래를 촬영할 것 88. 검도 배우기 89. 동양의 지압술 배우기 90. 대학교에서 강의하기 91. 해저 세계 탐험하기 92. 타잔 영화에 출연하기 93. 말, 침팬지, 치타, 오셀롯, 코요테를 키워 볼 것 94. 발리 섬의 장례 의식 참관 95. 아마추어 햄 무선국의 회원이 될 것 96. 자기 소유의 천체 망원경 세우기 97. 저서 한 권 갖기 98. 내셔널 지오그래픽 지에 기사 싣기 99. 몸무게 80킬로그램 유지 100. 윗몸일으키기 200회 턱걸이 20회 유지 101. 프랑스어, 스페인어, 그리고 아랍어를 배울 것 102. 코모도 섬에 가서 날아다니는 도마뱀의

생태를 연구할 것 103. 높이뛰기 1미터 50센티미터 104. 넓이뛰기 4미터 50센티미터 105. 1마일을 5분에 주파하기 106. 덴마크에 있는 소렌슨 외할아버지의 출생지 방문 107. 영국에 있는 고다드 할아버지의 출생지 방문 108. 선원 자격으로 화물선에 승선할 것 109. 브리태니카 백과사전 전권 읽기 110. 성경을 앞장에서 뒷장까지 통독하기 111. 셰익스피어, 플라톤, 아리스토텔레스, 찰스 디킨스, 헨리 데이빗 소로, 에드가 알렌 포, 루소, 베이컨, 헤밍웨이, 마크 트웨인, 버로우즈, 조셉 콘라드, 탈메이지, 톨스토이, 롱펠로우, 존 키이츠, 휘트먼, 에머슨 등의 작품 읽기 112. 바흐, 베토벤, 드뷔시, 이베르, 멘델스존, 랄로, 림스키 코르사코프, 레스피기, 리스트, 라흐마니노프, 스트라빈스키, 토흐, 차이코프스키, 베르디의 음악 작품들과 친숙해지기 113. 비행기, 오토바이, 트랙터, 윈드서핑, 권총, 엽총, 카누, 현미경, 축구, 농구, 활쏘기, 부메랑 등을 다루는 데 있어서 우수한 실력을 갖출 것 114. 음악 작곡 115. 피아노로 베토벤의 월광곡 연주 116. 불 위를 걷는 것 구경하기 117. 독사에게서 독 빼내기 118. 영화 스튜디오 구경 119. 폴로 경기하는 법 배우기 120. 22구경 권총으로 성냥불 켜기 121. 쿠푸의 피라미드 오르기 122. 탐험가 클럽과 모험가 클럽의 회원으로 가입 123. 걷거나 배를 타고 그랜드 캐년 일주 124. 배를 타고 지구를 일주할 것 125. 달 여행 126. 결혼해서 아이들을 가질 것 127. 21세기에 살아 볼 것

출처 : Canfield, J., & Hansen, M. V., 류시화 역(2006). 영혼을 위한 닭고기 수프 내용 정리.

사람들은 누구나 마음속에 이루고 싶은 꿈들을 가지고 있다. 하지만 이것들을 이루기 위해서는 용기와 결단이 필요하고 미루지 말고 즉시 실천하는 태도가 필요하다. 고다드는 자신의 삶이 특별하다고 생각하지 않았으며 자신은 자신이 하고 싶은 것을 늘 도전하고 실천했을 뿐이라고 하였다. 그렇다면 나는 어떤 꿈을 가지고 있는가? 자신의 꿈의 목록을 작성해 볼 필요가 있다.

(3) 비전보드

자신의 비전을 실현하는 가장 좋은 방법은 그 과정을 생생하게 그려 보는 것이다. 최대한 구체적으로 생동감 넘치게 그려 보는 것을 통해 비전을 보다 구체화시킬 수 있고 실현 가능성을 높일 수 있다. 많은 성공한 사람들은 지속적으로 비전에 에너지를 집중함으로써 놀라운 성과를 거두었다. 자신의 비전을 실현시키는 비결은 잠재력을 끊임없이 활용하면서 비전을 향해서 계속해서 나아가는 것이다.

비전보드는 각 개인의 비전을 시각화하여 비전 달성을 돕는 강력한 도구이다.

자신의 비전을 직접 그림으로 그리거나 콜라주 기법을 이용해 사진이나 그림을 붙여 비전을 시각화하는 것이다. 이때 자신의 비전이 달성되었을 때의 모습이나 그 과정을 시각화한다. 여기에는 어떠한 한계나 제한을 두지 않고 오로지 자신의 비전을 달성한 모습이나 비전을 달성해 가는 과정만을 생각하며 시각화한다.

다음은 비전보드와 관련된 실제 일화이다.

> 한 학기를 마치고 종강할 때쯤, 한 학생이 찾아왔다. "교수님 제 비전보드 중에서 벌써 두 가지가 이루어졌어요. 비전보드 위력이 정말 대단하던데요. 제가 이번 학기가 마지막 학기였는데요. 졸업도 하기 전인데 제가 원하는 대로 무대감독이 되었고요. 자동차도 생겼어요. 앞으로도 비전보드에 있는 제 꿈들이 계속해서 이루어질 것 같습니다. 감사합니다. 비전보드를 알게 해주셔서…"

비전보드는 바로 그런 것이다. 자신의 비전에 확신을 가지고 노력하는 사람들에게는 비전이 실현될 수 있도록 도와주는 효과적인 틀이다. 작성한 비전보드를 항상 자신이 잘 볼 수 있는 곳에 놓아두고 비전이 이루어지는 상상을 계속해야 한다. 자신이 간절히 원하는 만큼 그리고 꿈꾸는 만큼 비전은 이루어질 것이다.

2. 목표설정 및 실행계획 수립

미국의 한 통계조사에 따르면 전체 인구 중 27퍼센트는 자신의 미래에 대해 아무 생각 없이 산다고 한다. 60퍼센트 정도는 자신의 미래에 대한 생각을 조금 가지고 있고, 10퍼센트의 사람들은 약간 구체적으로 자신의 미래에 대해 생각하며, 3퍼센트의 사람만이 자신의 미래에 대해 구체적인 목표를 가지고 그것을 글로 기록한다고 한다.

이 통계조사를 보면 사람들의 생활수준과 목표설정능력이 정확히 일치하고 있음을 알 수 있다. 27퍼센트의 사람은 생계보조를 받아 살아가고 있고, 60퍼센트의 사람은 겨우 생계를 꾸려 나가고 있다. 10퍼센트는 부유하게 살고 있으며, 3퍼센트는 아주 부유하게 산다.

이 통계는 목표를 세우지 않고 사는 사람은 빈곤에서 벗어날 수 없고, 목표를 구체적으로 세우고 사는 사람은 부유하게 산다는 것을 보여주고 있다. 이러한 수치는 미국만이 아니라 다른 나라에도 적용될 수 있다. 만약 내가 분명한 목표를 가지고 있지 않다면 나 자신도 97퍼센트의 사람들에 속하는 것이다.

물론 물질적 부와 풍요만이 성공한 삶의 기준이 되는 것은 아니다. 하지만 경제적인 풍요로움이 성공한 삶을 구성하는 여러 요인 중 하나가 된다는 것에 많은 사람들이 동의할 것이다. 따라서 이러한 논리에 기초한다면 성공하지 못한 사람들은 목표설정에 문제가 있는 사람들이다(박윤희, 2018b).

1) 목표설정

비전이 우리 삶의 목적지라면 목표는 그 목적지를 가기 위해 들러야 하는 정거장들이다. 실행계획은 정거장까지 어떻게 도착할 것인지 그리고 거기서 다음 정거장까지는 어떻게 갈 것인지에 대한 세부적인 계획이다. 따라서 성공하는 삶을 살기 위해서는 비전제시, 목표설정과 실행계획 수립이 잘 이루어져야 한다.

목표는 비전을 달성하기 위해서 반드시 이루어야 한다. 때로는 목적지를 가기 위해 다른 길을 선택할 수 있기 때문에 들러야 하는 정거장이 달라지는 경우도 있다. 따라서 목표는 한 번 세우면 절대로 바꿀 수 없고 무조건 따라야 하는 것은 아니다. 목표는 미래의 개념이기 때문에 주어진 환경이나 노력의 결과에 따라 수정될 수 있다. 또 목표는 그 달성 여부를 반드시 확인할 수 있어야 한다. 이는 목표를 달성했는지 측정할 수 있어야 한다는 의미이다.

우리 삶에서 목표를 세움으로써 얻을 수 있는 이익은 다음과 같다.

첫째, 삶에서 목표가 있다면 방황이나 혼란을 막을 수 있다. 자신이 해야 할 일, 가야 할 곳 등이 분명하기 때문에 자신의 삶을 방황이나 혼란을 통해 낭비하는 일이 없다. 따라서 항상 목표를 생각하며 즐거운 마음으로 생활할 수 있다.

둘째, 목표를 세우게 되면 자신의 힘을 한 방향으로 집중할 수 있게 된다. 자신이 가진 에너지와 능력들을 다른 곳에 헛되게 사용하지 않고 원하는 방향으로 집중함으로써 자신이 가진 힘을 효율적으로 사용할 수 있다.

셋째, 목표수립 자체가 동기유발 기제로 작용한다. 사람들은 목표가 생기면 그것을 달성하려는 의욕이 생긴다. 이러한 의욕은 실행능력을 높여 행동으로 직접 옮길 수 있게 하고 이를 통해 목표달성이 가능해진다.

넷째, 궁극적으로 목표수립은 스스로를 삶의 주인이 되게 한다. 자신의 삶은 자신이 설계하는 것이다. 자신이 가고자 하는 방향과 목적지에 맞는 목표를 설정함으로써 자기 삶의 진정한 주인이 되어 스스로 삶을 경영하게 되는 것이다.

위에서 살펴본 바와 같이 목표설정은 우리 삶에 여러 유익함을 제공한다. 그렇다면 바람직한 목표설정을 위해 필요한 것은 무엇인지 생각해 보자.

먼저 바람직한 목표설정을 위해 목표는 자기 자신이 직접 수립해야 한다. 다른 사람의 강요나 요청에 의해서 수립한 목표가 아니라 스스로 자신의 에너지와 능력을 평가하고 이를 바탕으로 자신에게 맞는 목표를 수립해야 한다.

둘째, 목표를 수립할 때 골디락스 수준의 목표를 수립해야 한다. 목표는 달성하기가 조금 어렵더라도 도전적으로 수립해야 한다. 쉬운 목표는 쉽게 달성은 가능하지만 자신이 가진 에너지와 능력을 모두 발휘할 필요가 없다. 이는 자칫 의욕상실로 이어질 수 있다. 또 도전적인 목표를 수립하고 이를 달성하기 위해 노력하는 가운데 미처 자신이 발견하지 못한 자신의 능력을 발견할 수도 있다. 따라서 다소 어렵고 힘들더라도 도전적으로 목표를 수립하는 것이 필요하다.

셋째, 목표는 비전과 꿈을 이룰 수 있는 것이어야 한다. 이 말을 달리 표현하면 목표는 자신의 비전과 꿈에 충실하게 수립되어야 한다는 것이다. 따라서 비전과 꿈에 한 방향 정렬될 수 있는 목표수립이 필요하다.

넷째, 목표는 변화하는 환경과 사회상을 반영한 것이어야 한다. 자신에게 주어진 환경이 변함에 따라, 또 사회적 흐름이 변화함에 따라 목표는 유동적이 될 수 있다. 바다에 폭풍우가 친다면 항해하는 배는 목적지로 가는 경로를 수정하거나 잠시 인근 섬에서 쉬어가는 대안을 선택할 수 있다. 이는 목적지로 가는 길이 달라질 수 있다는 것을 말하는 것으로 비전달성을 위한 목표가 수정될 수 있음을 의미하는 것이다.

다섯째, 바람직한 목표는 비전보다 더 구체적이고 달성 정도를 쉽게 측정할 수 있어야 한다. 앞서 비전이 삶에서 가고자 하는 방향, 목적지라면 목표는 그 길을 가기 위해 들러야 하는 정거장들이라고 설명하였다. 따라서 목적지에 이르기 위해서는 정거장들이 명확하게 제시되어야 하고 정거장 도착 여부에 대해 확인할 수 있어야 한다.

이상에서 바람직한 목표를 설정하기 위해 필요한 것들에 대해 살펴보았다. 목표수립이 자신의 비전과 꿈에 맞게 잘 수립되었다면 이제 목표를 달성하기 위한 구체적인 실행계획을 세움으로써 실천을 가속화할 수 있다.

2) 실행계획 수립

성공하는 사람, 즉 자신의 비전을 달성하는 사람과 그렇지 못한 사람의 차이는 매우 크다. 하지만 이들 간의 차이가 처음부터 큰 것은 아니다. 시간이 지날수록 성공하는 사람은 점점 더 많은 것을 이루게 되고, 그렇지 못한 사람은 늘 그 자리에 머물거나 혹은 퇴보하게 된다. 성공하는 사람, 즉 자기 비전을 달성하는 사람과 그렇지 못한 사람의 가장 큰 차이점은 '행동'이다. 누구나 비전을 만들고 목표를 설정하고 실행계획을 세울 수 있다. 하지만 누구나 그것을 이루는 것은 아니다. 따라서 행동하는 자, 실천하는 자가 성공하는 자이다. 이를 위해서 구체적인 실행계획을 수립하고 실천하는 것이 필요하다.

계획이란 목표를 달성하기 위한 구체적인 일정표, 즉 시간표라고 볼 수 있다. 이 시간표에는 언제까지 무엇을 어떻게 할 것인가가 모두 망라되어야 한다. 목표달성을 위해서는 목표는 명확하고 실행계획은 치밀해야 한다. 따라서 구체적이고 실행 가능한 계획수립은 목표달성을 위해 반드시 필요하다.

다음은 좋은 실행계획이 가져다주는 이점을 정리한 것이다.

먼저, 좋은 실행계획은 목표달성의 가능성을 높여준다. 목표에서 벗어난 실행계획은 실행계획으로서 가치가 없다. 목표를 달성하기 위한 것이 실행계획이므로 목표에 충실하게 작성되어야 한다. 그러므로 실행계획은 목표에 충실해야 하고 목표는 비전에 충실해야 한다.

둘째, 좋은 실행계획은 개인의 능력과 시간 사용의 효율성을 높여준다. 효과성이 목표달성 정도를 나타내는 것이라면 효율성은 투입대비 산출의 개념이다. 개인의 능력과 시간활용의 효율성이 높다는 것은 투입된 개인의 능력이나 시간에 비해 훨씬 더 많은 것을 얻을 수 있다는 것을 의미한다.

셋째, 좋은 실행계획은 성공에 대한 자신감을 갖게 한다. 때로는 다이어리에 실행계획 한두 가지만 적어 놓아도 스스로 뿌듯한 감정을 느끼고 즉시 실행하고 싶은 생각이 들 때가 있다. 이와 마찬가지로 좋은 실행계획은 실행에 대한 동기유발 기제로 작용함으로써 자신감을 갖게 하고 실행 가능성을 높여준다.

이러한 실행계획을 수립할 때 중요한 것이 해야 할 일들 가운데 우선순위를 정하는 것이다. 즉, 실행계획을 수립한다는 것은 해야 할 일들에 대한 우선순위를 명확하게 정하고 이를 그 순서에 따라 정리하는 것이다. 이를 위해서 항상 사전에 해야 할 일들을 적어보고 이를 토대로 실행계획을 수립해야 하며, 실행 후에도 잘 실행되었는지에 대해 사후평가를 해야 한다. 사후평가 후에 부족하거나 보완해야 할 부분이 있다면 이를 다시 새로운 실행계획 수립에 반영해야 한다. 그렇게 해야 목표달성이 가능해진다.

실행계획 수립 절차는 다음과 같다.

1. 목표달성을 위해 필요한 일들을 모두 나열한다.
2. 그 일들을 실행하기 위해 각각 필요한 자원들을 검토한다.
3. 자원들의 검토를 통해 실행 불가능한 일을 제거한다.
4. 남아있는 일들의 중요도와 긴급도를 주관적으로 평가하여 일들의 우선순위를 정한다.
5. 가장 먼저 실행해야 할 일을 선택하고 구체적인 실행계획을 수립한다.
6. 나머지 일들에 대해서도 구체적인 실행계획을 수립한다.

다음은 구체적인 실행계획 수립을 위한 2W3H 원칙을 설명한 것이다.

첫째, What이다. 무엇을 실행할 것인가를 의미하는 것이다. 취업을 위해 필요한 영어공부를 하기로 했다면 TOEIC을 할 것인지 TEPS를 할 것인지를 결정해야 한다. 그것이 바로 What에 해당된다.

둘째, When이다. 즉, 실행 시작시점을 의미하는 것이다. 취업을 위해 TOEIC을 공부하기로 했다면 언제 시작할 것인지를 결정하는 것을 말한다.

셋째, How이다. 즉, 어떤 방법으로 그것을 할 것인지를 의미한다. 취업을 위해 TOEIC 공부를 하기로 했다면 어떤 방법으로 공부할 것인가를 결정하는 것을 말한다. 학원을 다닐 것인지, 다닌다면 어떤 학원을 다닐 것인지, 아니면 온라인 동영상 강의를 들을 것인지, 그렇다면 어떤 사이트에 가서 어떤 강의를 들을 것인지, 그것도 아니면 친구들과 모여 스터디를 할 것인지를 결정하는 것이다.

넷째, How much/many이다. 이는 실행수준을 의미한다. TOEIC 공부를 하기로 하고 학원을 다닐 경우 목표로 하는 TOEIC 점수 수준을 결정하는 것을 말한다. 이는 결국 획득하고자 하는 TOEIC 점수가 되는 것이다.

다섯째, How long이다. 얼마나 오랫동안 진행할 것인가를 의미한다. TOEIC 공부를 하기로 했다면 얼마 동안 공부를 할 것인지를 결정하는 것이다. 즉, 시작시점에서부터 종료시점까지를 말하는 것으로 얼마나 오랫동안 그 일을 지속할 것인가를 의미한다.

이렇게 위에서 언급한 실행계획 수립을 위한 2W3H 원칙에 따라 실행계획을 수립한다면 그 실행 가능성은 높아질 수 있다. 실행계획을 수립한 후에 이를 지속적으로 실행하기 위해서는 먼저 성공경험을 가져야 한다. 그것이 작은 것이더라도 실행을 통해 얻게 되는 성공경험은 더 크고 중요한 실행계획을 실천하게 하는 원동력이 될 수 있다. 이러한 성공경험의 축적을 통해 결국 삶에서 자신이 이루고자 하는 목표를 달성할 수 있게 된다. 실패를 두려워하거나 실패에 위축돼서도 안 되겠지만 무엇보다 성공경험을 가질 수 있도록 노력하는 것이 궁극적으로 목표를 달성하게 되는 가장 빠른 지름길이 될 것이다.

3. 역할모델과 멘토

1) 역할모델

역할모델(role model)이라는 말은 존경과 모방의 의미를 포함하고 있다. 자신이 하고 싶은 분야에서 성공한 사람들, 그리고 자신이 따라 닮아가고 싶은 사람들이 대개 역할모델이 된다. 자신의 비전을 이루는 과정에서 훌륭한 역할모델이 있다면 심리적으로 많은 의지가 될 수 있다. 스티브 잡스(Steve P. Jobs) 또는 워런 버핏(Warren E. Buffett) 같이 성공한 사람들은 한 번도 만나본 적도 없는 많은 사람들에게 역할모델이 되고 있을 것이다. 이와 마찬가지로 한 사람은 동시에 여러 명의 역할모델을 가질 수 있다. 역할모델 관계에서 특별한 것은 없다. 역할모델 관계는 닮고 싶은 긍정적인 측면이 있는 한 계속해서 유지된다.

역할모델은 주로 성공한 사람, 성공과 관련해 모범적인 행동을 보이는 사람, 특정 분야에서 작업 수행 능력이 뛰어난 사람, 조직의 정책과 이념에 대한 지식과 경험이 풍부한 사람들이 될 수 있다. 이 외에도 자신이 되고자 하는 특정 분야의 역할을 맡은 사람들이 역할모델이 된다.

삶에서 역할모델을 정하고 그 모델을 닮아가려고 노력한다면 그와 같아질 수 있을 것이다. 삶에서 그만큼 역할모델은 중요하다. 따라서 자신의 삶의 비전과 이를 달성하기 위한 목표를 설정했다면 이제 자신의 역할모델을 선정하는 것이 필요하다. 역할모델을 선정하고 닮아가기 위해 노력한다면 자신의 비전을 달성하는 데 많은 도움을 얻을 수 있을 것이다.

2) 멘 토

특정 분야의 전문가로 초보자 또는 지식이나 경험이 부족한 사람을 가르치는 사람을 멘토(mentor)라고 하고 멘토에게 배우게 되는 초보자 또는 지식이나 경험이 부족한 사람을 멘티라고 부른다. 멘토와 멘티 간에 이루어지는 상호작용 시스템을 멘토링이라고 한다. 최근에 멘토링 제도는 특히 신입사원 이직률이 높은 기업들을 중심으로 확산되고 있다.

멘토에 대한 가장 오래된 유래는 호메로스의 『오디세이아』로부터 출발한다. 기원전 1200년경 이타이카 왕국의 왕 오디세우스는 트로이 전쟁에 출정하기 위해 떠날 준비를 하면서 자신이 없는 동안 왕자의 교육을 걱정하며 자신의 친구이자 신하인 한 사람을 보호자로 선정한다. 그 후 10년 동안 이 보호자는 오디세우스의 아들 텔레마코스의 스승이자 조언자, 친구, 아버지, 대리인으로서의 역할을 성실히 수행한다. 이 신화에 등장하는 보호자의 이름이 바로 멘토(Mentor)이다.

멘토가 멘티의 역할모델일 수도 있고, 그렇지 않을 수도 있다. 일반적인 역할모델의 경우는 자신이 생각하는 성공한 사람으로 직접 만날 기회를 갖지 못하는 경우가 대부분이다. 하지만 멘티와 멘토는 직접 만날 수 있다. 멘토와 멘티는 다음과 같은 활동을 수행한다.

첫째, 멘토는 멘티의 경험축적 및 스킬 개발에 도움을 준다.

둘째, 멘토는 멘티의 개인적인 위기와 문제에 대한 조언을 해준다.

셋째, 멘토는 멘티의 경력설계에 대한 조언을 해준다.

넷째, 멘토의 성공경험을 멘티와 함께 공유한다.

다섯째, 멘토는 멘티에 대한 격려와 지원을 한다.

성공적인 멘토링이 이루어지기 위해서는 멘토의 역할이 중요하기는 하지만 이러한 관계가 전적으로 멘토만의 책임은 아니다. 멘티도 자신의 성장과 발전을 위해 책임을 지겠다는 의지가 있어야 하고 멘토로부터 지식과 스킬을 배워서 이를 활용할 수 있어야 한다. 또 멘토가 해주는 피드백을 거부감 없이 긍정적으로 수용해야 하고 자신이 더 발전하기 위해 좀 더 도전적으로 새로운 일을 시도하려는 자세를 갖추는 것이 필요하다. 이러한 멘티의 자세가 확립되었을 때 멘토링의 성공 가능성은 높아진다.

효과적인 학습방법 중 하나는 다른 사람을 가르치는 것이라는 말이 있다. 멘토는 멘티에게 많은 것을 가르치게 되는데, 이때 멘티뿐만 아니라 멘토 자신도 발전하게 된다. 따라서 멘토는 항상 가르치기만 하고 멘티는 늘 배우기만 하는 것은 아니다. 멘토와 멘티 간의 상호작용을 통해 함께 배우게 되는 것이다. 이를 두고 멘토와 멘티의 역할이 항상 고정되어 있는 것은 아니라고 한다. 멘토도 경우에 따라서 멘티에게 배우게 된다는 것이다. 이 경우 처음에 시작할 때 정해졌던 멘토와 멘티의 역할이 바뀔 수 있다.

그렇다면 자신의 멘토 역할을 해줄 사람은 어떻게 찾아야 할까? 멘토를 찾을 때는 직접적인 관계를 가진 사람들보다는 외부에서 찾는 것이 더 바람직하다. 그 이유는 너무 가까운 사람들은 자신에게 솔직한 이야기를 해주기 어렵기 때문이다.

멘토는 어떻게 찾아야 할까? 멘토는 찾으려는 노력이 필요하며 열심히 찾다 보면 좋은 멘토를 발견하게 된다. 멘토는 자신이 배울 점이 있는 사람이면 되지 꼭 나이가 자기보다 많을 필요는 없다. 또 멘토는 믿을 만한 사람이어야 하는데, 멘티가 한 이야기의 비밀을 지켜줄 수 있는 사람이어야 한다.

자신이 존경하고 자신에게 가르침을 줄 수 있는 멘토가 있다면 삶이 더욱 풍요로워질 것이고 자신이 원하는 비전 달성에 큰 힘을 얻을 수 있을 것이다.

4. 학습정리

1) 비전의 특징에 대해 설명한다.

2) 목표수립을 통해 얻을 수 있는 이익에 대해 설명한다.

3) 2W3H 원칙에 대해 설명한다.

4) 멘토의 유래에 대해 설명한다.

08
CHAPTER

시간관리

삶의 비전을 수립하였다면 이제 비전을 달성하기 위한 시간관리에 대해 살펴볼 필요가 있다. 먼저 시간의 개념에 대해 이해하고 시간관리의 의미와 필요성에 대한 내용을 검토한다. 시간관리 능력 검사도구를 활용하여 자신의 시간관리 능력을 검사한다. 이를 통해 현재 자신의 시간관리 문제점을 파악하고 바람직한 시간관리 방법에 대해 살펴본다.

학습목표

1. 시간관리의 의미와 필요성에 대해 이해한다.
2. 자신의 시간관리 능력 수준을 검사하고 시간관리의 문제점에 대해 생각해 본다.
3. 바람직한 시간관리 방법에 대해 살펴보고 이를 자신의 시간관리에 적용한다.

학습내용

Think Pocket

1. 시간관리의 개념 및 필요성
2. 시간관리 능력 검사
3. 시간관리 방법
4. 시간관리 도구
5. 학습정리

Chapter

08 시간관리

Think Pocket

아이젠하워의 시간관리 방법

미국의 제34대 대통령 아이젠하워(Dwight D. Eisenhower)는 '시간관리의 대가'로 불린다. 할 일이 태산같이 많은데도 그 일을 빈틈없이 제때에 해내고 가족과 많은 시간을 함께 보냈고 다양한 취미생활도 하였다. 그가 그런 여유로운 생활을 할 수 있었던 것은 다음과 같이 업무를 네 가지로 구분해서 일을 처리했기 때문이다.

첫째, 긴급하면서도 중요한 일이다. 아이젠하워는 긴급하면서도 중요한 일은 절대로 미루지 않고 그 즉시 처리하였다. 실제 누구나 이런 일은 미루기 곤란하다. 미루었다가는 상사나 동료로부터 질책이나 비난을 받기 때문이다. 사실 이런 종류의 일에는 큰 위험은 없다. 그럼에도 불구하고 아이젠하워는 이런 일에는 정신을 더욱 집중시키고 신속 정확하게 처리하여 상사나 주위 사람들로부터 칭찬을 들었다.

둘째, 긴급하지는 않지만 중요한 일이다. 이런 일을 처리하는 것을 보고 부하나 동료의 일 처리 능력을 판단할 수 있다. 이런 일은 대체적으로 시간적 여유가 있다. 그런데 많은 사람들이 이런 일에 실수를 한다. 그것은 시간적으로 넉넉하다는 여유로운 마음에 일의 진행 상황을 점검하지 않기 때문이다. 대체적으로 일을 맡았을 때 초반에는 일을 잊고 있다가 마감시간이 임박한 마지막에 가서 일을 벼락치기로 한다. 항상 시간이 부족하게 되는 것이다. 아이젠하워는 긴 인생을 생각하면서 긴급하지는 않지만 중요한 일을 더욱 중요하게 생각하고 신속하게 처리하였다.

셋째, 긴급하지만 중요하지 않은 일이다. 대체로 이런 일은 급하기 때문에 서두른다. 그래서 시간적으로는 마감시간에 쫓기지는 않는다. 그러나 급한 일이기 때문에 서두르다가 실수를 하게 된다. 따라서 아이젠하워는 이런 일은 믿을 만한 사람에게 위임하였다.

넷째, 긴급하지도 중요하지도 않은 일이다. 세상에 이런 일도 있는가 싶은 생각이 든다. 하지만 어디에서든 이런 일은 반드시 있다. 이런 일은 학교나 직장과 관련 있는 일은 아니다. 그러나 많은 사람들이 이런 일에 매달리다 시간이 없다고 푸념을 하게 된다. "중요하지도 않은 일에 많은 시간을 낭비하고 정작 중요한 일에는 집중하지 않는다." 보통 사람들이 많이 하는 말이다. 이런 일에 많은 노력과 시간을 쓰는 것은 바람직하지 않다. 이런 일들은 과감하게 줄여 나가야 한다(Rhon J., 김주영 편역, 2020).

아이젠하워와 같이 시간관리를 한다면 바람직한 시간관리가 가능할 것이다.

1. 시간관리의 개념 및 필요성

삶의 비전을 설정하고 목표와 실행계획이 수립되었다면 이제 이를 실행에 잘 옮기기 위한 시간관리가 필요하다. 시간관리가 잘되지 않을 경우 항상 바쁜 것 같지만 특별히 한 것도 없고 그냥 시간만 흘러간 것 같은 생각이 들게 된다.

다음은 프랑스의 계몽주의 작가 볼테르(Voltaire)가 작성한 간단한 글이다.

> 이 세상의 모든 사물 중에서 가장 길고도 짧고, 가장 빠르고도 느리고, 최소의 분할과 최대의 확대가 가능하고, 가장 경시되면서도 가장 아낌을 받고, 그것 없이는 아무 일도 하지 못하고, 비천한 것을 모두 삼켜버리고, 위대한 모든 것에 생명의 입김을 불어넣어 주는 것은 과연 무엇일까?(유성은 · 유미현, 2019)

이 글이 의미하는 것은 바로 시간이다.

우리가 시간의 개념에 대해 알아보고자 할 때 그리스 신화에 등장하는 두 명의 신에 대해 이야기한다. 그리스 신화에 등장하는 두 명의 시간의 신은 크로노스(Chronos)와 카이로스(Kairos)이다.

크로노스는 농경을 상징하는 신으로 한 손에 낫을 들고 있다. 신화에 따르면 그는 아버지를 거세하고 이 세상에 대한 지배권을 빼앗았다. 예언가가 그도 아버지와 같은 운명에 처하게 될 것이라고 예언하였다. 그래서 그는 자신도 아버지와 같은 운명에 처하게 될 것이라는 예언이 실행되지 못하도록 아이들을 낳자 마자 모두 잡아먹었다. 우주의 탄생에서 크로노스가 신들의 왕이 되면서 세상이 시간의 지배를 받게 되었다. 따라서 세상의 만물은 생로병사의 고통을 안게 되었고 시간에 따라 생기고 또 없어지는 존재가 되었다. 또한 크로노스의 끔찍한 습성은 '시간이 모든 것을 집어 삼킨다'라는 의미로 해석되었다. 크로노스는 절대적인 시간의 신이다. 즉, 그는 우리와 무관한 시간, 달력에 맞춰 넘어가고 시계의 침과 함께 흘러가는 시간을 지배한다. 이 절대적인 시간은 지구가 자전과 공전을 하면서 흘러가 결국은 우리를 늙게 하고 끝내 죽게 하는 시간이다.

그리스 신화에 등장하는 두 번째 시간의 신은 카이로스이다. 카이로스는 상대적인 시간의 신이자 기회의 신이라고도 불린다. 카이로스는 제우스의 아들인데 그의 모습은 무척 재미있다. 우선 그의 머리를 보면 앞머리는 무성한데 뒷머리는 머리카락이 하나도 없는 대머리이다. 그리고 그의 양쪽 발에는 날개가 달려 있다. 그리스 신화의 그림을 보면 그는 날개가 달린 공 위에 서 있는 모습으로 묘사되기도 한다. 그리고 손에는 저울과 칼을 들고 있다. 카이로스의 동상 앞에는 다음과 같은 짧은 시가 적혀 있다.

앞머리가 무성한 이유는
사람들로 하여금 내가 누구인지 금방
알아차리지 못하게 하고,
나를 발견했을 때 쉽게 붙잡을 수
있도록 하기 위함이고,
뒷머리가 대머리인 이유는
내가 지나가고 나면 다시는 나를 붙잡지 못하도록 하기 위함이며,
발에 날개가 달린 이유는
최대한 빨리 사라지기 위해서이다.
저울을 들고 있는 이유는
기회가 앞에 있을 때는 저울을 꺼내
정확히 판단하라는 의미이며,
날카로운 칼을 들고 있는 이유는
칼같이 결단하라는 의미이다.
나의 이름은 '기회'이다(임정택, 2011).

크로노스의 시간은 절대적인 시간으로 우리와 무관한 시간이기 때문에 관리할 수 없다. 그러나 카이로스의 시간은 마음먹기에 따라 얼마든지 늘릴 수도 있고 줄일 수도 있다. 카이로스의 시간은 상대적인 시간, 주관적인 시간이므로 같은 양의 물리적 시간이라도 사용함에 따라 늘릴 수 있으며 동시에 그 순간을 놓쳐버린다면 찰나에 불과할 수도 있다. 누구에게나 주어지는 하루 24시간을 48시간처럼 사용할 수도 있고 1시간처럼 사용할 수도 있다.

결국 우리가 관리해야 하는 시간은 카이로스의 시간이다. 상대적이며 주관적인 시간인 카이로스의 시간을 어떻게 사용하고 관리하느냐에 따라 삶이 달라질 수 있다. 내 앞에 카이로스가 모습을 드러낼 때 그의 무성한 앞머리를 힘껏 잡아당길 수 있어야 한다는 것이다.

시간(時間)은 흐름의 개념이기 때문에 시간을 멈추게 하거나 저축할 수 없다. 그렇기 때문에 시간을 관리한다는 것은 매우 어려운 일이다. 시간을 관리하기 위해서는 시간의 속성을 잘 이해할 필요가 있다. 시간은 '어떤 시각에서 어떤 시각까

지의 사이 또는 어떤 일을 하기로 정하여진 동안(NAVER, 표준국어대사전)'이다. 어떤 일을 하기로 정하여진 동안이란 결국 어떤 일을 하는 동안을 의미할 수 있다. 따라서 시간을 관리한다는 것은 일을 하는 동안을 관리하는 것, 즉 일을 관리하는 것으로 이해할 수 있다.

시간관리란 시간을 효율적으로 잘배분해서 사용하고 자신이 수립한 계획들을 달성하는 것을 의미한다. 시간관리를 잘한다면 자신이 중요하게 생각하는 일, 그리고 하고 싶은 일을 할 수 있게 되고 결국 자신이 세운 삶의 목표와 비전을 달성할 수 있게 된다. 또 가족 그리고 자신이 사랑하는 사람들과도 좀 더 많은 시간을 함께할 수 있다. 더 나아가 좀 더 풍요로운 인간관계도 구축할 수 있다. 따라서 시간관리는 자신이 생각하는 행복과 성공을 위해 반드시 필요한 자기관리 기술이다.

2. 시간관리 능력 검사

자신의 시간관리 능력은 어느 정도인지 시간관리 능력 검사지를 통해서 알아보자. 문제를 읽고 예, 아니요에 답한다. 검사 후 모범답안을 보고 채점한다.

번호	문 제	예	아니요
1	삶은 계획하는 것보다 내 기분대로 살고 즐기는 것이다.		
2	나에게는 뚜렷한 인생의 비전과 목표가 있다.		
3	나는 내 공부 혹은 내 일의 주요 목표를 인식하며 일하고 있다.		
4	매일 계획할 시간과 반성할 시간을 따로 마련한다.		
5	매일, 매주, 매월 계획표에 따라 일을 진행해 나간다.		
6	해야 할 일이 모두 중요하기 때문에 어떤 것을 먼저 해야 할지 모를 경우가 많다.		
7	중요한 것들을 해낼 수 있는 시간은 항상 있다고 믿는다.		
8	일을 하는 데 일관성이 없다. 이것을 했다, 저것을 했다 하며 우선순위가 자주 바뀐다.		

9	일이 즐겁고 보람되다.		
10	열심히 일하는 데 비례해 일의 성과도 올라간다고 생각한다.		
11	과거에 대한 후회나 미래에 대한 염려를 잊고 지금 주어진 일에 최선을 다한다.		
12	나는 모든 일을 완벽하게 처리하지 않으면 마음이 놓이지 않는다.		
13	나는 매우 건강해서 쉽게 피곤하지 않다.		
14	나는 가장 좋은 시간에 가장 중요한 과제를 하려고 한다.		
15	나는 모든 활동에 필요한 시간 배분을 잘한다.		
16	나는 자투리 시간을 잘 활용하지 못한다(통학시간, 이동시간 등).		
17	나는 기상시간, 식사시간, 잠자는 시간이 불규칙하다.		
18	나는 닥치는 대로 책을 읽는다.		
19	나는 필요하고 중요한 정보보다는 많은 정보를 모으는 것에 관심을 갖는다.		
20	나는 내 스스로 모든 일을 처리하지 않으면 기분이 내키지 않는다.		
21	나는 새로운 상황이 닥치면 당황한다. 즉, 변화관리를 잘하지 못한다.		
22	나는 항상 새로운 방식으로 일을 수행하려고 노력한다.		
23	나는 내 스스로 시간표를 작성하고 내 삶을 융통성 있게 관리한다.		

출처 : 유성은(2006). 시간관리와 자아실현 내용 수정.

❖ 모범답안

1. 아니요	2. 예	3. 예	4. 예	5. 예	6. 아니요
7. 예	8. 아니요	9. 예	10. 아니요	11. 예	12. 아니요
13. 예	14. 예	15. 예	16. 아니요	17. 아니요	18. 아니요
19. 아니요	20. 아니요	21. 아니요	22. 예	23. 예	

위의 답과 일치한 사항이 20~23개라면 시간관리 능력이 매우 탁월한 사람이다.
17~19개라면 보통이다.
16개 이하라면 시간관리를 보다 철저히 해야 할 필요가 있다.

출처 : 유성은(2006). 시간관리와 자아실현 내용 수정.

시간관리 능력 검사를 통해서 자신의 시간관리 능력을 알아보았다. 시간관리를 잘하고 있는 사람이라면 괜찮겠지만 만약 시간관리를 잘하지 못하고 있다면 어떻게 해야 시간관리를 잘하는 것인지 생각해 볼 필요가 있다.

3. 시간관리 방법

다음은 시간관리를 잘하는 방법에 대해 살펴보자.

첫째, 자신에게 중요한 일과 중요하지 않은 일을 잘 구분해서 시간관리를 해야 한다. 시간관리를 잘하기 위해서는 자신의 성공적인 삶을 위해 어떤 활동이 중요하고 중요하지 않은지를 잘 가려낼 수 있어야 한다. 지금 당장 급한 일은 아닐지라도 자신의 비전 달성을 위해 꼭 필요한 일이라면 그것은 매우 중요한 일이 된다. 하지만 지금 당장 마감에 쫓기는 일이라도 크게 가치 있는 일이 아니라면 그것은 중요하지 않은 일이 된다. 과연 무엇이 자신에게 중요한 일인지 또 무엇이 중요하지 않은 일인지에 대해 자신의 기준과 판단에 따라 구분할 수 있어야 한다.

시간관리를 잘하기 위해 필요한 능력은 여러 일들을 우선순위에 따라 결정하는 능력과 우선순위에 따라 준비하고 계획하는 능력, 그리고 우선순위의 일을 실행계획을 세워 실천하는 실행력이다. 자신이 생각하는 우선순위가 자신의 비전과 목표에 부합하는 것이라면 이에 대한 실행력은 자연스럽게 높아질 것이다.

[그림 8-1]은 중요한 일과 중요하지 않은 일을 구분해서 보여주는 것이다.

중요한 일

- 삶의 비전과 목표 달성을 위해 필요한 일
- 중장기 계획과 관련된 일
- 자기개발과 관련된 일
- 인적 네트워크 형성과 관련된 일
- 가족과 관련된 일
- 여가(휴식)
- 긴급히 해결해야 할 과제, 업무
- 마감일이 정해져 있는 일
- 긴급히 벗어나야 할 위기 상황

가장 중요한 일

- 삶의 비전과 목표 달성을 위해 필요한 일
- 중장기 계획과 관련된 일
- 자기개발과 관련된 일
- 인적 네트워크 형성과 관련된 일
- 가족과 관련된 일
- 여가(휴식)

중요하지 않은 일

- 일부 전화통화
- 일부 이메일 보내기
- 일부 회의
- 우편물
- 일부 보고서 작성
- 컴퓨터 게임
- 중요하지 않지만 눈앞의 긴급한 문제
- 시간 때우기

[그림 8-1] 중요도에 따른 일의 분류

출처 : 박윤희(2018b). 진로 탐색 및 직업 선택(제3판).

시간관리를 잘하기 위해서는 중요하지 않은 일에 사용하는 시간을 점차 줄여 나가고 중요한 일에 시간을 많이 할애해야 한다. 중요한 일 중에서도 삶의 비전과 목표달성을 위해서 필요한 일, 성장과 발전을 위한 일에 더 많은 시간을 사용해야 한다.

삶의 비전과 목표에 관련된 일들이 자신의 삶에서 가장 중요한 일임에도 불구하고 늘 마감시간에 쫓기는 일을 먼저 하게 된다. 이는 자신의 미래를 위해 결코 바람직하지 않다. 미래에 대한 계획을 세우고 이를 실천하지 않는다면 또 그때그때 자신에게 주어진 급한 일만 처리하고 살게 된다면 나중에 시간이 흐른 뒤에 자신이 무엇을 위해서 살았고 얻은 것이 무엇인지에 대해 답할 수 없게 된다. 따라서 미래의 삶을 생각하며 시간관리를 하는 것이 필요하다.

둘째, 자신이 하루 중 사용할 수 있는 전체 시간 중에서 70퍼센트 정도에 대해서만 시간계획을 세우고 나머지 30퍼센트는 비워 두는 것이 좋다. 하루 일과 중 미리 예측하지 못한 일이 발생하는 경우와 하던 일을 중단해야 되는 경우가 있다. 따라서 만약의 사태에 대비해 30퍼센트 정도의 시간을 비워 둔다면 여유 있는 시간관리를 할 수 있다.

셋째, 시간을 너무 잘게 나누어 계획을 세우지 않는다. 시간을 5분, 10분 단위로 나누어 계획을 세우고 관리하는 것은 특별한 일을 하는 몇몇 사람들에게만 해당되는 것이다. 예를 들어, 대통령이나 유엔사무총장 같은 특별한 사람들의 경우이다. 시간관리를 하는데 일을 많이 한다는 것은 중요하지 않다. 핵심은 정말 중요한 일을 계획대로 하고 있는가이다. 따라서 시간관리를 잘한다는 것은 많은 일을 하는 것보다 계획한 일을 제대로 완수하는 것이며 더 나아가 자신에게 중요하고 의미 있는 일을 제대로 하는 것이다.

넷째, 자신의 비전과 목표에 기초한 계획을 세우고 이를 실천할 수 있도록 시간관리를 해야 한다. 개인 수첩이나 다이어리, 플래너 등에 자신의 비전과 목표, 중장기계획과 단기계획 등을 적어 두고 그것에 기초한 시간관리를 해야 한다. 이렇게 된다면 연간계획, 월간계획, 주간계획, 그리고 일일 계획을 작성할 수 있게 되고 이에 따라 시간관리가 가능해진다.

다섯째, 일하는 시간 자체를 늘리는 것은 제대로 된 시간관리가 아니다. 해야 할 일이 늘어나서 일할 시간을 늘리는 것은 장기적으로 인생을 실패나 불행으로 이끌 수 있다. 적당한 휴식 없이 일하면서 사는 것은 제대로 된 시간관리가 아니다. 충분한 휴식과 여가 생활을 통해 일의 능률을 높일 수 있고 자신이 꿈꾸는 비전과 목표에 도달할 수 있다. 따라서 일하는 시간 자체를 늘리지 말고 일의 우선순위를 정해 좀 더 효율적으로 일을 해야 한다.

여섯째, 일을 미루거나 마감시간에 쫓기면서 일을 처리하지 않아야 한다. 일을 미루고 마감시간이 임박해서 일을 하는 사람을 임박착수 유형이라고 부른다. 반대로 미리 계획을 세워 일을 차근차근 해나가는 스타일을 조기착수 유형이라고 한다. 임박해서 일을 처리할 경우 결과물의 질이 떨어질 수 있다. 미리 계획을 세워 일을 처리한다면 결과물의 질도 훨씬 좋아질 것이고 마감시간에 쫓기면서 급하게 처리해야 하는 일이 줄어들게 될 것이다. 따라서 마음의 여유를 가질 수 있고 자기 개발과 관련된 중요한 일에 더 많은 시간을 할애할 수 있다.

일곱째, 바쁠 때라도 여유를 가지고 무리하지 않는 습관을 들여야 한다. 시간관리를 잘하기 위해서는 서두르거나 허둥대지 않고 편안한 마음으로 일을 처리하는 여유가 필요하다. 이는 시간관리를 잘하는 것은 결국 마음 관리를 잘하는 것이라는 의미가 된다. 자신의 일 처리 속도에 대해서 가장 잘 알고 있는 것은 자기 자신이다. 따라서 무리하지 않고 자신의 속도에 맞추어 계획을 세우고 그것을 실천한다면 결국 시간관리를 잘하게 될 것이다.

시간관리 능력 검사와 바람직한 시간관리 방법의 학습을 통해 자신의 시간관리 문제점을 분석하고 개선방안에 대해 생각해 본다.

✥ 시간관리 개선방안

시간관리를 잘하고 있는 점	
시간관리 문제점	
개선방안	

4. 시간관리 도구

사람들이 보편적으로 사용하고 있는 시간관리 도구에는 벽걸이나 탁상용 다이어리, 휴대용 다이어리와 일정관리 소프트웨어, 스마트 폰을 비롯한 개인 휴대 단말기 등이 있다. 이들 시간관리 도구들은 크게 필기형과 디지털형으로 구분할 수 있다. 이렇게 다양한 시간관리 도구들은 이용하는 사람에 따라 선호하는 형태가 상이할 수 있다. 그렇다면 자신에게는 어떤 형태의 시간관리 도구가 적합한지 생각해 볼 필요가 있다(Morgestern, 노혜숙 역, 2002).

나는 필기형인가 아니면 디지털형인가?

우선 필기형인 사람들은 달력이나 다이어리를 가장 편안하게 느낀다. 필기형들은 다음과 같은 특징을 갖는다.

- 펜으로 종이에 쓸 때 생각이 잘 떠오른다.
- 적어 놓으면 기억을 더 잘한다.
- 앞으로의 행사 일정을 확인할 때 페이지를 앞뒤로 넘겨 보기를 좋아한다.
- 어디에 적어 놓았는지를 잘 기억한다.
- 할 일을 적을 때 차례, 우선순위, 날짜의 순서보다 연관관계나 종류별로 분류한다(쇼핑할 물건, 작성할 서류 목록, 전화할 곳 등).
- 오래된 다이어리를 몇 년이고 보관해 두고 보는 것을 좋아한다.
- 컴퓨터를 다루는 기술이 부족하고 오히려 시간이 걸린다.

필기형인 사람이라면 벽걸이나 탁상용 다이어리와 휴대용 다이어리를 이용해서 일정관리를 할 수 있다. 어느 것을 선택할지는 기록할 정보의 양과 활동성에 따라 달라질 수 있다.

〈표 8-1〉 필기형 일정관리 도구의 장단점

장 점	프로그램이나 시스템을 배울 필요가 없다. 쓰는 것이 자연스럽고 편하다. 전기가 필요 없다. 앞뒤로 넘기면서 전체를 볼 수 있다. 책꽂이에 꽂아 두었다가 언제라도 참고할 수 있다.
단 점	검색할 수 없다. 부피가 커질 수 있다. 분실했을 경우 자료를 복구하기 어렵다. 다른 사람과 정보를 공유할 수 없다.

출처 : Morgenstern J., 노혜숙 역(2002). 능력 있는 사람의 시간관리.

디지털형의 사람이라면 전자식 일정관리 도구가 잘 맞을 것이다. 다음과 같은 특징을 가진 사람이라면 디지털형에 가깝다고 할 수 있다.

- 타이핑을 하면 생각이 쉽게 떠오른다.
- 정보 전체를 기억하기보다는 이름이나 숫자로 검색을 하는 편이다.
- 앞으로 있을 행사를 주 단위나 월 단위로 점검한다.
- 날짜, 요일, 시간으로 약속을 기억한다.
- 연관관계나 종류별 분류를 하기보다 차례, 우선순위, 연대기별로 생각한다.
- 오늘이나 이번 주에 무엇을 할지 계획하기 위해 지난 일을 돌아볼 필요를 느끼지 않는다.
- 컴퓨터나 전자제품이 편리하게 느껴진다.

〈표 8-2〉 디지털 일정관리 도구의 장단점

장 점	정보 검색을 할 수 있다. 쉽게 자료를 분류하고 재정리할 수 있다. 정보를 백업하기 쉽다. 네트워크로 다른 사람들이 접근할 수 있다.
단 점	한 번에 한 화면밖에 볼 수 없으므로 한눈에 훑어볼 수 없다. 정보에 접근하기가 쉽지 않다. 신속하게 또는 곧바로 기록할 수 없다. 필기형인 사람들이 사용하기 어렵다.

출처 : Morgenstern J., 노혜숙 역(2002). 능력 있는 사람의 시간관리.

5. 학습정리

1) 시간관리의 의미를 설명한다.

2) 크로노스와 카이로스에 대해 설명한다.

3) 시간관리 방법 중 자신에게 중요한 것과 중요하지 않은 것을 구분해서 시간관리를 해야 한다는 것은 무엇을 의미하는지 설명한다.

4) 필기형과 디지털형인 사람들이 주로 이용하는 시간관리 도구에 대해 설명한다.

09

CHAPTER

스트레스 관리

현대인들에게 스트레스는 만병의 근원이라고 불릴 만큼 위험한 존재이다. 따라서 자기 개발을 지속해야 하는 개인들에게 스트레스 관리는 필수적이라고 할 수 있다. 9장에서는 스트레스의 개념과 종류에 대해 살펴본다. 또 스트레스 검사지를 활용해 스트레스 수준을 검사한다. 스트레스가 유발하는 다양한 증상들을 살펴보고 스트레스를 잘 관리할 수 있는 바람직한 방법에 대해 검토한다.

학습목표

1. 스트레스의 개념과 종류에 대해 이해한다.
2. 스트레스 수준을 검사하고 자신의 스트레스 상태를 확인한다.
3. 스트레스 해소를 위한 바람직한 스트레스 관리 방법에 대해 이해한다.

학습내용

Think Pocket
1. 스트레스의 개념
2. 스트레스의 종류
3. 스트레스 검사
4. 스트레스로 인한 증상
5. 스트레스에 대한 개인차
6. 스트레스 관리
7. 학습정리

Chapter

09 스트레스 관리

Think Pocket

통제 불가능한 스트레스로 인한 죽음!

캐논(W. Cannon, 1957)은 '부두교의 죽음'이라는 제목의 글에서 누군가 자신에게 마법을 걸었고 그래서 자기가 생존할 가능성이 없다고 믿기 때문에 죽어가는 사람들에 관한 보고서를 자세히 설명하였다. 문자 이전의 사회에서는 세상에 선과 악의 힘이 존재하며 사람을 해치는 악의 힘을 억제할 수 있는 능력을 가진 사람들이 있다고 믿는 경향이 있었다. 캐논은 마법에 걸린 사람들이 극단적 공포와 절망감을 일으키는 것에 관한 보고서에 주목하였다.

램버트(Lambert) 박사가 클라크(Clarke) 박사의 경험에 관하여 내게 글을 썼다. 어느 날 클라크 박사의 병원에 한 카나카(Kanaka) 사람이 찾아와서 자신이 주문에 걸렸기 때문에 며칠 안에 죽을 것이며 그것을 피할 방법이 없다고 말하였다. 그 남자는 클라크 박사가 한동안 알고 지냈던 사람이었다. 그는 대변과 소변 검사를 포함하여 매우 면밀한 검사를 받았다. 모든 것이 정상으로 나왔지만 병상에 누워 있는 동안 남자는 점점 쇠약해졌다. 클라크 박사는 그 남자의 감독자를 찾아가 병원에 와서 그를 안심시켜 달라고 하였다. 그러나 그는 병상 끝에서 몸을 구부려 환자를 보고 나서 클라크 박사를 돌아보며 "됐어요, 선생님, 끝내세요. 그는 죽어요."라고 말하였다. 다음 날 아침 11시에 그 남자는 생을 마감하였다. 부검에서는 이 치명적인 결과를 설명할 수 있을 만한 것이 아무것도 드러나지 않았다.

부두교의 죽음에 관한 캐논의 사례들에는 공통적인 특징이 있다. 희생자는 마법의 존재를 믿었으며 명백한 치명적 위협이 제시되었고 벗어나는 것은 불가능하다고 믿었다. 희생자와 그가 대치하였던 세력 사이에 있는 엄청난 힘의 차이가 그 희생자로 하여금 가능한 대처 방법이 없다는 느낌을 가지게 하였을 것이다. 희생자에게 약한 마법이 해제되었다고 납득시켰을 때 일어나는 신속한 반전과정은 이러한 죽음의 심리적 기원을 강력히 암시한다. 캐논은 부두교 죽음의 희생자를 낳은 깊은 절망감이(영양분을 섭취하지 못하는 것이 자주 동반되는) 심각한 대사적, 자율 신경적 불균형을 유발하여 수일 내지 수주 만에 죽음을 야기했다고 추측하였다(Lovallo W. R., 안희영 · 신경희 공역, 2012).

1. 스트레스의 개념

스트레스(stress)는 본래 라틴어에서 기원한 단어로 14세기 이후부터 사용되어 왔다. 초기에 스트레스는 고초, 궁지, 역경, 고통의 의미로 사용되었고 타인에 대한 압력의 의미도 내포하고 있었다. 17세기 후크(R. Hooke)는 스트레스를 물리학에서 지탱할 수 있는 압력의 의미로 사용하였다. 이후 스트레스는 교량 같은 물리적 구조물이 견딜 수 있는 압력의 의미로 그 개념이 확대되었다. 20세기 들어와 스트레스와 건강의 관련성에 대한 연구가 진행되면서 스트레스의 개념은 더욱 확장되었다(대한불안의학회 스트레스관리특별위원회, 2010).

인류가 원시인으로 동굴에서 살던 시절, 생존을 위해 필요한 투쟁 혹은 도피 반응에서부터 스트레스는 시작되었다. 이후 스트레스는 피할 수 없는 인간 생존의 필수조건이 되었다. 캐논(W. Cannon)은 이러한 생존을 위한 스트레스 개념에서 항상성이란 용어를 사용하면서 적절한 신체 기능을 위해서 외부 환경에 대한 반응으로 내적 환경이 조절되는 과정을 언급하였다. 두뇌가 항상 신체 기능을 관찰하고 있고 변화한 신체 기능을 발견하여 다시 안정적인 항상성을 유지하도록 반응한다는 것이다. 예를 들어, 너무 더운 방에 있게 되면 몸에서 땀이 나고(생리적 반응) 그 당사자는 창문을 열게 될 것이다(행동적 반응). 결국 인류가 혹독한 외부 환경에서 생존하는 과정에서 스트레스는 피할 수 없는 것이었고 인간 생존에 필수적인 것이었다고 할 수 있다. 이와 같이 인간에게 스트레스는 위험으로부터 자신을 보호해 주고 항상성을 유지하여 신체 기능을 적정하게 작용하도록 하는 순기능의 역할을 해왔다(대한불안의학회 스트레스관리특별위원회, 2010).

그러나 신체적 혹은 심리적 위협이 지속되면 상황은 달라질 수 있다. 1950년대 캐나다의 과학자인 셀리에(H. Selye)는 쥐의 성호르몬을 연구하면서 쥐에게 다른 종류의 호르몬을 투여하더라도 여전히 같은 유형의 종양이 생긴다는 사실을 발견하였다. 또 호르몬이 아니라 포르말린이나 불순물이 섞인 물을 주사해도 여전히 종양이 생긴다는 사실을 알게 되었다. 그는 호르몬 이외에 추위나 화상, 충격 등과 같은 위협을 쥐에게 가함으로써 종양의 발생을 유도하였다. 이러한 결과 모든 종류의 위협에 대한 신체 반응을 '일반적 적응 증후군(general adaptive syndrome)'이라고 명명하였는데, 이것이 곧 스트레스를 의미한다. 이때 부담이나 위협이 되는 자극을 스트레서(stressor), 즉 스트레스 인자라고 한다. 최근 현대인들에게 스트레스는 '만병의 근원' 또는 '조용한 살인자'로 불리고 있다. 그만큼 현대인에게 스트레스는 무서운 존재이며 건강하고 행복한 삶을 방해하는 요소라고 할 수 있다(박윤희, 2018b).

2. 스트레스의 종류

개인의 외부의 자극이나 위협에 대처하기 위한 노력이 효과적으로 작용할 경우 스트레스를 느끼지 않거나 스트레스 때문에 힘들어하지 않게 된다. 이렇게 외부의 자극이나 위협으로 인해 큰 어려움을 느끼지 않는 경우 이러한 스트레스를 유쾌스트레스(eustress)라고 한다. 만약 외부 자극이나 위협으로 인해 힘들다고 느낄 경우 이러한 스트레스를 불쾌스트레스(distress)라고 한다. 불쾌스트레스의 경우 직장에서 힘든 업무에 시달리거나 사람들과의 관계에서 어려움을 겪는 것과 같이 부정적인 생활사건에 대한 반응이고, 유쾌스트레스의 경우는 여행계획을 세운다거나 희망했던 직장에 취업하게 되어 출근을 준비하면서 느끼는 들뜬 마음과 같이 긍정적인 생활사건에 대한 반응이다.

그러나 같은 자극이나 위협일지라도 개인이 느끼고 받아들이는 정도에 따라 불쾌스트레스가 될 수도 있고 유쾌스트레스가 될 수도 있다. 예를 들어, 원하던 여행을 계획하는 것은 즐거운 일이 될 수 있으나 여행을 함께 가는 파트너 때문에 힘들다고 느낀다면 이는 유쾌스트레스보다는 불쾌스트레스 쪽에 가깝다고 볼 수 있다. 또 동일한 자극이나 위협에 대해서 매사 긍정적인 사고방식을 가진 사람과 그렇지 못한 사람이 느끼고 받아들이는 정도는 달라질 수 있다. 따라서 스트레스에 대해서는 개인차가 존재하고 스트레스를 극복하고자 하는 개인의 노력이나 태도에 따라서 스트레스 정도도 달라진다(박윤희, 2018b).

3. 스트레스 검사

다음은 자신의 스트레스 정도를 검사하는 검사지이다. 질문을 읽고 검사지에 답한다.

✣ 스트레스 검사

	질 문	없다 (0)	가끔 있다 (1)	자주 있다 (2)
1	감기에 잘 걸리고 잘 낫지 않는다.			
2	손발이 차다.			
3	손바닥이나 겨드랑이 밑에 땀이 많이 난다.			
4	갑자기 숨을 쉬기가 힘들어진다.			
5	가슴이 두근거려서 신경이 쓰인다.			
6	가슴이 아플 때가 있다.			
7	머리가 맑지 못하다(머리가 무겁다).			
8	눈이 쉽게 피로하다.			
9	코가 막힐 때가 있다.			
10	현기증을 느낄 때가 있다.			
11	일어설 때 현기증을 느낀다.			
12	환청이 들릴 때가 있다.			
13	입안이 헐거나 진무를 때가 있다.			
14	목이 아플 때가 있다.			
15	혀가 하얗게 될 때가 있다.			
16	좋아하는 음식이 있어도 식욕이 생기지 않는다.			
17	항상 음식물이 위에 걸려 있는 것 같은 기분이 든다.			
18	배가 빵빵하거나 설사나 변비를 할 때가 있다.			
19	어깨가 결리거나 목이 뻐근할 때가 있다.			
20	등이나 허리가 아플 때가 있다.			
21	몸이 나른하고 피곤함이 좀처럼 가시지 않는다.			
22	체중이 줄고 마른다.			
23	뭘 하든 금방 피로해진다.			
24	아침에 기분 좋게 일어나지 못한다.			
25	일할 의욕이 생기지 않는다.			
26	쉽게 잠들지 못한다.			
27	수면 중에 몇 번씩이나 꿈을 꿀 때가 있다.			
28	심야에 잠이 깨고 나면 좀처럼 잠들지 못한다.			
29	사람을 만난다는 것이 귀찮게 여겨진다.			

	질 문	없다 (0)	가끔 있다 (1)	자주 있다 (2)
30	대수롭지 않은 일에도 화가 나거나 초조해질 때가 있다.			
31	우울하여 기분이 가라앉을 때가 있다.			
32	즐겁지만 그것을 느끼지 못할 때가 있다.			
33	불안정하다고 느낄 때가 있다.			
34	불안을 느낄 때가 있다.			
35	기분이 나빠질 때가 있다.			
36	일할 때 자신감을 가질 수 없다.			
37	뭔가를 할 때 잘 안되면 어쩌나 하고 불안해한다.			
38	남을 믿지 못할 때가 있다.			
39	장래에 대해 희망을 가질 수 없다.			
40	이것저것 쓸데없는 일만 생각하게 될 때가 있다.			
41	뭔가를 정할 때 우물쭈물하여 좀처럼 결정을 내리지 못한다.			
42	어떤 일을 적극적으로 해내지 못한다.			
43	주위 사람들이 자신에게 거는 기대를 짐스러워할 때가 있다.			
44	직책에 부담을 느낀다.			
45	어디서나 마음이 안 맞는 사람이 있어서 곤란할 때가 있다.			
46	여러 가지 규칙이나 관습이 매우 귀찮게 여겨진다.			
47	환경을 극복하고 일을 진행해 나갈 수 있을까 불안해진다.			
48	힘들 때 언제든지 상담할 수 있는 친구가 없다고 생각한다.			
49	내 노력을 정당하게 평가해 주는 사람이 있었으면 좋겠다고 생각한다.			
50	모든 것을 다 내팽개치고 싶어질 때가 있다.			
	총 점			

출처 : 무라카미 마사토 · 노리오카 다카코, 배정숙 역(2002). 더 이상 스트레스는 없다 내용 수정.

자신의 연령대에 기재되어 있는 점수를 자신의 총점과 비교한 후 1~5단계까지의 평가 단계를 확인한다.

✤ 종합점수 5단계 평가

단계	19세 이하	20대	30대	40대	50대	60대
5	54~100	53~100	54~100	53~100	49~100	42~100
4	40~53	38~53	38~53	37~52	34~48	27~41
3	27~39	23~37	22~37	21~36	19~33	12~26
2	14~26	8~22	6~21	5~20	4~18	0~11
1	0~13	0~7	0~5	0~4	0~3	-

자신의 스트레스 단계를 확인한 후 다음에 제시되어 있는 각 단계별 증상들을 살펴본다.

✤ 스트레스 5단계 평가 내용

단계	구분	내용
5 단계	중증(만성) 스트레스 단계	일상생활에 지장을 초래할 정도의 스트레스 상태에 빠져 있을 우려가 있다. 심신증이나 우울증에 빠져 있을 가능성도 있으므로 전문가의 조언을 받을 필요가 있다.
4 단계	스트레스 심화단계	본격적인 스트레스 상태에 빠지고 있는 중이다. 신체증상 중에서도 만성 스트레스 증상(1, 4, 13, 15, 16, 18, 21, 22, 23, 25, 28, 29, 30)에 1점이나 2점이 10개 이상이라면 정신건강의학과에서 상담을 받아보는 것이 좋다.
3 단계	평균적인 스트레스 단계	다양한 스트레스에 시달리면서도 어떻게든 잘 처리할 수 있는 단계이다(초기 스트레스 상태). 더 이상 스트레스가 쌓이지 않도록 주의할 필요가 있다.
2 단계	거의 스트레스를 느끼지 않는 단계	가벼운 스트레스가 있지만 거의 영향을 받지 않는 단계다. 평소의 식사, 휴식, 수면 등에 신경을 쓸 필요가 있다.
1 단계	스트레스가 없는 단계	스트레스가 거의 없는 상태다. 몸도 마음도 건강하고 가볍다. 단, 너무 일하기 좋아하는 사람은 몸에 이상이 있어도 스스로 잘 느끼지 못하는 경우가 있으므로 주위 사람들을 통해 체크를 받아보자.

출처 : 무라카미 마사토 · 노리오카 다카코, 배정숙 역(2002). 더 이상 스트레스는 없다 내용 수정.

4. 스트레스로 인한 증상

스트레스 정도와 개인차에 따라 나타나는 증상들은 다양하다. 스트레스 정도가 아주 심하거나 스트레스 상황이 오래 지속되면 병으로 발전하고 거기에는 여러 증상들이 나타날 수 있다. 다리 떨기와 같은 아주 가벼운 증상에서부터 어지러움이나 가슴통증과 같은 위험한 증상에 이르기까지 스트레스로 인한 증상들은 매우 다양하다. 흔히 몸이 불편한 곳이 있어 병원을 찾아 검사를 한 후 특별한 병이 발견되지 않을 경우 의사로부터 스트레스 때문이라는 이야기를 듣게 된다. 이는 스트레스로 인한 증상들이 매우 다양할 수 있다는 것을 보여주는 것이다. 〈표 9-1〉은 이러한 스트레스 증상들을 정리한 것이다.

〈표 9-1〉 스트레스로 인한 증상

구 분	증 상
정신적 증상	불안, 초조, 우울, 근심, 걱정, 허무감, 신경과민, 불면, 집중력 저하, 기억력 감퇴, 의욕저하
신체적 증상	두통, 어지러움, 심계항진(가슴 두근거림), 가슴이 답답함, 가슴통증, 식욕부진, 소화불량, 설사나 변비, 전신 근육의 경직이나 통증(주로 뒷목이나 어깨), 전신무력, 팔다리가 저리거나 차가움, 피로, 상열감(上熱感), 땀
행동적 증상	손 비비기, 다리 떨기, 손톱 깨물기, 활동성 저하, 과격한 행동, 푸념과 하소연, 욕설, 울음, 과음, 지나친 흡연, 과식, 식사 거부

출처 : 김지혁 · 안지용(2007). 스트레스와 몸 · 숨 · 맘 수련법.

스트레스가 장시간 지속될 경우 단순한 행동적 증상보다 심각한 신체적 증상이 나타날 수 있다. 가볍게는 식욕부진이나 피로에서부터 가슴의 통증이나 심장질환 등으로 발전할 수 있다. 특히 현대인에게 가장 위협적인 질병 중 하나인 협심증, 심근경색 등의 심장병을 일으키는 주요 원인은 성격요인과 관련된 스트레스인 경우가 많다. 또 암, 고혈압, 당뇨병 등은 스트레스와 관련 있는 주요 질병이다. 이 밖에도 피부병, 요통, 관절염, 소화불량, 간 기능 장애, 두통 등이 스트레스와 관련 있는 질병들이다.

최근 취업이 많이 어려워지면서 취업준비생들의 취업준비 기간이 길어지고 있다. 이로 인해 취업준비생들이 취업 스트레스를 많이 경험하고 있다. 이러한 스트레스는 다양한 신체반응, 심리적 반응과 행동적 반응들을 유발할 수 있다. 〈표 9-2〉는 취업준비생들에게서 나타날 수 있는 스트레스 증상들이다.

〈표 9-2〉 취업 스트레스로 인한 증상

신체반응	두통, 요통 및 어깨 통증, 결림과 같은 근육통, 소화불량, 과민성 대장증후군, 오심과 구토, 설사 및 변비와 같은 위장관질환, 가슴 두근거림과 압박감, 어지러움, 피로감, 맥빠짐, 여드름과 탈모 등 피부문제, 안구건조증과 시력저하, 체중감소 및 증가, 생리불순 및 무월경 등
심리적 반응	불안, 짜증 및 우울, 주의 및 집중력의 저하, 산만함과 감각 예민성 증가, 강박증상의 증간, 자신감 저하 및 부정적 사고 등 인지오류, 이인증(자신의 심리과정이나 신체로부터 떨어져 있는 느낌)과 같은 비현실감, 충동 및 감정 억제력의 저하 등
행동적 반응	불면이나 과수면, 식욕저하 또는 식욕항진, 위축 및 포기, 대인기피, 음주 및 흡연 증가, 인터넷 및 오락중독, 이탈행위 등

출처 : 대한불안의학회 스트레스관리특별위원회(2010). 스트레스가 내 몸을 살린다.

5. 스트레스에 대한 개인차

동일한 외부 자극에 대해서도 어떤 사람들은 스트레스를 더 많이 받고 또 어떤 사람들은 스트레스를 덜 받는다. 또 스트레스를 받았을 경우에도 극복하는 정도에 차이가 날 수 있다. 이러한 것을 스트레스에 대한 개인차라고 한다. 이러한 개인차는 개인의 생각이나 외부 자극에 대처하는 자세에 따라 달라질 수 있다. 〈표 9-3〉은 개인의 스트레스 대처 유형들이다.

〈표 9-3〉 스트레스대처 유형

스트레스를 잘 극복하는 유형	스트레스를 잘 극복하지 못하는 유형
• 문제해결에 대한 기대감이 높고 좌절하더라도 실망하지 않는다. • 큰 문제를 해결 가능한 작은 문제로 나누고 해결해야 할 부분에 초점을 맞추어 행동한다. • 여러 대안을 검토해서 해결책을 선택하고 배수진을 쓰지 않는다. • 다른 사람의 의견에 대해 개방적인 자세로 수용한다. • 침착하고 감정 조절을 잘한다.	• 자신에 대한 기대치가 너무 높고 사고가 경직되어 있다. • 쉽게 타협하거나 다른 사람에게 부탁하는 것을 꺼린다. • 당면한 문제를 잘 인식하지 못하고 자신에게 주어진 상황을 부정하거나 합리화시키려 한다. • 자신이 정한 기준에 어긋나는 것을 허용하지 않는다. • 우유부단하고 대안을 쉽게 찾지 못한다.

스트레스를 잘 극복하고 관리하기 위해서는 긍정적인 생각을 가져야 하고 자신과 타인에게 관대해야 한다. 유연한 사고를 가지고 다양한 대안을 검토해서 문제해결에 집중할 수 있어야 한다. 이를 위해서는 타인의 의견을 존중하고 개방적인 자세로 사람들을 대하는 것이 필요하다. 아울러 지나치게 감정에 치우치지 않고 자신의 감정을 잘 다스리며 평정을 잃지 않는 것도 중요하다. 궁극적으로 스트레스를 잘 다스리기 위해서는 자신만의 스트레스 극복 방법을 개발하고 이를 습관화시키는 것이 필요하다(박윤희, 2018b).

6. 스트레스 관리

스트레스를 관리하는 측면은 신체적인 면과 심리적인 면으로 나누어 볼 수 있다.

1) 신체적 스트레스 관리

신체적인 면에서 스트레스를 관리하는 방법으로 운동, 식습관, 수면에 대해 살펴보자(박윤희, 2018b).

(1) 운동

운동은 스트레스 관리를 위해서도 바람직하지만 건강관리 측면에서도 꼭 필요하다. 운동을 할 때 특히 신경 써야 할 것은 자신의 나이와 신체적 능력에 맞는 운동 종목을 선택해야 한다는 것이다. 또 운동할 시간이 부족하다고 생각해서 한 번 하게 되면 여러 시간을 하는 경우가 있는데, 아무리 운동을 열심히 했다 하더라도 5일 정도 지나면 그 효과가 없어진다. 따라서 몰아서 운동하는 것보다는 규칙적으로 운동하는 것이 필요하다.

운동은 최소한 일주일에 3번 이상하고 한 번에 20분 이상 지속해야 하며 땀을 흘리는 운동을 하는 것이 좋다. 또 헬스클럽이나 운동기구가 있는 곳에 가지 않더라도 자신만이 즐길 수 있는 운동을 할 수 있다. 예를 들면, 빨리 걷기나 가벼운 달리기 등이 여기에 해당된다. 운동할 때는 식사 후 2시간 이후에 하는 것이 좋다. 운동 시작 전에 10분쯤 몸풀기가 필요하고 운동을 마무리할 때도 5분 이상 마무리 운동을 하는 것이 좋다.

(2) 식습관

스트레스에 좋은 음식으로는 먼저 검은깨, 호두 등의 견과류를 들 수 있다. 견과류는 스트레스로 인해 흩어진 기운을 잘 정리해 준다. 둘째, 대추, 꿀 등의 단맛을 내는 음식인데 인공적인 것이 아니라 자연에서 얻는 음식들이다. 단맛의 음식들은 내장과 심신의 긴장을 풀어준다. 스트레스로 인해 생긴 우울증의 경우 설탕을 과다하게 섭취하면 우울증이 악화되므로 이를 피해야 한다. 셋째, 쓴맛을 내는 음식인데 대표적인 것으로 씀바귀를 들 수 있다. 쓴맛은 분노로 인해 생긴 화를 내리는 역할을 한다. 넷째, 해독작용이 있는 음식으로 메밀과 녹두 등이 있다. 메밀과 녹두는 특히 스트레스로 인해 생긴 우리 몸의 좋지 않은 독소들을 제거하는 작용을 한다.

에너지 대사율을 높이는 차원에서도 식사는 규칙적으로 하는 것이 바람직하다. 우리 뇌는 포도당을 유일한 에너지원으로 하기 때문에 하루 세 끼 식사를 할 때

당분을 섭취하는 것은 매우 중요하다. 또 우리 몸의 근육, 피부, 혈관은 단백질 없이는 생성될 수 없고 스트레스가 쌓이면 부신피질 호르몬의 과잉분비에 의해 단백질 분해가 가속화된다. 따라서 양질의 단백질 섭취가 필요하다. 비타민과 미네랄 섭취를 위해서 채소는 하루 350g 이상 섭취해야 한다. 특히 제철 채소와 과일 등은 영양가가 높기 때문에 많이 섭취하는 것이 좋다.

시험기간에 스트레스를 받을 경우 허브티를 마시는 것이 좋다. 박하차나 로즈마리차의 부드러운 허브 향은 기분 전환을 시켜주며 신경을 안정시켜 주기 때문에 공부에 집중할 수 있게 도와준다. 라벤더, 로즈마리, 재스민 등의 허브는 내분비계를 조절해 기분을 밝게 만들고 집중력을 향상시켜 준다. 또 걱정거리가 생겼다면 푸딩, 바나나, 아이스크림, 삶은 감자 등 부드러운 음식이 좋은데, 혀를 자극함과 동시에 마음을 여유 있고 따뜻하게 만드는 효과가 있다(전도근 외, 2010).

(3) 수면

규칙적인 수면 시간을 갖는 것은 우리 몸의 긴장을 풀어주는 데 효과적이다. 이상적인 수면으로는 '신데렐라' 수면을 들 수 있다. 신데렐라 수면은 자정 이전에 취침하는 것이다. 수면이 부족할 경우 주말이나 여유 있을 때 한꺼번에 많이 자는 것으로 수면부족을 채우는 것은 바람직하지 않다. 잠을 몰아서 자게 될 경우 다음날 충분한 수면을 방해하기 때문에 규칙적인 수면 흐름이 깨지게 된다. 수면이 부족할 경우에는 일찍 수면을 취하는 것으로 해결해야 한다.

2) 심리적 스트레스 관리

심리적인 면에서 스트레스를 관리하는 방법으로 명상, 여가와 휴식, 그리고 긍정적 마인드에 대해 살펴보자(박윤희, 2018b).

(1) 명상

명상을 통해 생각에 집중하지 않고 생각을 내려놓을 수 있다. 또 생각이 아닌 마음으로 느끼는 것을 경험하게 된다. 명상을 위해 의자에 앉을 때에는 등을 꼿꼿하게 펴고 의자 등받이에 등을 기댄다. 양발을 모으고 양손을 가볍게 무릎 위에 올려 놓는다. 의자를 이용하지 않고 바닥에 앉을 때는 몸을 바르게 펴고 양반다리를 하고 양손을 양 무릎에 올려 놓는다.

명상을 하는 데 기본적인 호흡은 들이마시는 것보다는 내쉬는 호흡을 더 길게 하는 것이다. 먼저 세 번 천천히 깊은 호흡을 한다. 편안하다고 느껴질 때 눈을 감는다. 숨을 내쉴 때는 모든 무거운 마음이 사라진다고 생각하면서 숨을 내쉰다. 호흡을 반복하면서 편안한 상태가 되도록 하고 이를 10분에서 20분 정도 계속한다.

(2) 여가와 휴식

스트레스를 해소하기 위해서 자신만의 여가와 휴식을 즐길 수 있는 방법을 찾아야 한다. 이상적인 일과 휴식의 비율은 80대 20이다. 여가는 자신이 맡고 있는 모든 책임으로부터 자유로운 시간이다. 여가가 정신적 긴장을 풀어주는 삶의 활력소가 되기 위해서는 여가를 계획하는 것이 필요하다. 때로는 계획 없이 떠나는 휴가도 그것 자체가 계획인 셈이다. 휴가를 떠날 때는 일거리는 가져가지 않도록 한다. 여가를 즐기는 동안에는 자신이 하고 싶은 일을 하며 충분한 시간을 보내는 것이 필요하다.

자신에게 맞는 취미활동을 선택해 자신만의 시간을 보내는 것도 바람직하다. 뮤지컬이나 오페라 공연을 관람한다거나 영화를 본다거나 자신이 좋아하는 아티스트의 공연을 보는 것, 또 등산이나 트레킹을 하는 등 자신만의 취미활동을 찾아 즐기는 것도 필요하다. 취미활동의 경우 자신이 원하는 것을 선택하고 계획대로 할 수 있다는 것이 좋은 점이다.

(3) 긍정적 마인드

긍정적 마인드를 갖는 것은 스트레스 관리를 위해 매우 중요하다. 특히 10분간의 웃음은 10분간 노를 젓는 효과가 있다고 한다. 뿐만 아니라 웃음 띤 얼굴은 뇌를 이완시킨다. 따라서 자주 웃고 즐거운 마음을 갖는 것은 스트레스를 관리하는 좋은 방법이다.

개인의 성향에 따라서 분명한 결론을 내리는 것을 선호하는 사람들이 있다. 이들의 대부분은 하나의 정답을 찾기 위해 애쓴다. 이러한 흑백논리와 양자택일의 사고방식은 스트레스를 유발할 수 있다. 따라서 가능한 많은 전략과 전술 중에서 해결책을 선택하고 배수진을 치지 않도록 해야 한다. 이를 위해서는 다른 사람의 제안을 개방적인 자세로 수용할 필요가 있다.

긍정적 마인드를 갖기 위해서는 다른 사람을 인정하고 좋은 선입관을 가져야 한다. 스스로 자신을 다른 사람과 동등하게 대하려는 마음 자세도 필요하다. 자신과 다른 사람에게 감사하는 마음을 가져야 하고 다른 사람에게 칭찬을 많이 하는 것처럼 자기 자신에게도 칭찬을 많이 해야 한다.

7. 학습정리

1) 스트레스의 종류에 대해 설명한다.

2) 취업준비생에게 잘 나타나는 스트레스 증상에 대해 설명한다.

3) 스트레스의 개인차에 대해 설명한다.

4) 신체적 스트레스 관리 방법에 대해 설명한다.

10
CHAPTER

마스터 이력서

10장에서는 자신의 취업준비 상태를 점검해 보고 취업준비 시 고려할 사항에 대해 검토한다. 또 취업준비를 위해 가장 중요한 서류인 마스터 이력서와 마스터 자기소개서의 개념에 대해 살펴보고 마스터 이력서의 작성법에 대해 알아본다. 마스터 자기소개서 작성을 위해 필요한 역사지도(history map)와 스토리보드(story board) 작성법에 대해 학습한다.

학습목표

1. 취업준비 상태를 점검하고 취업준비 시 고려할 점에 대해 살펴본다.
2. 마스터 이력서와 마스터 자기소개서의 개념을 이해하고 마스터 이력서의 구성요소를 이해한다.
3. 마스터 자기소개서 작성을 위한 역사지도와 스토리보드를 작성할 수 있다.

학습내용

Think Pocket
1. 취업준비
2. 마스터 이력서 작성
3. 내 삶의 역사지도
4. 스토리보드
5. 헤드라인
6. 이력서와 자기소개서 체크리스트
7. 학습정리

Chapter

10 마스터 이력서

Think Pocket

할매 집으로!

내 핸드폰 카메라 앨범에 2015년 7월 22일자에 찍힌 사진 한 장이 있다. 그 사진에는 다음과 같은 글이 적혀 있다.

> 할매 → 집으로
> 모든 것이 미흡했음에도
> 꽉 차고 넘치도록
> ○○○을 성원해 준
> 여러분
> 고마웠습니다.
> 여러분과 함께한 긴 세월
> 참으로 행복했습니다.
> 치열한 경쟁 속에서나마
> 밥 잘 먹고 건강하고
> 추구하는 일에 골인하기를
> 빕니다. 나는 손자들과
> 노닥거리며 세월을 보내겠어요.
> - ○○○ 할매 -

위의 글은 내가 재직하고 있는 학교 앞 음식점의 내려진 셔터 앞에 붙어 있던 종이 위에 쓰인 것이다. 종이 위에 손 글씨로 쓴 글을 그대로 옮겨 적은 것이다. 우연히 가게 앞을 지나던 중 손 글씨로 쓰인 글이 가슴에 잔잔한 울림으로 다가와 핸드폰으로 사진을 찍어 두었다. 나는 그 식당을 이용해 본 적이 없어서 할머니의 얼굴도 모른다. 그러나 글을 읽으면서 할머니의 감사하는 마음과 행복함에 대해 느낄 수 있었다.

오랜 시간 자신의 식당을 찾아준 학생들에 대한 감사함, 손자를 봐주는 할머니가 될 때까지 식당을 운영할 수 있었던 것에 대한 감사함이 느껴졌다. 그리고 자신의 일을 진정으로 사랑하셨던 것 같다. 할머니에게는 이 땅에 미래의 희망이 될 젊은이들에게 자신의 손맛으로 따뜻한 음식을 만들어 준 것이 의미 있는 일이었는지도 모르겠다. 그냥 그런 마음이 느껴졌다(박윤희, 2022).

> "당신이 이 병원에서 하는 일은 무엇입니까?
> "나는 환자들이 회복해서 빨리 집으로 돌아갈 수 있도록 돕는 일을 하고 있습니다."

미국의 한 심리학자가 이웃에 살고 있는 친구의 병문안을 갔다. 그가 친구의 병실을 방문했을 때 누군가 병실의 그림을 바꿔 달고 있었다. 심리학자가 그에게 물었다. 그의 직업은 병원 청소부였다. 환자들의 토사물을 치우고 병실을 정리하는 일을 했고 그림을 주기적으로 바꿔 다는 일도 그의 일 중에 하나였다. 긍정심리학자인 셀리그만(M. Seligman)의 일화이다(Seligman, M. E. P., 김인자 · 우문식 공역, 2014).

결국 직업은 삶에서 의미를 찾고 그 의미를 실현해 나가는 하나의 방법이며 과정이다. 또 인간으로서 자신이 원하는 삶을 살고자 하는 노력의 일환이다. 직업은 사회의 구성원으로 역할을 수행하게 하고 이타성을 발휘하게 하며 이로 인해 살아 있다는 존재가치를 느끼게 해줄 뿐 아니라 경제적으로도 삶을 살아가게 하는 원동력이 된다. 이 세상에 의미 있는 일은 무수히 많다. 그 어떤 일도 의미 없는 일은 없다. 문제는 자신이 하고 있는 일이 진정으로 자신이 원하는 일인지, 그리고 그 안에서 삶의 의미를 찾을 수 있는지에 대한 것이다.

1. 취업준비

취업준비를 위해서 나는 어느 정도의 능력을 갖추고 있는지, 내가 도전해 볼만한 회사의 수준은 어느 정도인지 먼저 파악할 필요가 있다. 명시적으로 제시되어 있는 것은 아니지만 모든 회사들이 동일한 수준의 직원을 채용하는 것은 아니다. 또 암묵적으로 인정되는 회사 수준과 지원자 수준이 정해져 있다고 볼 수 있다. 따라서 자신이 어느 수준의 회사에 지원 가능한지 먼저 파악하기 위해서 자신에 대한 이해와 준비 상태에 대한 점검이 필요하다.

1) 취업준비 상태 점검

취업준비 상태 점검은 이 책의 앞 부분에서 살펴본 바와 같이 자신의 성격, 직업에 대한 적성과 흥미는 물론 학교 성적과 영어 점수 등 취업준비 상태를 점검하는 것을 말한다. 먼저 자신의 성격, 직업에 대한 적성과 흥미, 가치관 등을 토대로 자신이 희망하는 직업 분야를 결정하는 것이 필요하다. 특정 기업에서 업무 분야별로 최고의 스펙을 가진 신입사원들을 채용했었다. 하지만 신입사원들 중 상당수가 입사한 지 얼마 되지 않아 퇴직하는 일이 발생하였다. 그 이유는 주어진 일이 자신의 기대치에 못 미치는 일이었기 때문이다. 아주 우수한 사원에게 난이도가 높지 않고 동일한 일을 반복적으로 수행해야 하는 업무배정이 문제가 된 것이다. 이럴 경우 지원자의 성격, 직업에 대한 적성과 흥미, 가치관은 매우 중요하다. 그렇기 때문에 취업을 준비하는 입장에서 자신이 어떤 분야의 일을 잘 해낼 수 있을 지에 대해 고민하는 것은 취업 전 반드시 필요한 일이다.

그 다음으로는 학교 전공과 성적에 대한 점검이다. 특히 학교 성적은 취업을 위해 매우 중요한 부분이다. 과거에 대학성적은 평점 3.0 이상을 기준으로 했다면 최근에는 성적 기준이 높아지고 있을 뿐만 아니라 암묵적으로 인정되고 있는 학교의 수준에 따라서도 성적 기준은 다르게 평가되고 있다. 따라서 자신의 학교 성적은 물론 자신의 학교 수준에 대해서도 객관적인 평가를 해볼 필요가 있다.

이제 영어는 특별한 능력이 아니라 취업을 준비하는 사람이면 누구나 갖추어야 할 기본 능력이 되었다. 또 영어를 읽고 이해하는 능력 중심에서 영어로 직접 듣고 말하는 능력 중심으로 평가 기준이 달라지고 있다. 이를 반영하여 기업들이 TOEIC 점수보다는 TOEIC SPEAKING 점수나 OPIC 점수를 필수로 제출하도록 요구하고 있다. SPEAKING 점수 이외에 TOEIC 점수가 있다면 별도로 제출할 수 있다. 따라서 자신의 영어 말하기 수준에 따라 지원할 수 있는 기업이 달라진다는 점을 인식하고 이에 대한 점검이 필요하다.

다음으로 점검해야 할 것은 자격증 취득사항이다. 자신이 보유한 자격증을 확인하고 취업하고자 하는 분야와의 관련성을 분석할 필요가 있다. 특히 자신이 지원하는 분야의 직무와 관련된 필수 자격증을 확인하고 취업 전에 취득해야 한다.

취업준비를 위해 가장 중요한 것은 경력사항이다. 특히 인턴십이나 현장실습 경험 등은 당락에 영향을 미칠 수 있는 중요한 요소이다. 따라서 취업을 준비하는 입장에서 경력사항에 대한 철저한 준비가 필요하다.

다음은 수상경력이다. 여기에는 공모전, 경진대회 수상경력과 함께 장학금 수혜 경험이 포함된다. 이 외에도 교내외 활동으로 동아리활동, 봉사활동, 학생회활동, 소모임활동 등을 점검해 보아야 한다. 또 직무에 따라 해외경험이 중요할 수 있다. 이 부분에 대한 점검도 필요하다.

❖ 취업준비 상태 점검표

점검사항	준비 상태
직업적성, 흥미, 가치관에 맞는 희망직무(직업)	
학교 전공	
학교 성적(평점)	
영어 점수	
자격증	
경력사항 (인턴십, 현장실습, 프로젝트, 아르바이트 등)	
수상경력(공모전, 경진대회, 장학금 수혜)	
교내외 활동 (동아리활동, 봉사활동, 학생회활동, 소모임활동 등)	
해외 경험	
기 타	

2) 취업준비 시 고려할 점

다음은 취업을 준비할 때 고려해야 할 사항들이다.

첫째, 명함을 만들어라. 명함은 보통 직업을 가진 사람이 자신을 알릴 수 있는 방법으로 사용하는 것이다. 하지만 가끔 명함을 가지고 다니며 자신을 소개하는 대학생들을 만날 때가 있다. 한편으로는 당돌해 보이기도 하고 또 한편으로는 엉뚱해 보이기도 한다. 하지만 이들에게서 느껴지는 긍정적인 면은 적극성이다. 자신이 만나는 모든 사람은 자신의 미래와 관련된 사람이고 또 자신의 취업과 관련된 사람일 수 있다. 따라서 자신을 홍보하는 일은 입사지원서를 작성하는 일만큼 중요하다. 명함을 만들라는 의미는 정말로 명함을 만들라는 것이 아니라 취업을 하는 데 그만큼 적극성을 가지라는 말이다.

둘째, 한 우물을 파라. 취업을 준비하는 학생들 사이에 지원서를 100통 정도 쓸 생각을 하라는 말이 있다. 이는 취업이 그만큼 어렵다는 것을 방증하는 것이다. 취업에 성공하기 위해서는 무엇보다 집중해야 하는 직무를 정하는 것이 중요하다. 그 다음으로는 자신의 취업준비 상태를 점검하고 자신에게 가능성이 있는 회사 수준을 결정해야 한다. 그래서 집중적으로 공략해야 하는 몇 곳의 회사들을 선정하고 여기에 집중해야 한다. 물론 몇 곳의 기업에만 지원서를 제출하라는 것은 아니다. 그런데 많은 기업에 지원서를 제출하다 보면 정작 자신이 집중해야 하는 기업에는 소홀할 수 있다. 이것이 문제라는 것이다. 따라서 자신이 집중해야 하는 회사들에 대한 정보를 구체적으로 파악하고 취업준비를 해야 한다.

셋째, 창의력을 발휘하라. 기업체 인사담당자들은 많은 지원서를 접하기 때문에 비슷한 내용의 이력서와 자기소개서를 쉽게 구별해 낸다. 또 작성 내용이 좋기는 하지만 어디선가 본 듯한 내용이고 다른 지원자들과 차별성이 없는 것까지도 구별해 낸다. 취업정보 사이트나 취업카페에서 얻은 모범답안을 제시한다면 좋은 결과를 기대하기 어렵다. 따라서 자신만의 차별성을 부각시킬 수 있도록 창의력을 발휘해야 한다. 그러기 위해서는 다른 사람들이 작성한 이력서나 자기소개서를 많이 보지 않는 것도 하나의 방법이다. 형식 정도만을 참고하고 나머지 내용은 자신의 글로 표현하는 것이 좋다.

넷째, 가슴 뛰는 일을 찾아라. 흔히 직업에는 귀천이 없다고 한다. 하지만 이 좋은 말이 자신의 직업을 선택할 때는 해당이 없는 말이 된다. 모든 사람들이 그런 것은 아니지만 많은 사람들은 자신이 희망하는 일이나 직업을 가지고 있다. 하지만 여러 이유로 인해 그 직업을 갖지 못하는 경우가 발생한다.

한 방송사의 TV 프로그램을 통해 미국에서 공인회계사 시험에 합격하고 한국에서 무명의 연극배우를 하고 있는 사람의 인터뷰를 본 적이 있다. 그 사람이 받는 월 급여는 100만 원이 채 안되었지만 너무 행복해 보였다. 연극배우라는 직업이 그에게는 가슴 뛰는 일이기 때문이다. 이처럼 사회적 성공기준이나 금전적인 것은 중요하지 않을 수도 있다. 정말 중요한 것은 과연 그 일이 내 가슴을 뛰게 하는 일인가 하는 것이다. 이런 일을 선택할 수만 있다면 행복한 삶을 영위하는 데 큰 힘이 될 것이다.

다섯째, 지피지기면 백전불태(知彼知己 百戰不殆)이다. 내가 취업을 하는 데 채용에 대한 결정권을 가지고 있는 주체는 기업이다. 따라서 내가 입사하고자 하는 기업에 대한 정보를 분석하고 거기에 맞게 나를 준비하는 것은 취업을 하려는 사람이 갖추어야 할 기본 자세이다. 그러기 위해서 나에 대한 분석도 중요하지만 내가 지원하는 기업에 대한 분석도 매우 중요하다. 따라서 기업에 대한 구체적이고 정확한 분석과 함께 그들이 원하는 인재상에 대한 면밀한 검토가 필요하다.

3) 이력서와 자기소개서의 역할과 중요성

취업을 준비하는 데 이력서와 자기소개서는 반드시 작성해야 하는 필수 서류이며 자신이 가진 모든 것을 한번에 보여줄 수 있는 유용한 도구이다. 기업에서는 정해진 기간 이내에 제출된 이력서와 자기소개서를 검토하고 자신들이 채용하고자 하는 분야에 적합한 인재들을 선발한다.

이력서와 자기소개서는 보통 지원회사에서 제시한 양식에 따라 작성하게 된다. 물론 경우에 따라서는 자유양식으로 이력서와 자기소개서를 작성하게 되는 경우도 있다. 이력서 작성의 경우 보통 문구점에서 파는 이력서는 사용하지 않는 것이 좋다. 가급적 온라인상에서 많이 이용되는 이력서 양식을 사용하거나 자신의 장점을 드러낼 수 있도록 이력서 양식을 직접 만들어서 작성하는 것이 바람직하다.

자유양식으로 작성하는 자기소개서는 기업이 자기소개서 항목을 제시하지 않기 때문에 지원자가 스스로 항목을 선택해서 작성해야 한다. 이 경우는 보통 4개 항목, A4용지 2장 정도로 작성하는 것이 바람직하다. 글자크기는 10 또는 11point로 작성하고 줄간격은 single space로 작성하는 것이 좋다. 자유양식의 자기소개서에 포함되는 4개 항목은 직무역량, 지원동기 및 입사 후 포부, 성장과정, 성공경험이다. 그러나 지원자에 따라서 성공경험 항목에 마땅한 사례가 없을 수도 있다. 이 경우는 성공경험 항목 대신 성격 장단점 항목으로 대체하여 작성할 수도 있다.

이력서와 자기소개서 작성은 취업으로 가는 데 반드시 거쳐야 하는 중요한 절차이자 관문이다. 취업을 위해서는 여러 절차를 거쳐야 한다. 보통 이력서와 자기소개서를 제출하고 이를 심사받는 것을 서류전형이라고 한다. 서류전형이 통과된 경우에 한해 인·적성검사, 면접, 신체검사 등의 이후 과정이 진행된다. 그러므로 이력서와 자기소개서는 취업에 성공하기 위한 첫 번째 관문이다.

4) 마스터 이력서와 자기소개서

마스터 이력서와 자기소개서는 이직이나 전직이 많은 현대인들에게 지원서류를 제출할 때마다 작성내용이 달라질 수 있다는 점을 감안하여 작성을 권유하는 서류이다. 마스터 이력서와 자기소개서를 작성해 두면 이력서와 자기소개서를 제출할 때마다 별도로 다시 이력서와 자기소개서를 작성해야 하는 번거로움과 시간 낭비를 줄일 수 있다. 이력서와 자기소개서를 항목별로 나누어 작성해 두면 지원 시 요구하는 사항이나 채용 유형에 따라 마스터 이력서와 자기소개서의 작성내용에 변화를 줄 수 있다.

마스터 이력서와 자기소개서는 업무경험, 교육훈련, 성과 및 업적 등을 모두 한 곳에 모아 놓은 서류이다. 이는 취업에 유용한 개인 정보를 한곳에 모아 놓은 것인데, 개인에 따라 4페이지에서 20페이지 정도될 수 있다. 여기에는 아르바이트 경험, 인턴십 경험, 정규직 경험, 봉사활동 경험 등이 모두 기재되어야 한다. 또 담당했던 업무와 책임, 중요한 임무, 특별 프로젝트와 그 성과 등이 모두 포함되어야 하고 학위, 자격증 취득 일자와 학점, 수상내역 등도 기재해야 한다.

ㄹ. 마스터 이력서 작성

마스터 이력서에 기재해야 할 항목들은 다음과 같다. 각 항목에 대해 좀 더 구체적으로 살펴보자(박윤희, 2018b).

1) 인적사항

(1) 성명

성명의 경우 한글, 한문, 영문을 모두 기재한다. 한문과 영문 성명의 경우는 오자가 발생하지 않도록 잘 기재한다. 한글의 경우도 주민등록상에 기재되어 있는 성명을 기재한다. 영문 이름은 가급적 여권의 이름을 사용하는 것이 좋다.

(2) 주민등록번호, 생년월일 및 연령

주민등록번호는 주민등록상의 번호를 기재하고 생년월일은 주민등록상의 생년월일을 기재한다. 연령의 경우 만 나이 개념이 없어졌기 때문에 통일된 나이로 기재한다.

(3) 주소 및 연락처

원적과 본적의 주소도 기재한다. 현 주소의 경우 주민등록상의 주소를 기재한다. 연락처의 경우 자택 전화번호와 핸드폰 번호를 적는다. 만약의 경우를 대비해 긴급연락처를 별도로 기재해 둘 필요가 있다. 요즈음은 기업에서 실제 이메일로 많은 업무를 처리하기 때문에 지원 시 이메일 주소는 반드시 적어야 한다.

(4) 가족관계

부모, 형제, 자매 등의 순으로 기입한다. 부모가 사망했어도 부모를 모두 기재하고 근무처란에 사망이라고 기재한다. 부모, 형제, 자매의 성명, 연령, 최종학교, 근무처, 직위 등을 모두 기재한다. 최근에 가족관계 항목은 주요 대기업을 중심으로 지원서에서 삭제되는 추세이다. 그러나 중견기업이나 중소기업 등에서는 작성을 요구할 수도 있는 항목이다. 따라서 내용을 미리 작성해 둔다면 지원서를 작성하는 데 시간을 절약할 수 있을 것이다.

2) 학력사항

초등학교, 중학교, 고등학교, 대학교, 대학원 순으로 입학, 졸업일자를 자세히 기록하고 학적 변동사항이 있는 경우 이에 대해서도 함께 기재한다. 학창시절에 특이사항이 있는 경우 이를 간략하게 기재해 둔다. 고등학교를 검정고시로 마친 경우에도 그에 해당되는 내용을 기재한다. 대학 편입학의 경우 편입 이전의 학교와 편입학한 학교에 대해 모두 기재한다. 대학과 대학원의 학점도 기록해 둔다.

3) 경력사항

기업에 제출하는 이력서의 경력사항은 증빙서류를 제출할 수 있는 경우에만 기재하는 것을 원칙으로 한다. 반면 자기소개서에 기재하는 경력내용은 증빙서류를 제출할 수 없는 경우에도 작성할 수 있다. 따라서 마스터 이력서의 경력사항란에는 모든 경력내용을 기재해 두는 것이 바람직하다. 직무관련 인턴십, 현장실습(직장체험), 프로젝트 경험, 아르바이트, 직장 근무경력 등의 기간, 근무기관, 담당업무, 성과 등을 중심으로 기재한다.

직무관련 프로젝트 경험의 경우 보수를 받지 않고 진행했던 학교 수업시간의 프로젝트 경험부터 외부기관에서 진행했던 직무관련 프로젝트 경험, 그리고 보수를 받고 진행했던 프로젝트 경험까지 모두 기재한다.

4) 교육 및 연수사항

학교 공부 이외에 해외 어학연수 경험이나 외부 기관에서 직업훈련(교육) 이수 경험이 있는 경우 그 사항을 모두 자세하게 기재한다. 해외 어학연수의 경우 연수 기간, 언어, 국가, 기관 등을 모두 기재한다. 직업훈련(교육) 이수경험은 훈련기간, 훈련기관, 과정명, 연수내용 등을 자세히 기재한다.

5) 자격사항

국가공인자격증, 면허증, 민간공인 및 비공인 자격증의 자격명, 취득일, 자격 수여기관을 기재한다.

6) 외국어 및 컴퓨터 활용능력

외국어 시험 성적증명서가 있는 경우 그 점수를 기재하고 외국어 능력을 상, 중, 하로 기재한다. 컴퓨터 활용능력에 대해 사용 가능한 Tool별로 자신의 컴퓨터 활용능력 수준을 기재하고 실제로 활용한 경험을 간략히 기재한다. 컴퓨터 활용능력 자격증의 경우 자격사항에 기재한다.

7) 교내외 활동

교내외에서 수행했던 다양한 활동들을 모두 기재한다. 여기에는 동아리활동, 봉사활동, 학생회활동, 소모임활동 등이 모두 포함되어야 한다. 활동기간, 활동명과 활동내용을 자세히 기재한다.

8) 장학금 수혜 및 수상경력

장학금 수혜 경험과 교내외 수상경력은 수상일자, 수상내용, 수여기관, 부상(장학금 포함)에 대해 구체적으로 기재한다. 기업에 지원하는 이력서를 작성할 때 장학금 수혜 경험은 수상경력란에 기재한다. 성적우수 장학금을 여러 차례 수혜한 경우 기간을 묶어서 한 번으로 기재한다.

9) 군경력 사항

병역내용, 복무기간, 군, 병과, 계급, 병역면제 사유 등을 상세히 기재한다. 군경력 중 자기소개서에 기재 가능한 특이사항이 있다면 100자 정도로 정리해 둔다.

10) 취미, 특기, 존경하는 인물

취미, 특기, 존경하는 인물과 존경하는 이유에 대해 기재한다. 특히 취미나 특기는 이력서에 기재할 때 세심한 주의가 필요한 부분이다. 이 부분에 대해서는 면접 시 면접관이 질문을 할 수 있기 때문이다. 따라서 취미란에는 자신이 정말 좋아하는 것을, 특기란에는 실제 잘하는 것을 기재해야 한다.

존경하는 인물과 존경하는 이유 역시 동일하다. 다만, 존경하는 인물을 적을 때 부모님은 가급적 적지 않는 것이 좋다. 부모님은 당연히 존경해야 하고 존경하는 이유가 특별히 없기 때문이다.

기업이 존경하는 인물을 적으라고 하는 이유는 지원자의 삶의 가치관에 대해서 알고 싶기 때문이다. 따라서 조직의 구성원으로 적합한 가치관을 드러낼 수 있는 인물을 적을 필요가 있다. 존경하는 인물을 작성할 때 가급적 어느 정도 인지도가 있는 인물을 선정할 필요가 있다. 인지도가 너무 떨어지는 인물을 선택할 경우 면접에서 집중적인 질문을 받을 수 있다. 따라서 어느 정도 인지도가 있는 인물들 가운데 선정하는 것이 바람직하다.

11) 사 진

최근에 기업에 지원할 때 사진제출이 필수가 아니라 선택인 경우가 많다. 그렇다 하더라도 정성스럽게 잘 준비된 사진을 제출하는 것은 서류전형에 도움이 될 수 있다. 따라서 정성이 많이 들어간 느낌이 드는 사진을 준비한다. 정장을 착용한 사진을 준비하는 것이 좋다. 편안하고 밝은 표정의 규격에 맞는 사진을 준비하고 온라인 지원 시 파일로 첨부할 수 있도록 사진을 파일로도 준비한다.

3. 내 삶의 역사지도

최근에 기업에서 요구하는 자기소개서는 지원자 개인의 삶의 역사에 관한 것이다. 어떤 사건들을 통해 무엇을 배우고 어떻게 성장했는지, 그리고 자신이 왜 유능한 인재인지, 자신의 삶의 역사가 지원회사와 어떠한 관련성을 갖는지에 관한 것들이다. 따라서 자기소개서를 잘 쓰기 위해서는 자신이 살아온 삶의 역사지도(history map)를 그려볼 필요가 있다. 역사지도를 그리는 가운데 자신이 했던 다양한 경험들에 대해 생각해 보고 이를 정리할 수 있다. 이때 사용할 수 있는 방법이 마인드 맵(mind map) 작성법이다.

역사지도는 3개의 주요 시점을 선정해서 작성할 수 있다. 역사지도의 가운데 원 안에는 현재까지 자신의 삶을 정의할 수 있는 핵심 단어를 1개 정도 적는다. 3개의 큰 가지는 자신의 출생부터 현재에 이르기까지 시점들을 구분하는 틀이 된다. 다음은 시점선택의 예시이다.

(예시) 첫 번째 시점 : 출생에서 고등학교 졸업까지 시기
　　　두 번째 시점 : 대학생활 전반기
　　　세 번째 시점 : 대학생활 후반기

위의 각 시기는 개인에 따라 선택해서 작성이 가능하다. 특히 대학생활 전반기와 후반기는 자신의 선택에 따라 시기를 구분할 수 있다. 군생활 경험이나 휴학 경험 등은 시기를 구분하는 주요 사건이 될 수 있다. 각 시기에 자신이 경험했던 사건들을 중심으로 핵심 단어만을 기록한다. 아주 작은 사건에서부터 자신의 삶에 중요한 영향을 미친 사건에 이르기까지 빠놓지 않고 모두 기록해야 한다. 역사지도는 다음에 학습할 스토리보드의 토대가 될 수 있기 때문에 마스터 자기소개서 작성을 위해서 가장 중요한 기초 단계가 된다.

✥ 역사지도

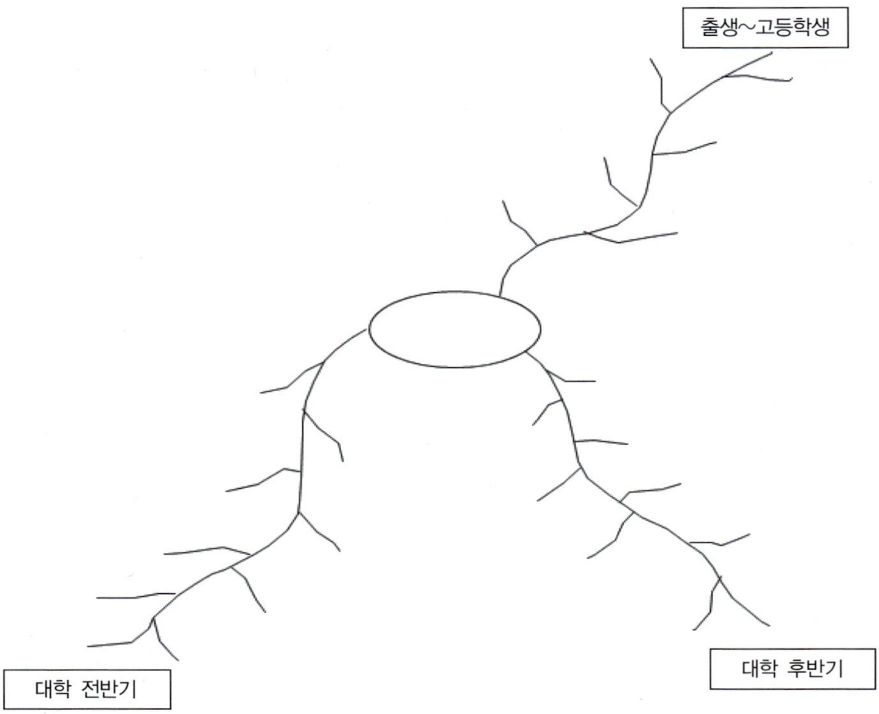

4. 스토리보드

역사지도 그리기를 통해 발견한 자신의 삶의 역사를 중심으로 자기소개서 항목별 스토리보드(story board)를 작성한다. 자기소개서 작성 전에 스토리보드를 먼저 작성해야 하는 이유는 완성도 높은 자기소개서를 작성하기 위한 것이다. 사람들이 보통 그림을 그리기 위해서는 스케치, 즉 밑그림을 먼저 그리고 그림을 그린다. 만약 밑그림을 그리지 않고 그림을 그린다면 전체적인 구도의 문제가 생길 수 있고 결과적으로 자신이 원하는 그림을 그릴 수 없게 될 것이다.

우리가 자기소개서를 잘 작성하지 못하는 이유는 이러한 밑그림인 스토리보드 없이 자기소개서를 작성하기 때문이다. 많은 사람들이 자기소개서를 작성할 때 첫 문장부터 쓰려고 한다. 이는 글 쓰는 순서를 잘 모르고 거꾸로 자기소개서를 작성하는 것이다. 자기소개서의 첫 번째 문장은 특히 작성하기 어렵다. 그 이유는 작성한 자기소개서의 내용을 전체적으로 정리하는 것이고 전체 내용을 대변하는 것이기 때문이다. 따라서 자기소개서의 첫 문장은 자기소개서를 다 완성한 후에 전체 내용을 대변할 수 있도록 살짝 올려놓듯이 작성해야 한다.

스토리보드에서 가장 먼저 작성해야 할 부분은 사례 부분이다. 사례는 다른 사람에게 자신의 이야기를 들려주는 것처럼, 즉 스토리텔링하는 것처럼 이야기를 처음부터 끝까지 시간의 흐름에 따라 순차적으로 작성해야 한다. 그리고 그 다음은 맺음말을 작성한다. 맺음말은 먼저 작성한 사례 부분의 내용을 기초로 본인의 각오를 포함하여 작성한다. 마지막으로 첫 문장을 작성한다. 첫 문장은 간결하지만 이미 기술한 사례와 맺음말을 요약, 정리한 내용으로 적어야 한다. 이러한 스토리보드에 따라 자기소개서를 작성할 경우 서론, 본론, 결론을 논리적이고 설득력 있게 구성할 수 있다. 스토리보드를 잘 작성하게 된다면 자기소개서의 골격이 되는 내용을 잘 작성하게 될 것이고, 이는 결국 완성도 높은 자기소개서를 작성하는 토대가 될 수 있다(박윤희, 2018b).

❖ 스토리보드 작성방법

첫 문장	전체 내용을 요약, 정리하는 내용으로 간결하게 작성
사 례	시간의 흐름의 순서에 따라 자신의 경험을 구체적으로 서술 타인에게 자신의 이야기를 들려주는 것처럼, 즉 스토리텔링하는 것처럼 작성
맺음말	입사 후 어떻게 일하겠다는 자신의 각오를 담아서 작성

❖ 성공경험 스토리보드 예시

첫 문장	대학생활 중에 계획성과 준비성을 바탕으로 학과 MT 행사를 성공적으로 마무리한 경험이 있습니다.
사 례	• 대학 2학년 1학기 학과 총무 • 학과 MT를 계획하고 준비 • 희망하는 지역이나 숙소형태 조사 • 희망하는 이동수단 조사 • 희망하는 식사와 간식에 대한 조사 • 그동안 MT에서 실시했던 프로그램들에 대한 학생들의 선호도 조사 • 숙소 사전 답사 실시 • 재래시장과 마트 방문하여 식재료 구입 • 관광버스 회사에 가격을 문의하여 가장 좋은 교통편 선택 • 프로그램 선호도 조사를 통해 학생들이 가장 선호하는 MT 프로그램 구성 • 학년 전체가 함께 하는 장기자랑 프로그램, 같은 학년이 함께하는 학과 발전 방안에 대한 토론, 졸업한 선배들을 초청해 미리 듣는 직장생활이야기 등의 프로그램 구성 • 학생들에게 적극 홍보한 결과 200여 명의 학생들이 MT에 참여 • 계획대로 잘 진행되어 학생들로부터 재학 중 최고의 MT였다는 칭찬을 들음 • 계획성과 준비성을 발휘하여 얻은 값진 성공경험이라고 자부함
맺음말	꼼꼼히 계획을 세워 실천하는 계획성과 준비성을 바탕으로 ○○기관(기업)의 ○○ 직무에서 최고의 성과를 낼 수 있는 인재로 ○○기관(기업)의 발전에 기여하겠습니다.

❖ 윤리성 발휘경험 스토리보드 예시

첫 문장	대학생활 중에 A학점을 얻는 대신 제 자신과의 약속을 지키고 윤리성을 발휘한 경험이 있습니다.
사 례	• 대학 3학년 인사관리 전공과목 수강 • 매주 과제 1개씩을 10주 동안 제출하고 이를 근거로 학점부여 • 담당교수님은 4회 미제출로 B학점 부여 • 2회 미제출로 기억하고 있어서 담당교수님에게 A학점 요구 • 담당교수님이 의견을 수락하고 A학점으로 수정 • 집에 돌아와 과제 파일을 확인해 본 결과 미제출 4회 확인 • 정확한 사실을 밝히고 B학점을 받느냐, 거짓말을 하고 A학점을 받느냐 사이에서 갈등 • 한 과목의 학점을 잘 받는 것보다는 내 삶에서 진실되게 살자는 나와의 약속을 지키는 것이 더 중요하다고 판단 • 담당교수님에게 솔직하게 이야기하고 B학점을 받음

맺음말	눈앞의 이익에 흔들리지 않고 정직하고 진실되게 삶을 살고자 하는 신념을 바탕으로 ABC사가 소비자의 마음을 얻을 수 있는 윤리적인 기업으로 발전하는 데 기여하는 인재가 될 수 있도록 최선을 다하겠습니다.

스토리보드의 사례 부분은 문장으로 기재하지 않고 단어나 구로 시간의 흐름의 순서에 따라 작성한다. 이렇게 사례 부분을 작성해 놓으면 굳이 문장으로 작성하지 않더라도 자연스럽게 맺음말과 첫 문장을 쓸 수 있게 된다. 이 경우 사례 부분의 주요 키워드들을 맺음말과 첫 문장에 작성함으로써 논리적이고 설득력 있는 자기소개서 작성이 가능하다. 이렇게 스토리보드를 완성한 후 이를 문장으로 정리하면 자기소개서 작성이 마무리된다.

5. 헤드라인

헤드라인(headline, 소제목)은 자기소개서 각 항목별 소제목을 말한다. 헤드라인은 자기소개서 각 항목별로 작성한 내용을 충실하게 반영할 수 있도록 선택해서 작성한다. 헤드라인은 글을 쓰는 사람 중심이 아니라 자기소개서를 읽는 사람 중심으로 작성해야 한다. 즉, 이미 글의 내용을 잘 알고 있는 사람이 보고 이해하는 것이 아니라 글을 처음 보는 사람이 이해할 수 있도록 또 궁금해서 읽고 싶은 마음이 생기도록 작성해야 한다는 것이다. 헤드라인은 강렬하면서도 마음을 끄는 매력이 있어야 한다. 또 식상하지 않고 창의적이어야 하며 감성을 자극할 수 있는 내용이라면 더욱 좋은 헤드라인이 될 수 있다.

경우에 따라서는 사자성어나 격언, 위인의 말들을 인용할 수도 있다. 그러나 그 말들을 그대로 사용하기보다는 자신만의 스타일과 내용에 맞게 바꾸어서 사용하는 것이 좋다. 헤드라인을 잘 만들 수 있는 가장 좋은 방법은 자신이 작성한 자기소개서 내용 중에서 헤드라인으로 적당한 것을 골라 그대로 사용하는 것이다. 이 경우 새롭고 창의적일 수 있다. 특히 대화내용을 직접 인용한 것이 있다면 " ~ " 표시를 하고 대화 내용을 그대로 사용하는 것이 효과적이다. 다음은 헤드라인으로 좋지 않은 사례와 좋은 사례를 나열한 것이다.

✣ 헤드라인으로 좋지 않은 사례

막내 같지 않은 막내
○○ 동안의 ○○ 체험
메모하는 습관으로 단점을 극복하다
성실한 태도
열정
긍정적인 자세

헤드라인으로 좋은 않은 사례는 완전요약과 짧은 단어의 보통명사를 소제목으로 작성하는 것이다. 이는 바람직하지 않다. 완전요약의 경우는 굳이 자기소개서를 읽지 않아도 되고, 짧은 단어의 보통명사를 사용하는 경우는 성의가 없어 보일 수 있다. 헤드라인 작성 시 좋은 방법은 은유법, 비유법, 대유법을 사용하는 것이다. 물론 이 경우는 자기소개서 내용 중에 작성한 헤드라인을 설명하는 글이 나와야 한다. 이 점을 고려한다면 은유법, 비유법, 대유법으로 헤드라인을 작성할 수 있다.

✣ 헤드라인으로 좋은 사례

적자생존, 적는 자만이 살아남는다. (메모로 단점을 극복한 사례)
두드리면 열리지 않는다. 밀고 들어가야 열린다. (도전 또는 적극성을 발휘한 사례)
낮아지는 것이 높아지는 것이다. (리더십을 발휘한 사례)
배는 항구에 있으라고 만들어진 것은 아니다. (도전 또는 적극성을 발휘한 사례)
평온한 바다는 결코 유능한 뱃사람을 만들 수 없다. (어려운 환경을 극복한 사례)
"100통의 이력서"
"최연소 이사, ○○○" (포부나 비전을 작성할 경우)
"첫 번째 펭귄" (용기를 가지고 도전한 사례)
"반도 안 했다면 시작한 것도 아니다."
"○○○씨는 참 긍정적이야."

"자 이번 일은 ○○○에게 맡깁시다."
"Impossible? Yes, I'm possible"
"♬어려서부터 우리 집은 슈퍼를 했고요♬"
"오늘 걷지 않으면, 내일은 뛰어야 한다."
"♬○○ 스타일♬"
"○○아, 쉬엄쉬엄 해라."
"니가 해봤어!"

사실 특별히 좋은 헤드라인은 없다. 작성한 자기소개서 내용을 잘 반영하는 글이면 좋은 헤드라인이라고 볼 수 있다. 그럼에도 불구하고 문장을 작성하는 경우는 너무 길게 작성하지 않은 것이 좋다. 짧을수록 강렬하게 느껴지기 때문이다. 경우에 따라서는 높임말(경어)을 사용하기보다는 낮춤말(반말)을 사용하는 것이 효과적일 수도 있다. 이러한 점들을 고려하여 헤드라인을 작성한다면 좋은 헤드라인을 작성할 수 있다.

6. 이력서와 자기소개서 체크리스트(check list)

완성도 높은 이력서와 자기소개서를 제출하기 위해서 제출 전에 작성된 이력서와 자기소개서의 여러 항목들을 최종 점검할 필요가 있다. 아주 간단해 보이는 내용들이지만 대부분의 지원자들이 실수를 많이 하는 항목들을 정리한 것이다. 특히 지원기업명, 지원직무와 근무지역은 많은 지원자들이 오류를 범하는 항목이다. 따라서 이력서와 자기소개서를 제출하기 전에 점검항목들을 점검하고 확인하는 과정 중에 오류사항이 발견되었다면 이를 수정하여 지원서를 제출해야 한다.

✤ 이력서와 자기소개서 체크리스트

점검항목	확인(O, X)	수정할 내용
항목 누락 여부		
지원기업명		
지원직무		
근무지역		
긴급연락처와 이메일		
적당한 문장 길이		
헤드라인 작성		
오자나 탈자		
띄어쓰기		
글자 수		
주어 사용(저는, 나는 반복)		
부정적인 단어나 사례		
성격 장단점의 직무관련성		
기 타		

7. 학습정리

1) 취업준비 상태 점검 시 점검사항에 대해 설명한다.

2) 자유양식의 자기소개서를 작성할 때 작성 항목과 작성법에 대해 설명한다.

3) 마스터 이력서와 마스터 자기소개서의 개념에 대해 설명한다.

4) 스토리보드 작성방법에 대해 설명한다.

CHAPTER 11

마스터 자기소개서

11장에서는 마스터 자기소개서의 항목별 작성방법에 대해 살펴본다. 성장과정, 직무역량, 지원동기 및 입사 후 포부, 성공경험, 갈등극복경험/ 팀워크 발휘경험, 성격 장단점의 작성방법에 대한 설명과 더불어 각 항목별 스토리보드 예시를 함께 학습한다. 또 사회이슈, 창의성 발휘경험과 실패경험의 작성방법에 대해서도 구체적으로 살펴본다.

학습목표

1. 마스터 자기소개서 작성 시 유의할 점에 대해 이해한다.
2. 마스터 자기소개서의 항목별 작성방법에 대해 살펴본다.
3. 사회이슈, 창의성 발휘경험과 실패경험의 작성법에 대해 이해한다.

학습내용

Think Pocket

1. 마스터 자기소개서 작성 시 유의사항
2. 성장과정
3. 직무역량
4. 지원동기
5. 입사 후 포부
6. 성공경험
7. 갈등극복경험/ 팀워크 발휘경험
8. 성격 장단점
9. 기타(사회이슈/ 창의성 발휘경험/ 실패경험)
10. 학습정리

Chapter

11 마스터 자기소개서

Think Pocket

삶은 개구리 증후군

> 끓는 물에 들어간 개구리는 바로 튀어나오지만 서서히 데워지는 물에 들어간 개구리는 물이 뜨거워지는 것을 느끼지 못하고 결국에는 죽게 된다.

우리가 서서히 다가오는 변화에 민감하게 반응하지 못할 경우 도태될 수 있다는 것을 설명하기 위해 자주 인용되는 개구리 이야기이다. 그런데 이제 이런 이야기는 더 이상 통하지 않을 것 같다.

사실 이 삶은 개구리 증후군(Boiled frog syndrome)은 개구리를 대상으로 한 여러 실험연구에서 유래하였다(이한영, 2016). 1800년대 독일의 생리학자인 골츠(F. Goltz)는 영혼(soul)의 위치를 확인하기 위한 연구에서 뇌를 제거한 개구리는 물이 끓을 때까지 오래 남아 있지만 온전한 개구리는 물 온도가 섭씨 25도에 도달하면 뛰쳐나온다는 것을 확인하였다. 그 후 생리학자인 하인즈만(A. Heinzmann)과 프래처(C. Fratzscher)는 골츠의 연구결과와는 다소 상이한 결과를 발표하였다. 온전한 개구리조차 물을 아주 천천히 데우면 끓는 물에서 뛰쳐나오지 않고 죽게 된다는 것이다. 이는 서서히 진행되는 위험에 개구리가 반응하지 못한다는 것을 의미한다.

1800년대 후반 세지위크(William T. Sedgwick)는 자신의 연구논문을 통해 물 온도를 초당 0.002도씩 올리게 되면 2시간 30분 후에 개구리가 뛰쳐나오지 못하고 그대로 죽게 된다는 사실을 발표하였다. 세지위크는 과거 생리학자들 간 실험결과가 상이한 이유에 대해 물의 가열속도의 차이 때문이라고 주장하였다. 실제로 골츠는 분당 3.8도, 하인즈만은 분당 0.2도씩 물 온도를 높였다. 이를 바탕으로 세지워크는 아주 서서히 물을 데우면 개구리의 반사행동이 나타나지 않지만, 적당한 속도로 물을 데우면 개구리의 반사행동이 나타난다고 주장하였다.

2002년 오클라호마 대학의 동물학자인 허치슨(Victor H. Hutchison)은 최신 방법론을 적용해 개구리가 반사행동을 보이는 물의 가열속도 임계치를 분당 1.1도로 제시하였다. 즉, 분당 1.1도보다 빠른 속도로 물을 데우면 개구리가 데워지는 물에서 뛰쳐나오지만, 그보다 느린 속도에서는 그렇지 못할 가능성이 크다는 것이다.

하지만 최근 학계의 주된 입장은 이러한 연구결과를 수용하지 않는다. 대표적으로 하버드대학 생물학과의 멜튼(D. Melton) 교수는 "끓는 물에 개구리를 집어넣으면 뛰쳐나올 수 없다. 바로 죽는다. 만일 찬물에 개구리를 집어넣으면 물이 데워지기 전까지 머물지 않고 뛰쳐나온다."고 주장하였다. 미국의 국립자연사박물관의 양서류 큐레이터인 주그(George R. Zug) 박사도 이에 동의하며, "개구리는 가능한 방법만 있다면 결국 데워지는 물에서 뛰쳐나온다."고 설명하였다(이한영, 2016).

그러니 끓는 물에 집어넣은 개구리는 바로 뛰쳐나오지만 서서히 변화하는 온도에서 위험을 인지하지 못한 개구리는 결국 죽게 된다는 이야기는 거짓인 셈이다. 이러한 최근 연구결과는 우리가 변화하는 세상에서 가져야 할 태도에 대해 더 잘 설명하고 있는지도 모른다. 감당하기 어려울 정도의 급격한 변화에 직면하게 되면 우리는 결국 아무것도 하지 못하고 그대로 도태될 것이다. 그러나 변화의 속도가 빠르게 느껴지는 경우라면 그 변화 속에서 살아남기 위해 자신을 빠르게 변화시켜야 한다.

데워지는 물속에서 안주하는 것이 아니라 울타리를 뛰쳐나와 더 넓고 큰 변화의 흐름과 마주해야 할 것이다. 이것이 우리가 삶은 개구리 증후군을 통해 얻어야 할 진정한 교훈이다.

1. 마스터 자기소개서 작성 시 유의사항

마스터 자기소개서는 많은 기업들이 요구하는 자기소개서 문항 중 공통적으로 요구하는 문항을 중심으로 작성한 것이다. 많은 기업들이 자기소개서의 질문 문항들을 주기적으로 새롭게 제시하고 있다. 따라서 마스터 자기소개서의 항목들은 기업들의 자기소개서에 많이 등장하는 질문을 중심으로 작성할 필요가 있다.

마스터 자기소개서를 작성할 경우 추상적이고 특징 없는 단어보다는 구체적이고 자신만의 차별성을 강조하는 단어를 사용해야 하고 지원자 자신의 경험에 충실하도록 작성해야 한다. 마스터 자기소개서를 작성할 때는 가급적 감정을 드러내는 표현은 하지 않는 것이 좋으며 생각도 너무 많이 적지 않는 것이 좋다. 간결하고 명료하게 문장을 작성해야 하고 지나치게 사적인 이야기는 사례로 적합하지 않다. 또 문장을 작성할 때 수동태 표현은 쓰지 않아야 하고 가급적 주어(저는)는 쓰지 않는다. 그 이유는 자기소개서의 모든 내용은 지원자 자신의 이야기이기 때문이다. 이 외에도 맞춤법, 띄어쓰기, 오자와 탈자 등이 없도록 작성해야 한다.

다음에 제시되어 있는 항목들을 중심으로 마스터 자기소개서를 작성해 둔다면 여러 기업에 지원한다 해도 큰 어려움 없이 지원서를 제출할 수 있을 것이다.

2. 성장과정

성장과정은 자신의 대표 인성을 소개하는 항목이다. 과거의 경험이 현재 지원자에게 어떤 영향을 주었고 어떤 인성, 가치관, 신념을 형성하였는지 알아보기 위한 항목이다. 따라서 성장과정을 작성하기 위해서는 자신의 대표 인성을 먼저 선택해야 한다. 즉, 자신의 인성 중 강점이라고 생각되는 것을 하나의 단어로 표현해야 한다. 대표 인성을 선택할 때 고려해야 할 것은 선택한 대표 인성이 조직 생활을 하는 데 부합하느냐의 여부이다. 물론 선택한 대표 인성이 지원기업의 인재상에 부합하는 것이라면 더 좋겠지만 반드시 그럴 필요는 없다. 만약 그래야 한다면 매번 성장과정 항목을 다시 작성해야 하는 어려움에 처하게 될 것이다. 따라서 기업이라는 조직의 구성원으로 조직생활을 하는 데 큰 무리가 없다고 판단되는 인성이라면 좋을 것이다.

다음에 제시되어 있는 강점들은 성장과정의 키워드로 작성해도 좋은 것들이다. 반면에 조심해서 사용해야 하는 키워드들도 있는데, 예를 들면 통솔력, 독립심, 인내, 리더십 등이 이에 해당된다. 통솔력, 독립심 등은 신입사원들에게 요구되는 강점 키워드라 보기 어렵고 인내는 수동적인 느낌이 강하게 든다. 또 리더십의 경우는 특별히 기업의 자기소개서 문항에서 묻지 않는다면 쓰지 않는 것을 권한다. 사실 신입사원에게 요구되는 것은 자기관리 능력인 셀프리더십이기 때문이다.

책임감, 성실성, 배려, 포용력, 긍정마인드, 경청, 소통, 계획성, 적응력, 적극성, 도전정신, 융통성, 유연한 사고, 자신감, 인사성(예의 바름), 친화력, 사교성, 창의성, 끈기, 협력마인드, 분석력, 준비성, 열정, 주인의식 등

성장과정에 자신의 대표 인성을 표현하기 위해서는 대학생활 중에서 사례를 찾는 것이 바람직하다. 지원자에 따라 중고등학교 시기의 사례를 쓰는 경우가 있는

데, 특별하지 않다면 좋은 방법은 아니다. 또 만약에 중고등학교 시기의 사례를 사용할 경우에는 대학교 시기의 사례와 그 내용이 조화를 이루어야 한다. 그래서 보통은 대학생활 중에서 자신의 대표 인성을 발휘했던 경험을 중심으로 작성하게 된다. 만약 직장경력이 있는 경우라면 직장생활 경험 중에서 자신의 대표 인성이 발휘된 사례를 찾는 것도 좋다.

자기소개서에 제시하는 사례들이 모두 임팩트 있고, 무게감이 있는 사례라면 좋겠지만 대부분의 지원자들이 성장과정 항목에 좋은 사례를 작성하기는 쉽지 않다. 왜냐하면 임팩트 있고, 무게감이 있는 사례는 다른 자기소개서 항목에 양보해야 하는 경우가 대부분이기 때문이다. 따라서 사례의 무게감보다는 자신의 대표 인성이 잘 드러난 사례를 제시할 필요가 있다.

성장과정 스토리보드는 앞서 스토리보드의 예시에서 학습한 바와 같이 스토리텔링을 하는 것처럼, 즉 자신의 이야기를 타인에게 들려주는 것처럼 작성해야 한다. 따라서 사례가 어떻게 시작되었고 어떤 과정을 통해 어떻게 진행되었으며 어떤 결과를 얻었는지에 대해 시간의 흐름에 따라 순차적으로 작성해야 한다.

성장과정 스토리보드를 작성하는 방법은 다음과 같이 두 가지로 정리할 수 있다. 성장과정 스토리보드를 작성할 때는 작성방법 1로 작성하는 것을 권한다.

✤ 성장과정 작성방법 1

대학생활 이전 사례(간단하게 작성) + 대학생활 중 사례
(적극성, 친화력) (적극성, 친화력)

대학교 이전 경험은 강점이 형성된 계기를 쓰는 것이고 대학생활 경험은 동일한 강점이 발휘된 경험을 쓰는 것이다.
작성방법 1로 성장과정을 작성할 경우 중고등학교 시기의 사례를 사용하게 되는데, 이때 대학교 시기의 사례와 그 내용이 조화를 이루어야 한다. 이는 동일한 강점 키워드로 작성해야 한다는 것이다.
대학생활 이전 사례는 구체적으로 작성하지 않도록 하고 대학생활 사례를 중심으로 작성해야 한다. 이는 대학생활 사례의 작성 분량이 훨씬 더 많아야 한다는 것을 의미한다.
작성자에 따라 성장과정을 자신이 성장한 과정 전체를 쓰거나 중고등학교 시기의 사례만으로 작성하는 경우가 있는데 이는 좋은 방법이 아니다.

❖ 성장과정 스토리보드 예시(작성방법 1)

첫 문장	초등학교 시절부터 길러온 적극성과 친화력을 발휘하여 장애인 봉사활동을 성공적으로 마무리한 경험이 있습니다.
사 례	초등학교 3학년부터 5학년까지 가정 형편으로 5번 전학 처음에 전학을 했을 때는 잘 적응하기 힘들었음 이후 먼저 다가가는 적극성과 친화력을 발휘하여 학교에 잘 적응함 5번째 전학을 간 학교에서는 전학 후 한 달 만에 실시한 임원선거에서 부회장에 당선됨 대학교 3학년 1학기 ㅇㅇ기관에서 실시하는 장애인 봉사활동에 참여 처음에는 활동하는 것이 쉽지 않았으나 특유의 적극성과 친화력을 바탕으로 친근하게 먼저 다가감(작은 에피소드를 하나 적는 것이 필요함) 봉사활동 기관에서 가장 성공적인 봉사활동이었다는 칭찬을 들음
맺음말	위와 같은 적극성과 친화력을 발휘하여 ㅇㅇ기업의 고객관리 직무에서 최고의 성과를 내는 인재가 되겠습니다.

❖ 성장과정 작성방법 2

대학생활 중 사례만으로 작성
(협력마인드, 적극성)

작성방법 2의 경우 강점이 형성된 계기는 쓰지 않고 강점이 발휘된 경험만을 작성하는 것이다. 따라서 대학생활 중에서 자신의 대표 강점을 발휘했던 경험을 중심으로 작성한다.

❖ 성장과정 스토리보드 예시(작성방법 2)

첫 문장	대학생활 중에 ㅇㅇ 프로젝트를 진행하면서 협력마인드와 적극성을 발휘하여 좋은 성적(성과)을 얻은 경험이 있습니다.
사 례	2학년 2학기 ㅇㅇ교과목 수강 ㅇㅇ에 대한 조별 프로젝트 진행 각기 다른 전공 수강생 6명 1조 구성 이슈가 되고 있는 ㅇㅇ 주제 선정 조원들과 역할 분담 협력마인드를 발휘하여 역할 수행에 어려움을 겪는 조원을 도움 자료 찾기(영상, 이미지 자료 등)와 PPT 작성 등 맡은 역할에 충실하게 프로젝트 수행 매주 회의를 진행하면서 자료를 찾고 PPT를 작성하는 등 적극적으로 임함 PPT 작성 완료 후 발표 연습 진행 발표 후 교수님으로부터 주제 선정과 발표능력에 대한 칭찬 받음 최종 성적 A+ 학점 받음(성적이 좋지 않을 경우 성적 부분 삭제 가능)
맺음말	위와 같은 협력마인드와 적극성을 발휘하여 ㅇㅇ기업의 ㅇㅇ직무에서 최고의 성과를 내는 인재가 되겠습니다.

3. 직무역량

여러 자기소개서 항목 중 직무역량 항목은 입사에 결정적 영향을 미치는 가장 중요한 항목이다. 직무역량 항목의 작성방법에 대해 살펴보기 전에 먼저 역량의 개념에 대해 이해할 필요가 있다. 역량은 1973년 하버드대학의 심리학자인 매클랜드(D. McClelland)에 의해 처음으로 소개되었다. 그는 그의 연구 「Testing for Competence Rather Than Intelligence」에서 전통적인 의미의 지능검사보다는 개인이 수행하는 직무에서 실제 성과로 나타나는 역량평가가 더 의미 있다는 입장을 밝혔다. 학업적성검사나 성취도 검사들이 업무성과나 직업에서 성공을 예측하지만 상당 부분 개선될 여지가 있다는 것을 강조하였다. 또 성공적인 업무수행자와 평균적인 업무수행자의 비교를 통해 성공과 관련된 특성을 규명하는 데 초점을 맞추었다. 이를 시발점으로 하여 다양한 분야의 업무에 대한 역량 연구가 이어지고 있다. 특히 조직의 리더나 전문직 종사자에게 요구되는 역량은 성과와 직결되는 중요한 지표이자 자격을 유지하게 하는 필수요건으로 인식되고 있다.

이러한 역량의 정의에 대해 살펴보면, 역량은 개인이 역할이나 활동을 수행하는 데 필요한 내재적 특성이나 개인의 능력 특성이다. 중요한 것은 역량이 역할이나 활동을 수행함에 있어 보편 타당한 것이 아니라 그 수행이 뛰어나고 우수하며 성공적이어야 하고 그것이 추상적이지 않고 실제 측정 가능해야 한다는 것이다.

스펜서 외(Spencer, L. M., & Spencer, S. M., 2000)는 역량을 직무나 상황에서 뛰어난 수행이나 준거 관련 효과와 연관된 개인의 특성에 기초하는 것으로 정의하였다. 또 역량에 해당되는 개인의 특성을 동기, 특질, 자기개념, 지식, 기술의 다섯 가지로 분류하였다.

개인의 역량은 [그림 11-1]과 같은 구조를 가진다.

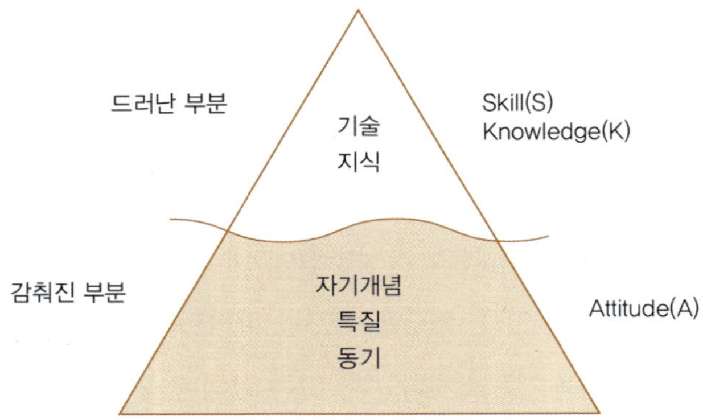

[그림 11-1] 역량구조의 내면과 표면

출처 : Spencer, L. M., & Spencer, S. M.(2000). Competence at work: Models for superior performance.

역량구조에서 알 수 있듯이 개인에게 기술과 지식은 비교적 잘 드러나는 부분이라고 볼 수 있는 반면, 자기개념, 특질과 동기는 잘 드러나지 않는 부분이다. 기술과 지식은 개인에게 개발이 보다 용이하기 때문에 다양한 교육훈련 방법을 통해 개발할 수 있다. 이와 달리 자기개념, 특질과 동기는 상대적으로 개인에게 개발이 어려운 부분이다. 이에 대해 스펜서 외는 기업에서는 개인의 자기개념, 특질과 동기를 개발시키는 데 주력하기보다는 이러한 역량을 이미 갖춘 사람을 선발하는 것이 보다 바람직할 것이라고 주장하였다.

이러한 연구자들의 주장과 달리 기업에서는 내적인 태도인 자기개념, 특질과 동기뿐만 아니라 지식과 기술까지 모두 갖춘 인재를 선발하고자 한다. 기업은 영리를 추구하는 집단이다. 따라서 가급적 직원을 채용해서 교육과 훈련을 시키기보다는 교육과 훈련 없이 바로 직무현장에서 성과창출로 이어지기를 기대한다. 또 기업들은 개인의 내적 태도에 관해서는 인성검사와 인성면접 등을 통해 여러 단계의 검증을 실시하고 있다. 그러나 지식과 기술에 대해서는 직무면접을 통해 검증을 실시하고는 있지만 이것만으로는 충분하지 않다고 생각한다. 또 기업의 입장에서는 그 어느 때보다도 높은 스펙을 가진 지원자들이 지원하고 있기 때문에 내적 태도는 물론 지식과 기술까지도 갖춘 인재 선발을 원하는 것이다.

그렇기 때문에 자기소개서를 작성할 때는 내적 태도 부분에 다른 지원자들과 차별되는 특별한 경험을 가지고 있지 않다면 지식과 기술 부분에 초점을 맞춰서 작성할 필요가 있다. 태도 부분은 이미 자기소개서의 다른 항목(성장과정, 성공경험, 성격 장단점 등)에서도 이미 여러 차례 언급되었을 가능성이 높기 때문이다.

직무역량 항목은 직무경험, 지식과 기술 부분으로 나누어 작성할 필요가 있다. 지원자들이 특별한 교육과 훈련 없이 바로 직무현장에서 성과를 내는 데 필요한 것은 지원자의 실제 직무관련 경험이다. 이 점이 바로 기업들이 지원자에 대해 가장 알고 싶어 하는 부분이기도 하다. 따라서 지원자가 직무역량 항목에서 가장 공을 들여 작성해야 하는 부분은 자신의 직무관련 경험이다. 그렇기 때문에 직무역량 항목은 KSA가 아니라 ESK로 작성해야 한다.

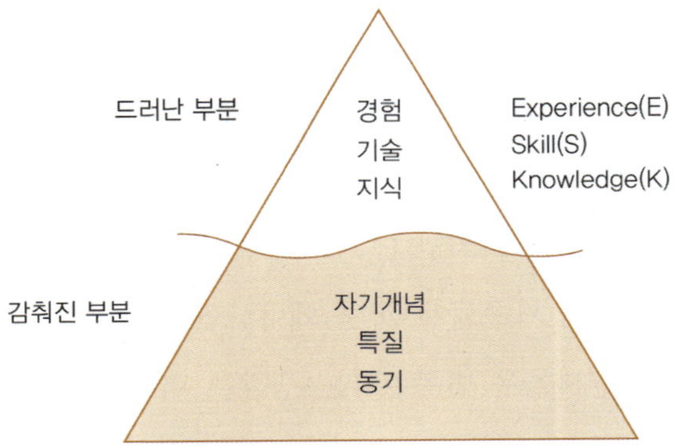

[그림 11-2] 역량구조의 내면과 표면

출처 : Spencer, L. M., & Spencer, S. M.(2000). Competence at work : Models for superior performance 수정.

이상적인 직무역량 작성법은 직무경험의 분량을 가장 많이 작성하는 것이다. 기업의 입장에서는 직무와 관련해 실제 경험을 가지고 있는 지원자라면 입사 후에 자신의 직무에서 맡은바 역할을 해내는 데 큰 무리가 없을 것으로 판단할 것이다. 따라서 직무경험의 작성분량이 가장 많아야 한다. 그 다음 지식과 기술은 꼭 기재해야 하는 중요한 사항이 아니라면 너무 많이 적지 않는 것이 오히려 더 바람직하다. 그 이유는 같은 전공을 한 지원자들이라면 그 내용이 유사할 수 있기 때문이다. 즉, 학교에서 학습한 내용을 중심으로 지식과 기술을 너무 많이 기술할 경우 직무역량 항목에 차별성을 갖기 어렵다. 따라서 꼭 필요한 내용을 중심으로 차별성을 갖도록 작성할 필요가 있다.

직무역량 항목을 작성할 경우 단어 사용에 있어서도 전문성을 나타낼 수 있는 전공지식 관련 단어들을 사용하는 것이 바람직하다. 기업의 인사팀 직원이 자기소개서를 잘 이해하지 못할까 우려하는 마음에서 아주 평범한 단어를 사용해 작성하는 지원자들이 있다. 하지만 이는 잘못된 생각이다. 어려운 직무관련 용어로 작성된 자기소개서를 읽을 책임은 채용기업에 있다. 따라서 자신이 가진 경험, 지식과 기술을 가장 잘 표현할 수 있는 단어들을 선택해서 직무역량 부분을 작성해야 한다.

또 지원자들이 가장 많이 하는 질문은 지원서(또는 이력서)의 작성란에 모두 기재한 내용인데 다시 자기소개서에 작성해야 하느냐는 것이다. 물론 작성해야 한다. 지원서의 작성란에는 간단히 적을 수밖에 없다. 따라서 하고 싶은 말이나 설명을 모두 기재할 수 없는 경우가 대부분이다. 하지만 자기소개서에 다시 적게 되면 하고 싶은 말이나 부연설명을 할 수 있어서 자신의 강점을 잘 드러낼 수 있다. 또 직무역량 부분은 자신이 가지고 있는 직무관련 역량을 모두 기재하는 것이기 때문에 한번 더 강조해서 기술해야 한다. 왜냐하면 바로 이것이 본인의 강점이기 때문이다. 따라서 지원자들은 반복된다는 생각을 버리고 자신의 강점을 최대한 보여준다는 마음가짐으로 직무역량 부분을 구체적으로 작성할 필요가 있다.

직무역량 항목에 작성할 수 있는 직무관련 경험, 지식, 기술에 대해 정리하면 다음과 같다.

❖ 직무경험

직무관련 현장 경험(인턴십, 현장실습(직장체험), 학부연구생, 아르바이트 등) 직무관련 공모전 수상이나 경진대회 수상 경험 직무관련 프로젝트 경험(교내 수업시간, 교외 특정 기관이나 단체) (자신의 역할과 수행했던 직무관련 경험을 구체적으로 작성) 직무관련 주요 교육(실습) 이수 경험(교내외) 직무관련 경력사항(휴학기간, 대학 입학 전 직장 근무 경험) 가장 중요한 것은 지원하는 직무와 관련 있는 경험이어야 한다.

❖ 기술

직무관련 비중이 높은 자격증
외국어 어학능력 점수(외국어 능력이 요구되는 직무 중심)
문서작성 관련 자격증(문서작성 능력을 보여줄 수 있는 자격증)
무엇을 잘할 수 있는지 입증자료를 통해 보여주는 것이 중요하다.

❖ 지식

가급적 지식에 대해서는 작성하지 않는 것이 바람직하다.
학습한 직무관련 주요 지식(교내외)
(학교에서 좋은 학점을 받은 전공과목을 중심으로 작성)
기타의 방법으로 습득한 직무관련 지식

태도역량은 가급적 직무역량 항목에 작성하지 않는 것이 좋다. 그러나 영업직무 또는 고객관리 직무 등 특별히 태도역량이 중요한 직무의 경우 예외적으로 작성 가능하다.

❖ 태도

지원직무와 관련성이 높은 자신이 보유한 태도역량을 적는다.
(태도가 드러난 에피소드 경험)
영업직무의 경우 적극성이나 친화력을 발휘했던 사례를 중심으로 작성한다.
그 이외의 직무의 경우에도 태도 경험이 필요하다고 판단되는 경우 사례를 중심으로 태도역량에 대해 작성한다.
커뮤니케이션 능력, 분석력, 공감능력, 창의성 등
특별한 경우가 아니라면 태도역량 경험은 작성하지 않는 것이 바람직하다.

직무역량은 지원직무를 수행하기 위해 얼마나 열정적으로 준비해 왔는지 기술할 필요가 있으며 비슷한 전공자들, 유사 경험 보유자들과 어떤 차별점이 있는지 기술해야 한다. 자격증, 다양한 직무경험 등을 단순 나열하기보다는 중요한 경험을 구체적으로 기술하는 것이 중요하다.

✤ 직무역량 스토리보드 예시

첫 문장	대학생활 중 ○○○직무에서 필요한 역량을 갖추기 위하여 다음과 같은 노력을 하였습니다(노력을 해 왔습니다).
사 례	**1. 직무관련 인턴십, 학부연구생 경험** 3학년 2학기 겨울방학 동안 ○○전자 ○○부서에서 ○○직무를 담당하는 인턴으로 근무한 경험이 있습니다. ~ **2. 직무관련 현장실습(직장체험) 경험** 3학년 여름방학 중에 ○○기업의 ○○직무를 담당하는 실습생으로 근무한 경험이 있습니다. ~ **3. 직무관련 프로젝트 경험(공모전 수상경험, 교내 전공수업 프로젝트 경험, 교외 기관에서 프로젝트 경험 등)** 3학년 1학기 중 ○○기관에서 주최하는 ○○○공모전에 참가하여 ○○○부분에 대한 프로젝트를 수행하였습니다. ~ 3학년 1학기 ○○○교과목을 수강하면서 ○○○프로젝트를 성공적으로 수행한 경험이 있습니다. ~ **4. 직무관련 외부 기관 교육이수 경험** 3학년 여름방학 중에 ○○기관에서 주관하는 ○○교육에 참가하여 ○○부분에 대한 전문성을 키울 수 있었습니다. ~ **5. 직무관련 아르바이트 경험** 대학 2학년 중에 ○○편의점 상도동 지점에서 캐셔로 아르바이트를 하면서 편의점 업무 전반에 대해 경험할 수 있었습니다. 특히 물건이 입고되고 판매되는 시스템 전체에 대해 실질적인 경험을 할 수 있었습니다. ~ **6. 직무관련 자격증, 외국어 어학성적, 문서작성 관련 자격증 증** ○○자격을 취득하여 ○○직무를 잘 수행할 수 있는 능력을 갖추었습니다. TOEIC Speaking 6Level(○○○점)의 점수를 취득하여 영어 말하기 능력(글로벌 능력)을 갖추었습니다. TOECI 850점을 취득하여 영어를 실무적으로 활용할 수 있는 역량을 갖추었습니다. 컴퓨터활용능력 1급과 MOS(Microsoft Office Specialist) 자격을 취득하여 문서작성능력을 갖추었습니다. **7. 직무관련 지식(교내 직무관련 전공수업에서 습득한 지식 위주 작성)** ○○○, ○○○(직무관련 전공 지식) 학습을 통해 ○○○에 대한 전문지식을 갖추었습니다. ~ ○○○ 학습을 통해 ~ (배운 내용 구체적으로 작성 가능) **8. 직무관련 태도역량(영업직무, 고객관리 직무 등)(동아리, 봉사활동, 학생회활동, 직무와 무관한 공모전 수상경험, 아르바이트 경험 등)** 대학 2학년 겨울방학에 특유의 친화력을 발휘하여 ○○기관에서 실시한 봉사활동을 성공적으로 마무리한 경험이 있습니다. ~
맺음말	위와 같은 직무역량을 토대로 ○○○직무에서 최고의 성과를 창출하여 ○○○기업의 발전에 기여하겠습니다(위와 같은 ○○직무의 인턴십 경험과 다양한 프로젝트 경험을 바탕으로 ○○기업의 성과창출에 기여하는 인재가 되겠습니다).

직무역량 항목 사례 부분 작성 시 1~8번까지 사례를 모두 작성해야 하는 것은 아니다. 자신의 직무경험과 글자 수 등을 고려하여 작성해야 한다. 특히 직무관련성이 가장 많은 사례를 중심으로 1번부터 작성해야 한다. 6번의 경우 자격증 취득 과정은 쓰지 말고 자격증, 어학점수 등은 꼭 써야 한다면 나열하는 수준에서 적어야 한다.

4. 지원동기

여러 기업에 제출하는 자기기소개서에 절대 동일하게 작성할 수 없는 것이 바로 지원동기이다. 그래서 지원동기는 매번 지원할 때마다 지원회사에 맞게 새롭게 작성해야 한다. 그러나 여러 기업에 지원서를 제출해야 하는 지원자 입장에서는 좀 더 쉽게 지원동기를 작성하는 방법에 대해 생각해 둘 필요가 있다. 마스터 자기소개서에 지원동기를 작성할 때 몇 개의 문단 블록(block)으로 작성해 두면 실제 지원할 때 도움이 될 수 있다.

최근에 지원동기 항목은 단순히 지원자가 지원기업을 선택한 이유만을 묻는 것이 아니라 지원자가 기업을 선택하는 기준이 무엇인지를 묻는 경향이 있다. 실례로 지원동기 항목에 "지원자가 다니고 싶은 회사를 선택하는 기준은 무엇입니까?", "본인이 회사를 선택하는 기준은 무엇이며 왜 ○○기업이 그 기준에 적합한지 본인의 의견을 기술해 주세요." 등의 질문을 하고 있다. 이는 단순히 지원동기를 묻는 것과는 다른 것이다. 이러한 질문은 지원자의 지원동기 이외에 직장관(職場觀)을 엿볼 수 있는 문항들이다.

이는 지원자의 직장에 대한 생각, 직장을 선택하는 가치관을 묻는 것이다. 그렇다면 직장을 선택할 때 자신이 중요하게 생각하는 것들을 쓰면 되는 것인가? 그렇지 않다. 본인이 솔직하게 직장을 선택하는 기준을 쓰면 곤란하다. 왜냐하면 우리가 직장을 선택할 때 항상 그런 것은 아니지만 연봉을 많이 주는 곳, 야근이 없는 곳, 직원 복지가 좋은 곳, 회사 분위기가 자유로운 곳, 수평적 조직문화를 갖춘 곳, 워라밸이 보장되는 곳을 선택하게 된다. 사실 우리는 이런 직장을 원한다. 그러나 이는 자칫하면 지나치게 개인적인 편의를 내세우는 것으로 보여질 수 있다. 따라서 사회 통념상, 상식적으로 용인되는 수준에서 작성하는 것이 좋다. 다음은 직장관으로 작성해도 괜찮은 것들을 제시한 것이다.

인재를 키워주는 곳
성장할 수 있는 기회가 많은 곳
글로벌 인재로 성장할 수 있는 곳
글로벌 기업으로 성장할 수 있는 곳
해외 근무 가능성이 높은 곳
내가 관심있는 분야에서 일할 수 있는 곳
내가 하고 싶은 일을 할 수 있는 곳
○○분야에서 최고의 기업이 될 수 있는 곳
궁극적으로 자신이 희망하는 삶, 즉 자아실현을 할 수 있는 곳

지원동기를 작성할 때 지원자들이 가장 범하기 쉬운 잘못은 지원자 자신의 입장에서 지원동기를 작성한다는 것이다. 그래서 대부분의 지원자들이 자신이 지원하는 회사가 왜 좋은 회사인지, 그리고 향후 해당 산업의 전망이 얼마나 좋은지에 대해 많은 내용을 할애한다. 하지만 지원하는 회사 입장에서는 자신들이 좋은 회사인 것은 이미 다 알고 있다. 또 향후 해당 산업의 전망에 대해서도 지원자보다도 더 잘 알고 있다. 지원회사가 정말 궁금한 것은 자신들이 왜 이 지원자를 채용해야 하느냐는 것이다. 그렇다면 지원자는 자신이 왜 이 회사에 꼭 필요한 인재인지, 이 회사는 왜 지원자인 자신을 꼭 채용해야 하는지에 대해서 강력하게 설득할 수 있어야 한다.

지원동기를 작성할 때 지원기업을 선택한 이유에 대해서 구체적으로 기술할 수 있다면 지원동기 부분을 보다 부드럽게 시작할 수 있다. 또 향후 해당 기업이 속한 산업분야의 전망이나 해당 기업의 발전상 등에 대해서도 기술할 필요가 있다. 그

렇기 때문에 지원동기는 오랫동안 한 회사를 집중해서 조사하고 분석해야 잘 쓸 수 있는 부분이다. 인사담당자들은 지원동기 작성 내용을 보면 지원자가 지원기업에 얼마나 많은 관심을 가지고 있으며 얼마나 열렬히 입사를 희망하고 있는지에 대해 알 수 있다. 따라서 지원자가 지원기업에 얼마나 집중하고 있는가가 지원동기를 통해 드러날 수 있도록 작성해야 한다. 다만, 지원자 자신이 그 동안 지원 직무를 위해 준비했던 내용들은 자기소개서의 다른 문항, 즉 직무역량을 따로 물었을 경우 구체적으로 작성할 필요는 없다. 직무역량에서 작성한 내용을 간략히 요약하는 형태로 몇 줄 간단히 기술하면 좋을 것이다. 그러나 만약 직무역량을 따로 묻지 않은 경우라면 지원동기는 직무역량 중심으로 작성해야 한다.

이러한 논리에 따르면 지원자가 수십 개 또는 수백 개의 기업에 지원하게 될 경우 결코 독창적인 자기만의 지원동기를 쓸 수 없다. 하지만 많은 기업들에 지원할 수밖에 없는 지원자 입장에서는 좀 더 쉽게 지원동기를 쓸 방법을 찾을 필요가 있다. 이때 블록형태로 지원동기를 작성해 두면 여러 곳에 지원할 때 도움이 될 수 있다.

다음은 지원동기 항목에 작성해야 하는 내용들을 정리한 것이다. 아래 내용을 순서대로 기재해야 하는 것은 아니며 4개의 블록을 지원자가 원하는 순서대로 배열해서 작성 가능하다.

블록 1. 지원기업 선택 이유
(지원기업과 지원자의 개인적인 에피소드 또는 일반적이고 포괄적인 표현으로 작성)

블록 2. 지원기업의 우수성과 발전상
(기업 홈페이지, 기사 검색 등을 통해 정확한 사실 위주로 작성)

블록 3. 지원기업 사업분야의 향후 발전 가능성
(기업 홈페이지, 협회 홈페이지, 기사 검색 등을 통해 정확한 사실 위주로 작성)

블록 4. 지원자가 지원직무를 위해 준비한 역량
(이미 작성한 직무역량항목의 작성 내용을 3~4줄 정도로 간단히 요약해서 작성)

기업에 따라서는 지원직무 선택 이유를 묻는 경우도 있다. 이 경우 자신이 특정 전공을 해서 해당 직무를 선택했다고 작성하는 것은 바람직하지 않다. 다양한 활동과 학습을 통해 해당 직무에 관심을 갖게 되었다고 작성해야 한다. 특정 전공과목 수강, 직무관련 전시회 참관, 공모전 참가, 직무관련 교육 · 연수 참가, 직무관련 프로젝트 경험, 논문 작성 경험, 기업현장 견학, 선배 멘토링 등 지원자가 지원직무에 관심을 갖게 된 실제 사례를 기술하면 된다.

❖ 지원기업 선택 이유 예시

[일반적이고 포괄적인 표현]

저는 글로벌 인재가 되고 싶은 포부를 가지고 있습니다. 그래서 그동안 지원직무 이외에도 영어 speaking 공부와 다양한 해외 경험을 통해 글로벌 능력을 갖추었습니다.

○○기업은 현재도 ○○분야에서 많은 해외 비즈니스를 해오고 있는 것으로 알고 있습니다. 그러나 향후 ○○산업의 중요성과 발전 가능성을 생각해 볼 때 앞으로 더 많은 해외 비즈니스가 필요하고 이를 위해 글로벌 역량을 갖춘 인재가 필요하다고 판단됩니다. 따라서 ○○기업은 글로벌 인재가 되고 싶은 저의 포부를 가장 확실하게 실현할 수 있는 기업이라고 생각되어 지원하게 되었습니다.

[개인적인 에피소드]

수업시간 사례, 해외여행 경험, 전시회 관람, 취업한 선배와의 만남, 학교 멘토링, 제품 사용 경험 등을 작성한다.

아시아나는 제 인생의 첫 비행기였습니다. ~ 미래 항공산업의 주역이 되고 싶어서 지원하게 되었습니다.

2022년 CES 박람회를 참관하고 삼성의 글로벌 위상과 기술력을 몸소 체험하게 되었고 이를 계기로 삼성의 일원이 되고 싶다는 포부를 갖게 되었습니다. ~ 4차 산업혁명의 핵심인 반도체 분야의 글로벌 인재로 성장하고 싶어서 지원하게 되었습니다.

국민들은 오뚜기를 '갓뚜기'라고 부릅니다. 이는 국민들의 오뚜기에 대한 신뢰를 의미하는 것입니다. 저 또한 어린시절부터 제품 사용을 통해 오뚜기에 대한 신뢰를 가지고 있습니다. 이렇게 신뢰할 수 있는 기업 오뚜기에서 제 인생을 시작하고 싶습니다.

~ 자동차 분야의 글로벌 인재로 성장하고 싶어서 지원하게 되었습니다.

~ 물류를 책임지는 인재가 되고 싶어서 지원하게 되었습니다.

❖ 지원기업의 우수성과 발전상

[지원기업의 우수성과 발전상]
(기업 홈페이지나 기사 검색 등)

삼성전자는~
현대 자동차는 ~
기아 자동차는 ~
대한항공은 ~
오뚜기는 ~

사실에 근거한 내용으로 작성해야 하고 출처를 기재할 필요는 없다.

❖ 지원기업 사업분야의 향후 발전 가능성

[지원기업 사업분야의 향후 발전 가능성]
(기업 홈페이지나 협회 홈페이지, 기사 검색 등)

향후 자동차 산업은 ~
향후 항공산업 전망은 ~
향후 반도체 분야의 전망은 ~
향후 식품산업 전망은 ~

신뢰할 만한 사실 위주의 내용을 작성하되 출처를 기재할 필요는 없다.

❖ 준비역량

준비역량 부분은 앞서 작성한 직무역량 항목의 내용 중 핵심내용만을 3~4줄로 요약하여 다시 작성한다.
세부 내용보다는 굵직한 내용만을 추려서 나열하는 형식으로 작성한다.

○○직무에서 탁월한 성과를 내기 위해서 ~ ○○기업에서 ○○직무관련 인턴십 수행, ○○기관 주최 ○○○공모전에서 ○○기술을 활용하여 입상, ○○프로젝트 경험을 통해 ○○에 대한 기술과 지식 습득 ~

5. 입사 후 포부

기업들이 지원동기 및 입사 후 포부 항목으로 지원동기와 입사 후 포부를 함께 작성하도록 요구하는 경우도 있지만 지원동기와 입사 후 포부 항목을 분리해서 작성하도록 하는 경우도 있다. 후자의 경우는 기업들이 좀 더 자신의 회사에 적합한 인재를 채용하려는 노력의 일환으로 볼 수 있다. 따라서 입사 후 포부 항목은 과거와는 상이하게 좀 더 구체적으로 작성할 필요성이 증가하고 있다.

사실 지원자들이 작성하기 가장 힘들어 하는 항목이 바로 입사 후 포부 항목이다. 그 이유는 아직 경험하지 못한 그래서 잘 모르는 내용을 작성해야 하기 때문이다. 입사 후 포부 항목은 역량개발 차원에서 작성해야 한다. 입사 후 포부는 지원자가 입사 후 어떻게 자기개발을 해나갈지에 대한 내용으로 작성하는 것이 바람직하다. 그저 막연하게 회사에 잘 적응하고 사람들과 협력하면서 성과를 내겠다고 하는 것은 지나치게 추상적일 뿐 아니라 직무관련성이 전혀 없는 내용들이다. 따라서 자신이 지원한 직무와의 관련성을 염두에 두고 자기개발 노력을 중심으로 작성해야 한다.

입사 후 포부 작성 시에는 특히 다음과 같은 내용들을 고려할 필요가 있다.

첫째, 입사 후 연차와 직급이다. 기업들 중에는 지원자에게 입사 후 3년, 5년, 10년 후의 입사 후 포부와 비전에 대해 작성하도록 요구하는 경우가 있다. 만약 자기소개서 작성 시 지원기업이 입사 후 연차를 따로 정해주지 않는 경우라면 연차를 작성하지 않는 것이 좋다. 직급의 경우에는 가급적 드러나지 않도록 하는 것이 좋다. "최연소 이사, ○○○"의 내용을 작성하는 경우라면 이사라는 직급이 드러날 수 있지만, 이렇게 특별한 경우가 아니라면 직급을 쓰는 것은 바람직하지 않다. 최근에는 기업들이 팀장과 팀원만을 직급으로 두는 경우가 많다. 또 기업이나 직군에 따라 승진연한이 상이할 수 있기 때문이다.

둘째, 회사 내에서 자신의 역할이다. 역할은 직급과는 다소 상이한 개념이다. 예를 들어, 프로젝트 매니저(PM), 팀 리더, 지역전문가, 스페셜리스트 등이 될 수 있다. 특히 자신이 지원한 기업에서 성취하고 싶은 구체적인 역할 목표를 제시함으로써 지원기업의 구성원이 되고자 하는 의지를 표현해야 한다.

셋째, 필요 역량이다. 최근에 역량 중심의 자기소개서 작성이 요구되면서 입사 후 포부 항목도 과거와 달리 역량 중심으로 작성할 필요가 있다. 이 경우 지식, 기술 위주로 작성하는 것이 바람직하다. 입사 후에 자신의 직무에서 요구되는 역량에 대해 구체적인 내용을 숙지하기 위해서는 지원직무와 관련하여 현직에 있는 사람들을 인터뷰할 것을 권한다. 그들은 지원자가 지원하고자 하는 직무관련 역량에 대해서 누구보다도 잘 알고 있는 사람들이다. 따라서 이들을 통해 입사 후 지원직무에서 개발이 필요한 지식, 기술에 대한 정보를 얻을 수 있을 것이다. 필요역량 부분을 작성 시 직무관련 전문용어 사용을 권한다. 또 필요한 자격증 취득이나 어학능력 향상 등에 대해서도 기술할 수 있다.

입사 후 포부를 작성하라고 하는 것은 회사에 입사해서 회사와 함께 잘 성장해 나갈 수 있는가를 보려고 하는 것이다. 또한 입사 후 조기 퇴사하지 않고 회사에 잘 적응할 수 있는가를 보는 것이기도 하다. 더 나아가 조직에 대한 이해가 부족해서 지나친 기대를 가지고 있는 것은 아닌가에 대해서도 확인하는 것이다. 따라서 현실을 직시하지 못하고 지나치게 이상적으로 입사 후 포부를 작성하는 것은 바람직하지 않다.

다음은 입사 후 포부 스토리보드 작성 예시이다. 앞서 학습한 지원동기 부분과 연결해서 작성할 수 있다.

✤ 입사 후 포부 스토리보드 예시

	지원동기 스토리보드 작성 내용
사 례	제가 ○○기업의 ○○직무를 담당하는 신입사원으로 채용된다면 자기개발 노력을 계속해 나갈 것입니다. 특히 ○○ 역량을 개발하여 ○○○한 능력을 갖추겠습니다. 이를 위해 ○○○ 분야에 대한 경험을 바탕으로 새로운 지식들을 빠르게 습득할 수 있도록 노력할 것입니다. 아울러 ○○○자격을 취득하여 ○○○에 대한 전문성을 갖출 것입니다. 영어 ○○○ 취득하여 글로벌 인재로서 성장해 나가겠습니다. 리더분들은 물론이고 동료들에게도 늘 배운다는 자세로 협업하려는 마인드를 가지고 ○○○기업의 시너지 창출과 비전 달성을 위해 노력하겠습니다.

맺음말	위와 같이 협력마인드를 갖추고 끊임없이 노력하는 자세로 직무에 필요한 역량을 개발해 나간다면 ~

6. 성공경험

성공경험은 많은 기업에서 요구하는 자기소개서 항목이다. 성공경험 항목은 기업에 따라 조금씩 상이한 질문으로 제시되는데, 예를 들어 가장 열정적으로 임했던 경험, 큰 목표를 세우고 도전해서 목표를 달성했던 경험, 자신의 삶에서 가장 많은 노력과 에너지를 쏟았던 경험, 어려움을 극복했던 경험, 자신의 삶에서 가장 힘들었던 경험 등으로 제시된다. 성공경험을 작성할 때 사례의 시기가 중요한데 가급적 자신의 대학생활 경험 중에서 그 사례를 찾아 작성하는 것이 좋다. 대학생활 중 성공경험이 없는 지원자의 경우 고등학교 시기의 경험, 대학 재수 경험, 군생활 경험에서 사례를 찾아 작성하는 경우도 있다. 하지만 특별한 사례가 아니라면 가급적 대학생활 경험 중에서 사례를 찾아 작성할 것을 권한다.

우리가 어떤 일이 성공적이었다고 말할 수 있는 것은 그 일을 해보겠다는 도전의식을 가지고 목표를 세워서 실행했기 때문에 가능한 것이다. 따라서 성공경험 항목을 작성하기 위해서는 먼저 사례를 선정하고 자신이 어떤 의도를 가지고 어떤 목표를 세워서 도전했는지에 대해 정리해 보아야 한다. 그리고 사례의 성공을 위해 발휘된 자신의 역량과 그러한 성공경험을 통해 배운 점 또는 얻은 점에 대해서도 놓치지 않고 기술해야 한다.

성공경험은 어떠한 사례의 결과가 성공적이어야 하기 때문에 문제가 되는 것이 사례의 무게감이다. 지원자가 지금까지 살면서 가장 성공한 경험을 적어야 하기 때문에 너무 가벼운 사례를 선택하는 것은 자칫 지나치게 평범한 대학생활을 보낸 사람으로 비춰질 수 있다. 따라서 성공경험은 자신의 삶에서 가장 성공적인 사례를 들어 작성하는 것이 바람직하다. 또 한 가지 사례가 충족해야 할 조건은 그

결과가 가시적이고 측정 가능해야 한다는 것이다. 그저 기쁘고 마음이 뿌듯했다 정도의 사례로는 곤란하다.

성공경험의 사례로 가장 적합한 것은 자신이 지원하고자 하는 직무분야와 관련 있는 경험이다. 예를 들어, 인턴십 경험, 현장실습 경험(직장체험 경험), 학부연구생 경험, 직무관련 아르바이트 경험, 직무관련 프로젝트 경험, 직무관련 공모전 수상 경험 등이 가장 직무분야와 관련성 있는 경험들이라고 할 수 있다. 자신이 지원직무와 관련된 활동들을 수행하면서 성공적인 결과를 경험했다면 가장 바람직한 사례가 될 것이다.

만약 이러한 경험들이 없는 지원자라면 지원직무와 관련 없는 공모전 입상 경험을 포함한 각종 대회 수상 경험, 힘든 여행을 마무리한 경험, 학과 행사를 잘 마무리한 경험, 동아리활동 경험, 봉사활동 경험 중에서 성공경험의 사례를 찾아야 할 것이다. 또한 그 사례의 결과가 매우 구체적이고 성과로 입증할 수 있는 것이어야 한다. 이러한 조건들이 충족된다면 성공경험의 사례로 작성할 수 있다. 다음은 성공경험으로 작성할 수 있는 사례들을 정리한 것이다.

국내 인턴십 경험	해외 인턴십 경험	학부연구생 경험
특허취득 경험	현장실습 경험	프로젝트 경험
논문발표 경험	공모전 입상 경험	교환학생 경험
아르바이트 경험	워킹홀리데이 경험	해외 봉사활동 경험
해외 배낭여행 경험	해외 어학연수 경험	각종 대회 수상 경험
서포터즈 경험	학생회활동 경험	동아리활동 경험
봉사활동 경험 등		

우리가 어떤 일에서 성공했다는 것은 어떤 일을 하겠다는 의도와 목표가 분명하게 있었고 이 목표를 달성했다는 것이다. 이렇게 성공경험을 작성하면 자연스럽게 사례를 성공으로 이끈 지원자의 역량이 드러나게 된다. 이때 역량은 직무역량과 태도역량을 적는다. 직무관련 경험으로 성공경험을 작성한 경우 직무역량이 드러나게 된다. 특히 지원직무와 관련이 있는 지원자의 지식, 기술 등을 언급할 수

있다. 태도역량에 대해 적게 된다면 성장과정에서 이미 살펴본 내적 역량들을 적을 수 있다. 이때 성장과정에서 선택한 단어 또는 유사한 단어는 가급적 피하는 것이 좋다. 기업에 따라서 성장과정과 성공경험을 모두 자기소개서 문항으로 출제한 경우 역량 키워드가 동일할 수 있기 때문이다.

다음은 성공경험의 스토리보드 작성 예시이다.

❖ 성공경험 스토리보드 예시

첫 문장	대학생활 중에 자동차 관련 지식과 열정적인 자세로 ○○○기관에서 주최하는 ○○○공모전에서 은상을 수상한 성공경험이 있습니다.
사 례	의도(목적) + 목표 (자동차 설계 공모전 동상수상) 3학년 2학기에 그동안 관심을 가지고 학습해 온 자동차 관련 지식을 활용하고 향후 자동차 분야로의 취업을 준비하는 차원에서 ○○○기관에서 주최하는 ○○○공모전에 참가하였습니다. 사건(에피소드) 개인이나 그룹(팀) 모두 가능 공모전을 하면서 있었던 중요한 사례 소개 사건을 통해 드러난 내적 역량/ 직무관련 지식, 기술 (성장과정 키워드와 겹치지 않도록 하고 유사한 단어도 제외) 자동차 분야에 대해 축적한 지식과 열정적인 자세로 얻은 소중한 성공경험이라고 생각합니다.
맺음말	위와 같이 자동차 분야에 대한 지식과 열정적인 자세를 바탕으로 ~ 위와 같은 성공경험을 바탕으로 ~

7. 갈등극복경험/ 팀워크 발휘경험

견해 차이가 발생한 경우 이를 어떻게 극복하고 원만한 결론에 이르렀는지에 대한 항목은 비교적 많은 기업에서 요구하는 자기소개서 항목이다. 기업에 따라서 갈등극복경험, 견해 차이 극복경험, 모르는 타인과 협력하여 성과를 낸 경험 등으로 바꾸어 묻기도 한다. 자기소개서에 작성하는 모든 사례가 무게감 있고 직무관련 사례라면 가장 이상적일 것이다. 그러나 모든 항목에 그러한 사례를 작성하기는 쉽지 않다. 따라서 성공경험과 같은 정도의 무게감 있는 사례가 아니어도 작성 가능하다. 그렇다 하더라도 갈등극복경험이기 때문에 결과가 가시적이고 측정 가능할 뿐만 아니라 긍정적이어야 한다.

갈등극복경험 사례는 다음과 같은 조건들을 충족해야 한다. 갈등극복경험 사례의 마지막 부분에는 창의력, 책임감, 설득력, 소통능력, 협업능력, 배려, 준비성, 적극성, 열정 등 갈등을 극복하고 원만한 결론을 이끌어 내기 위해 지원자가 발휘한 역량을 정리해서 기술할 필요가 있다.

> 2명 이상이 참여해야 하고 이 사건에 지원자가 구성원으로 함께 참여
> 의견이 양분되거나 통일되지 못해 갈등이 발생한 분명한 사례
> 지원자의 적극적인 개입이나 설득 노력
> 지원자의 의견이 수용되거나 여러 의견이 반영된 중재안이 채택된 경우
> 명확하고 긍정적인 결과(성과)
> 갈등을 극복하기 위해 발휘된 지원자의 역량

다음은 갈등극복경험의 스토리보드 예시이다.

✤ 갈등극복경험 스토리보드 예시

첫 문장	대학생활 중에 ○○○프로젝트를 진행하면서 설득력을 발휘하여 조원들 간의 갈등을 원만하게 해결하고 프로젝트를 성공적으로 마무리한 경험이 있습니다.
사 례	4학년 1학기 ○○○전공수업 시간에 4인 1조로 ○○○프로젝트를 진행하였습니다. ○○○프로젝트는 주로 ○○○에 관한 내용을 다루는 것이었습니다. ~ 의견 통일되지 못한 내용 ~ 자신이 어떤 의견을 제시하고 설득노력을 기울였는지… ~ 어떤 의견이 채택되었는지… ~ 어떤 결과나 성과가 있었는지… (프로젝트를 잘 완수하였고 교수님께서도 칭찬을 많이 해주셨습니다. 이러한 결과로 A학점을 받을 수 있었습니다.) 이러한 성과는 조원들을 설득하여 의견을 수렴한 결과 얻을 수 있었던 값진 성과라고 생각합니다.(이러한 결과는 조원들의 의견을 경청하고 중재안을 제시하여 얻을 수 있었던 값진 성과라고 생각합니다.)
맺음말	위와 같이 설득력을 발휘하여 갈등을 극복하고 긍정적인 성과를 이끌어 낸 경험을 바탕으로 ~

갈등극복경험의 경우에도 직무관련 사례를 쓰는 것이 가장 좋다. 그러나 직무관련 사례가 많지 않은 경우에는 동아리활동, 봉사활동, 아르바이트 경험(직무관련 없는 경험), 공모전 참여 경험(직무관련 없는 경험), 교양수업 프로젝트 경험, 학생회 활동 경험을 사례로 작성할 수 있다.

팀워크 발휘경험은 갈등극복경험과 유사하게 작성 가능하다. 팀워크 발휘경험에서는 지원자가 어려움을 해결할 수 있었던 팀워크 능력을 더욱 부각시켜서 작성할 필요가 있다. 팀워크 발휘경험에서는 갈등극복경험과는 조금 상이하게 적응력, 문제해결능력, 소통능력, 협업능력, 배려, 경청, 창의성, 역지사지 등의 함께 일하는 데 필요한 팀워크 역량 키워드를 선택하는 것이 더 바람직하다.

팀워크 발휘경험 사례는 다음과 같은 조건들을 충족해야 한다.

2명 이상의 구성원들이 팀을 이루어 함께 참여한 명확한 사례
구성원들이 각자 자신의 역할을 가지고 어떤 일을 함께 도모함
함께 어떤 일을 해나가는 가운데 팀워크를를 발휘해야 하는 어려움 발생
(주로 예상치 못한 환경이나 상황의 변화, 팀원 이탈 등)
지원자의 노력으로 팀워크를 발휘할 수 있었고 어려움을 극복(역할/ 임무 명시)
명확하고 긍정적인 결과(성과)
지원자가 어려움을 극복하는 데 발휘된 팀워크 역량 제시

다음은 팀워크 발휘경험의 스토리보드 작성 예시이다.

❖ 팀워크 발휘경험 스토리보드 예시

첫 문장	대학생활 중에 어려운 과정에서도 팀워크를 발휘하여 ○○○기관에서 주최한 ○○○공모전에서 은상을 수상하였습니다(은상을 수상한 경험이 있습니다).
사 례	3학년 2학기에 5명의 학우들과 함께 그동안 배운 전공지식을 활용하는 차원에서 ○○○공모전에 참가하였습니다. ○○○공모전에서 가장 주요한 것은 ○○○지식에 대한 이해와 활용이었습니다. (팀워크가 필요한 어려운 상황 직면 ~) 공모전 프로젝트를 진행하면서 팀원 모두 ○○분야에 대한 지식이 부족하여 프로젝트 진척이 잘되지 않는 상황에 처하게 되었습니다. 특히 ~ (어려움을 해결하기 위한 지원자의 팀워크 능력 발휘/ 지원자의 역할과 임무/ 지원자의 노력)

	이러한 어려움을 해결하기 위해 우선 ○○분야에 대한 지식을 습득하는 것이 먼저라고 판단하고 팀원들과 함께 ~ (의견 불일치가 아니라 지식이 부족한 문제 발생) (명확하고 가시적인 결과(성과)) (어려움을 해결하기 위해 발휘된 지원자의 팀워크 역량) 이렇게 진행과정에서 어려움은 있었지만 프로젝트를 성공적으로 마무리하여 공모전에서 은상을 수상하였습니다. 여러 어려움 속에서도 포기하지 않고 팀원들과 함께 끝까지 임무를 완수하고자 하는 팀워크를 발휘하여 공모전에서 은상을 수상할 수 있었다고 생각합니다.
맺음말	위와 같이 여러 어려움 속에서도 팀워크를 발휘하여 성과를 낸 경험을 바탕으로 ~

8. 성격 장단점

성격 장단점은 기업에서 자기소개서에 기재할 내용으로 채택하고 있기도 하지만 만약 자기소개서에서 요구하지 않는다면 면접 장면에서 질문할 가능성이 매우 높은 항목이다. 따라서 성격 장단점은 자기소개서에 작성하지 않았다 하더라도 면접을 위해서 반드시 준비해야 하는 내용이다.

성격 장단점 작성에서 가장 중요한 점은 지원직무와의 관련성을 염두해 두고 작성해야 한다는 것이다. 그렇기 때문에 지원직무와 관련성이 적은 장점을 적는다거나 지원직무를 수행하는 데 치명적인 단점을 적어서는 곤란하다. 특히 자신의 지원직무와 관련해서 치명적인 단점이라면 입사에 부정적인 영향을 미칠 수 있기 때문이다. 또 성격 장단점 작성 시 주의할 점은 앞서 작성한 성장과정, 성공경험, 갈등극복경험/ 팀워크 발휘경험 항목의 키워드와의 조화를 고려해야 한다는 것이다. 예를 들어, 성장과정 항목의 키워드를 친화력으로 작성했는데 성격 단점에 매사 너무 진지한 편이라고 한다면 자기소개서 항목의 작성 내용 간에 조화를 이루지 못하게 될 것이다. 성격 장단점의 경우 사례의 무게감은 크게 중요하지 않다. 물론 직무관련 사례를 작성한다면 좋겠지만 그렇지 않은 경우에는 자신의 장점이 잘 드러난 사례 위주로 작성하면 된다.

성격 장점은 막연하고 추상적인 표현을 피하고 지원자의 실제 사례와 함께 작성해야 한다. 성격 장점이 어떠한 사례를 통해 드러났는지 실제 사례를 구체적으로 기술해야 한다. 물론 성격 장점이므로 사례 자체도 긍정적이어야 하고 결과도 긍정적이어야 한다. 성격 장점으로 사용할 수 있는 단어들은 다음과 같다.

> 책임감, 성실성, 배려, 포용력, 긍정마인드, 경청, 소통, 꼼꼼함, 계획성, 적응력, 적극성, 도전정신, 융통성, 자신감, 인사성(예의 바름), 친화력, 사교성, 유연한 사고, 창의성, 끈기, 협력마인드, 분석력, 준비성, 열정 등

장점으로 부적합한 경우는 장점 키워드가 성장과정과 성공경험의 키워드와 같거나 매우 유사한 경우, 성장과정과 성공경험 키워드와 배치되는 경우이다. 또 그럴 가능성은 희박하지만 장점과 단점이 서로 배치되는 키워드를 사용하는 경우이다.

성격 단점은 확실히 단점으로 이 역시 사례와 함께 작성해야 한다. 단점의 사례는 좋지 않은 경우이므로 사례는 아주 짧게 작성해야 한다. 경우에 따라서는 장점을 마치 단점인 것처럼 작성하는 경우가 있다. 이는 바람직하지 않다. 왜냐하면 기업이 알고 싶은 것은 지원자의 단점이기 때문이다. 따라서 단점은 반드시 단점을 적어야 한다. 하지만 보완적인 측면에서 적어야 한다. 단점이지만 보완하려는 노력을 통해 많이 개선되었으나 여전히 더 노력할 여지가 있다는 것을 반드시 명시해야 한다. 단점은 단점 자체가 중요하기보다는 어떠한 보완 노력을 했는지가 가장 중요하다. 따라서 단점을 개선하기 위해 노력했던 점을 구체적으로 기술해야 한다.

다음과 같은 방법으로 단점을 작성하는 것이 바람직하다.

> ○○○한 것이 단점이다.
> 평상시에 ○○○한 편이다(사례).
> 단점을 극복하기 위해 그동안 ○○○한 노력을 해왔다.
> 지금은 많이 좋아져서 ○○○한 상태가 되었다(또는 지금은 많이 좋아졌다고 생각한다).
> 하지만 계속해서 노력해야 할 부분이라고 생각한다.

다음은 단점으로 부적합한 사례를 정리한 것이다.

❖ 단점으로 부적합한 사례

완벽주의
결정장애
우유부단
고집이 세다.
자기주장이 강하다.
호불호가 강하다.
자신의 의견이나 감정을 주저하지 않고 잘 표현한다.
스트레스를 잘 받는다.
싫증을 잘 낸다.
버럭 한다.
욱한다.
기분파이다.
후회를 많이 한다.
냉정하다.
지나간 일을 곱씹는다.
감정기복이 심하다.
산만하다.
겁이 없다.
질투를 많이 한다.
무모한 편이다.
열등감이 있다.
자신감이 부족하다.

경우에 따라서 장점과 단점을 동일한 키워드로 작성하는 경우가 있는데 이것은 바람직하지 않다. 예를 들면, 꼼꼼한 것이 장점이면서 지나치게 꼼꼼한 것이 단점이라고 적는 경우가 있다. 이는 자칫 장점이 없거나 또는 단점이 없는 것처럼 비춰질 수 있다. 따라서 장점과 단점을 분리해서 각각 다른 키워드로 작성하는 것이 좋다.

✜ 단점 사례

일 욕심이 너무 많다.
남에게 싫은 소리를 못한다.
꼼꼼한 성격으로 일 처리가 다소 늦다.
거절을 잘 못하는 성격이다.
생각이 많아서 결정이 다소 늦다.
성격이 급해서 작은 것을 놓칠 때가 있다.
유머가 부족한 편이다.
매사 너무 진지한 편이다.
일을 준비하는 데 많은 시간을 할애한다.
남의 눈치를 많이 본다.
긴장을 많이 하는 편이다.
의욕이 앞설 때가 있다.
낯을 좀 가리는 편이다.

위의 단점 사례에 제시된 단점들은 대체로 자기소개서에 기재하기에 치명적이지 않은 것들이다. 하지만 이들도 경우에 따라서는 치명적이 될 수 있는데, 영업직무에 지원하는 지원자의 경우 낯을 가린다고 한다면 조금 문제가 될 수 있다. 왜냐하면 영업직무는 외향적이고 사람지향적인 성격에 적합하기 때문이다. 따라서 이 경우는 자기소개서에 단점을 작성할 때 신중을 기할 필요가 있다.

다음은 성격 단점의 스토리보드 작성 예시이다.

[일 욕심이 너무 많다.]

저의 성격 단점은 일 욕심이 너무 많다는 것입니다.
그래서 해결하기 어려울 정도로 일을 많이 맡는 경우도 있습니다.
이럴 경우 일이 너무 많아서 가끔 놓치는 일이 발생하기도 합니다.
(기간 내에 일을 마무리하지 못하는 일이 발생하기도 합니다.)
이러한 단점을 보완하기 위하여 어떤 일이 있으면 감당할 수 있는지에 대해 먼저 생각해 보고 일을 맡게 된다면 철저하게 계획을 세워 일을 잘 마무리할 수 있도록 노력해 왔습니다.
지금은 많이 좋아진 상태이지만 조금 더 노력해야 할 부분이라고 생각합니다.

[남에게 싫은 소리를 못한다.]

저의 성격 단점은 남에게 싫은 소리를 못한다는 것입니다.
그래서 저는 평소 꼭 해야 하는 말인데도 상대방의 기분을 상하게 할까 봐 하지 못하고 속앓이를 할 때가 있습니다.
이러한 단점을 보완하기 위하여 꼭 해야 하는 말일 경우 상대방의 기분이 상하지 않는 범위 내에서 제 생각을 전달하려고 노력해 왔습니다.
지금은 ~

[생각이 많아서 결정이 다소 늦다.]

저의 성격 단점은 생각이 많아서 결정이 다소 늦다는 것입니다.
그래서 평소 어떤 결정을 내릴 때 많은 것을 고려해야 올바른 결정을 내릴 수 있다는 생각을 가지고 이에 많은 시간을 사용하고 있습니다.
이러한 단점을 보완하기 위하여 빠른 결정이 필요하다고 판단될 때는 A를 선택했을 때 좋은 점과 B를 선택했을 때 좋은 점을 적어보고 빠르게 더 나은 선택을 하려고 노력해 왔습니다.
지금은 ~

[매사 너무 진지한 편이다.]

저의 성격 단점은 매사 너무 진지하다는 것입니다.
그래서 평소에 사람들이 많이 모이는 모임에 참석하면 사람들과 쉽게 어울리지 못하는 편이었습니다.
이러한 단점을 보완하기 위하여 가급적 사람들과의 모임을 피하지 않고 함께 어울리고 친목을 도모하는 시간을 가지려고 많은 노력을 해왔습니다.
(여러 소모임 활동에 적극적으로 참여하여…)
지금은 ~

[긴장을 많이 하는 편이다.]

저의 성격 단점은 많은 사람 앞에 서면 긴장을 많이 한다는 것입니다.
이로 인해 수업시간에 많은 학우들 앞에서 발표를 해야 하거나 대내외 활동에서 많은 사람들 앞에 서야 할 때는 충분히 저의 의견을 전달하는 데 어려움을 겪기도 하였습니다.
이러한 저의 단점을 보완하기 위하여 수업시간에 발표기회가 있을 때에 다른 학우들에게 미루지 않고 발표를 맡아서 하려고 노력하였습니다. 또 많은 사람들 앞에서 제 의견을 발표할 기회가 있을 경우 피하지 않고 제가 성장하는 기회가 될 수 있다는 생각을 가지고 적극적으로 임하려고 노력해 왔습니다.
그래서 지금은 ~

성격 장단점을 작성할 때 지원자들이 가장 많이 하는 질문 중 하나는 장점과 단점의 작성 분량에 대한 것이다. 통상적으로 성격 장단점 전체 작성 분량 중에서 2/3 또는 3/5 정도를 장점 내용으로, 나머지 분량을 단점 내용으로 작성한다. 이는 지원자 자신의 강점을 부각시켜 작성해야 하는 자기소개서의 특성을 반영한 것이라고 볼 수 있다.

성격 장단점 스토리보드를 작성할 때 주의할 점은 다음과 같다. 첫째, 첫 문장을 별도로 작성하지 않는다. 성격 장점을 적으면 그것으로 첫 문장을 대신한다. 둘째, 맺음말을 작성할 때 성격 장점은 다시 한번 작성하는 반면 단점은 쓰지 않고 단점이라고만 적는다.

다음은 성격 장단점 스토리보드 작성 예시이다.

❖ 성격 장단점 스토리보드 예시

첫 문장	저는 다른 사람의 의견을 잘 경청하는 장점을 가지고 있습니다.
사 례	대학 3학년 때 가을 축제준비위원으로 활동하면서 경청하는 장점을 발휘하여 수립한 목표를 초과 달성할 수 있었습니다. 저는 축제준비위원으로 활동하면서 외부의 물품조달 업무를 담당하였습니다. 축제에서 학과가 운영하는 여러 개의 부스에 필요한 물품을 조달하는 업무로 얼마나 저렴하게 품질 좋은 물품을 구입하느냐에 따라 축제 목표달성 여부가 결정되기 때문에 사실상 축제준비활동 중에서 가장 중요한 업무라고 할 수 있습니다. ~ 축제준비위원들과 외부 업체들의 의견을 잘 경청하면서 의견을 수렴했기에 가능했던 성과라고 생각합니다.

	저의 성격 단점은 생각이 많아서 결정이 다소 늦다는 것입니다. 그래서 평소 어떤 결정을 내릴 때 많은 것을 고려해야 올바른 결정을 내릴 수 있다는 생각을 가지고 이에 많은 시간을 사용하는 편입니다. 이러한 단점을 보완하기 위해 빠른 결정이 필요하다고 판단될 때는 두 가지 선택지를 두고 각각을 선택했을 때 좋은 점에 대해 적어보고 이를 토대로 더 나은 선택을 빠르게 결정하기 위해 노력해 왔습니다. 이러한 노력 덕분에 지금은 많이 좋아졌지만 아직은 좀 더 노력해야 할 부분이라고 생각됩니다.
맺음말	경청하는 저의 장점을 발휘하고 단점은 보완해 나간다면 ~

9. 기타(사회이슈/ 창의성 발휘경험/ 실패경험)

사회이슈 항목은 최근 자기소개서에 많이 등장하는 항목이다. 통상적으로 자기소개서 문항은 최근 사회이슈 중 한 가지를 선정하고 이에 대해 본인의 견해를 제시하라는 내용이다. 이때 가장 중요한 것은 어떤 이슈를 선정하느냐이다. 대부분의 지원자들이 범하는 실수는 매스컴에서 화제가 되고 있는 이슈를 선정하는 것이다. 그런데 이러한 이슈를 선정하게 되면 쓸 이야기가 별로 없다. 왜냐하면 자신이 잘 모르는 생소한 분야일 가능성이 높기 때문이다. 따라서 이슈는 가급적 지원기업이나 지원직무와 관련 있는 것을 선택해야 한다.

사회이슈라고 꼭 세상을 떠들썩하게 해야 하는 것은 아니다. 그저 매스컴에 한두 번만 소개되었더라도 많은 사람들이 알고 있고 최근 산업이나 사회 동향과 관련이 조금이라도 있다면 그것이 바로 이슈가 될 수 있는 것이다. 따라서 사회이슈는 지원자가 관심이 있거나 비교적 잘 알고 있는 것을 선택해야 한다. 그래야 작성하기 쉽다.

사회이슈 항목을 작성하기 위해서는 작성 틀에 대해 먼지 숙지해야 한다. 이때 지원자는 자신의 자기소개서를 작성하고 있다는 것을 잊어서는 안 된다. 자신의 자기소개서이므로 사회이슈로 시작했지만 이야기를 자신의 자기소개서로 끌어와야 한다. 즉, 사회이슈를 하나 선정하고 이슈로 이야기를 시작한 후에 지원기업의 산업분야나 직무로 연결시키고 최종적으로는 지원자 자신의 이야기로 끝내야 한다. 즉, 마무리는 사회이슈와 관련해 지원자의 기여할 점에 대해 적는 것이 바람직하다. 그래야 사회이슈 항목을 쉽게 작성할 수 있다.

다음은 사회이슈 항목 작성 틀을 설명한 것이다.

이슈 제시		지원기업(또는 직무)		지원자
가급적 이슈는 지원기업이나 지원직무와 관련성 있는 것을 선택해야 한다. 먼저 선택한 이슈의 상황에 대해 개략적으로 설명한다.	⇨	지원기업과 이슈와의 관련성(향후 전망, 지원기업의 역할 등)을 구체적으로 작성한다.	⇨	지원자가 지원기업의 직원이 된다면 이슈와 관련해 지원기업에 어떻게 기여하겠는가에 대해 언급하며 전체적으로 자기소개서 작성을 마무리한다.

다음은 사회이슈 스토리보드 작성 예시이다.

❖ 사회이슈 스토리보드 예시

첫 문장	AI 분야에 관심을 가지고 있으며 이는 최근 사회적으로 상당히 중요한 이슈가 되고 있습니다.
사 례	코로나 바이러스(COVID-19)로 전 세계가 어려움을 겪고 있는 가운데 한국의 진단키트에 대한 관심이 높아지고 있습니다. 한국기업들이 빠르게 진단키트를 개발하는 데 밑거름이 되었던 것인 바로 AI 기술입니다. ~ ○○기업은 AI와 관련해 독보적인 기술을 가진 글로벌 기업입니다. 저는 ○○○전공을 통해 AI 기술에 대한 ~
맺음말	○○기업이 AI 분야에서 향후 최고의 글로벌 기업으로 성장할 수 있을 것이라 확신하며 제가 그러한 ○○기업의 행보에 주춧돌이 될 수 있도록 최선을 다하겠습니다.

창의성 발휘경험은 문제해결과 연결시켜 작성해야 한다. 창의성 발휘경험에 대해 어렵게 생각하는 지원자들이 많다. 그러나 그럴 필요는 없다. 창의성 발휘경험에 특별한 사례를 적을 필요는 없다. 창의성 발휘경험에는 문제를 해결한 경험을

적도록 한다. 그리고 직무관련 사례라면 더할 나위 없이 좋겠지만 그렇지 않다면 대학생활 경험 중에 찾아서 작성하면 된다. 사례의 무게감보다는 문제해결이라는 부분에 초점을 맞추어 작성해야 한다. 즉, 문제해결을 위해 새로운 아이디어 제시, 새로운 방법으로 접근했다는 것을 강조하여 작성하는 것이 좋다. 창의성 발휘경험 작성 시 주의할 점은 단어의 선택이다. "그 문제를 해결하기 위해 기존에 생각했던 방식과 다르게 ~", "새로운 아이디어를 제시하여 ~", "기존에 사용했던 방법과 다른 방법을 통해 문제를 해결하고자 하였습니다." 이러한 표현을 사용한다면 이것이 곧 창의성을 발휘한 경험이 될 수 있다. 즉, 기존에 자신이 문제를 해결했던 경험을 작성하되 '기존과 다르게, 기존과 다른 방법으로' 라는 점을 강조해서 작성한다.

다음은 창의성 발휘경험 스토리보드 작성 예시이다.

✤ 창의성 발휘경험 스토리보드 예시

첫 문장	대학생활 중 창의성을 발휘하여 ○○○기관에서 주최한 ○○공모전에 참여하여 은상을 수상한 경험이 있습니다.
사 례	대학 2학년 2학기 같은 전공 학우 4명과 그동안 배운 지식을 더욱 발전시키고 싶은 마음에 ○○공모전에 참가하였습니다. ○○지식과 기술을 활용하여 ○○제작을 진행하였지만 생각한 것과 다르게 프로젝트 진척이 잘되지 않았습니다. 그 문제를 해결하기 위해 기존에 학습하면서 생각했던 방식과 다르게 ~ ○○을 활용하여 문제를 해결하고자 하였습니다. ○○부분에 문제가 있음을 확인할 수 있었고 ○○을 활용해 이를 해결하였습니다. 기존의 방식에 안주하지 않고 기존에 생각했던 방식과 다르게 창의성을 발휘한 결과 공모전에서 은상을 수상하였습니다.
맺음말	위와 같은 창의성은 ~

실패경험은 작성하기 쉽지 않은 항목이다. 그 이유는 성공경험 사례와 같이 사례의 무게감이 중요하기 때문이다. 따라서 사례 선택에 신중을 기할 필요가 있다. 사실 20대 중후반의 지원자들에게 실패경험은 매우 생소한 항목이다. 특히나 부모

의 관심과 보호 속에서 물질적, 정신적으로 별 어려움 없이 성장해 온 이들에게 실패라는 단어는 매우 낯설 수밖에 없다. 그렇기 때문에 기업에서는 이 항목에 더욱더 집중하는지도 모른다.

사실 기업은 치열한 경쟁환경 속에서 성과를 내야 하는 특성을 가진 조직이다. 따라서 기업의 구성원으로 근무하다 보면 예상하지 못한 어려운 상황에 직면하게 되는 경우가 많다. 이럴 경우 살면서 실패도 해보고 성공도 해본 사람이라면 큰 어려움 없이 위기를 잘 넘길 수 있지만 그렇지 못한 사람의 경우는 실패를 극복하지 못하고 쉽게 포기하거나 회사를 그만두게 되는 경우가 발생할 수 있다. 즉, 조금만 힘들어도 인내하지 못하고 쉽게 사표를 쓰게 된다는 것이다. 기업들은 바로 실패경험을 통해서 지원자가 어려움을 잘 극복할 수 있는 사람인지, 그래서 조직 안에서 발생하는 여러 어려운 일들을 잘 해결해 나갈 수 있는 사람인지에 대해 판단하고자 하는 것이다. 그렇기 때문에 실패경험은 이러한 기업의 의도를 잘 파악하고 작성해야 한다.

우리가 어떤 일을 실패했다고 말할 때는 어떤 일을 하기로 마음먹고 그에 대한 목표를 세우고 도전한 결과가 실패로 나타났다는 것을 의미한다. 따라서 성공경험 항목을 작성할 때와 동일하게 어떤 일을 하기로 한 의도와 목표, 그리고 사례를 시간의 흐름에 따라 작성해야 한다. 그리고 실패로 나타난 결과에 대해서도 구체적으로 언급해야 한다. 실패경험 사례에서 가장 중요한 것은 비록 결과는 실패로 끝났다 하더라도 그 실패경험을 통해서 배운 점과 얻은 점에 대해 기술하는 것이다. 그래서 이렇게 배운 점과 얻은 점을 토대로 이와 유사한 다른 사례에서 성공을 경험하였다면 최고의 실패경험 사례라고 할 수 있을 것이다. 물론 이렇게 좋은 사례를 가지고 있는 지원자들은 많지 않을 것이다. 따라서 유사한 사례에서의 성공경험은 반드시 작성해야 하는 필수사항은 아니다. 이 점을 참고하기 바란다.

그렇다고 하더라도 지원자들이 실제로 작성할 수 있는 실패경험 사례는 많지 않다. 공모전이나 경진대회 수상 실패 경험, 계획을 가지고 휴학했는데 계획대로 실천하지 못한 경험 등 어떤 일을 도모하고자 목표를 세워 도전했으나 뜻대로 이루지 못한 경우의 사례가 적합하다. 물론 실패를 경험했다면 사례로 쓸 수는 있지만 잊지 말아야 할 것은 사례의 무게감이다. 따라서 지원자는 자신의 삶에서 가장 실패한 경험이 면접관들을 설득할 수 있는 사례인지에 대해 고민해 볼 필요가 있다.

다음은 실패경험-배운 점-다른 사례 성공경험의 스토리보드 작성 예시이다.

✣ 실패경험 스토리보드 예시

첫 문장	대학생활 중에 ○○○기관에서 주최하는 ○○○공모전에 참가하여 예상하지 못한 어려움으로 인해 수상에 실패하였으나 ○○○에 대한 교훈을 얻을 수 있었습니다.
사 례	(의도＋목표) 대학 3학년 1학기에 뜻이 잘 맞는 교우들과 함께 그동안 배운 전공지식을 잘 활용한다면 수상도 충분히 가능할 것이라고 판단하여 ○○○공모전에 참가하였습니다. (실패 사례) 그런데 공모전 준비를 하는 과정에서 여러 어려움들을 경험하였습니다. 먼저, ~ 문제가 발생할 때마다 하나씩 해결하면서 공모전 준비를 계속하였습니다. 그러던 중 ~ ○○○, ○○○ 등으로 인해 프로젝트 진행에 어려움을 겪었습니다. 그 결과 공모전에서 수상에 실패하였습니다. (배운 점, 교훈) 이러한 실패경험을 통해서 언제든지 예상하지 못한 일은 발생할 수 있기 때문에 보다 철저한 준비가 필요하다는 것을 배울 수 있었습니다. (다른 사례 성공경험) 3학년 2학기에 진행된 ○○○기관에서 주최하는 ○○○공모전에 참가하여 ○○○을 교훈으로 프로젝트를 진행한 결과 동상을 수상할 수 있었습니다. 실패에 굴하지 않고 이를 통해 배운 교훈을 토대로 이룬 성과라고 생각합니다.
맺음말	이러한 실패경험을 통해서 얻은 값진 교훈을 토대로 ~

10. 학습정리

1) 성장과정 항목의 작성법에 대해 설명한다.

2) 직무역량 항목의 작성법에 대해 설명한다.

3) 지원동기 및 입사 후 포부 항목의 작성법에 대해 설명한다.

4) 성공경험 항목의 작성법에 대해 설명한다.

12
CHAPTER

면접의 종류

최근 채용에서 강조되고 있는 면접의 역할과 중요성에 대해 살펴본다. 실제로 기업에서 면접으로 많이 활용되고 있는 면접에서부터 특별한 경우에만 활용되는 면접에 이르기까지 다양한 면접의 종류에 대해 살펴본다. 최근 중요성이 대두되고 있는 AI면접(AI역량검사)의 구성요소와 그 내용에 대해 구체적으로 살펴본다.

학습목표

1. 면접의 역할과 중요성에 대해 이해한다.
2. 다양한 면접의 종류에 대해 살펴본다.
3. AI면접(역량검사)에 대해 구체적으로 검토한다.

학습내용

Think Pocket
1. 면접의 역할과 중요성
2. 실전 대비 면접의 종류
3. AI면접
4. 학습정리

Chapter

12 면접의 종류

Think Pocket

좋은 직장은 성공의 필수요건이 아니다!

우리는 그 어느 때보다 어렵고 혹독한 시기를 지나고 있다. 그러나 이 또한 지나갈 것이다. 그런데 이 시기가 지나간다고 해서 아주 좋은 시기가 올 것이라고 확답하기는 어려울 것 같다. 나는 몇 년 전 수업시간에 학생들에게 이런 이야기를 한 적이 있다.

> 여러분들에게 인생의 선배로서 미안한 마음입니다. 사실 나는 대학을 졸업하고 내가 원하는 곳에 취업을 할 수 있는 사회 경제적 환경에서 성장했습니다. 물론 그 덕에 대학을 졸업하고 많은 사람들이 원하는 일을 할 수 있었습니다. 그런데 여러분들에게는 나와 같은 사회 경제적 환경을 만들어 주지 못한 것 같습니다. 이 점에 대해 나는 인생의 선배로서 여러분들에게 미안한 마음을 가지고 있습니다. 더 좋은 환경을 만들어 주었어야 하는데 그렇지 못했습니다.

나의 진심을 담은 이야기였다. 사실이 그러하였다.

60대 초반의 내 인생 선배 한 분은 자신의 첫 취업 이야기를 들려주었다. 그

선배는 서울 소재 4년제 대학에서 기계공학을 전공하였다. 4학년 2학기 중간고사 시험을 보는데 옆 강의실에 모 자동차 회사에서 면접을 보기 위해 직원들이 나와 있으니 시간이 되고 관심이 있는 학생들은 시험 끝나고 잠깐 면접을 보고 가라는 이야기를 들었다. 그래서 시험을 조금 일찍 끝내고 옆 강의실에서 면접을 보고 바로 그 자리에서 채용이 결정되어서 졸업 전에 출근을 하였다. 지금 생각해 보면 이게 가능한 일인가? 그런데 그 때는 그랬다. 그런데 요즘은 어떠한가?

'취업준비 준비생'이라는 말을 들어본 적이 있는가? '취업준비 준비생'은 취업준비 기간이 길어지면서 아르바이트를 하면서 취업준비 비용을 마련한 다음 본격적으로 취업준비에 돌입하는 청년들을 일컫는 말이다. 취업이 이렇게 쉽지 않은데 한편으로는 어렵게 취업문을 통과한 다음 조기퇴사를 선택하는 신입사원도 적지 않다(김소영 · 이참슬, 2021. 8. 23).

대졸자들이 취업을 하면서 자신의 전공을 살리지 못하는 것도 문제가 되고 있다. 대졸 취업자의 27.4퍼센트는 자신의 전공과 맞지 않는 일자리에 취업하고 있는 것으로 나타났다(채창균, 2016. 1. 15). 이러한 상황은 신입사원들이 직무적응에 실패함으로써 퇴사를 결정하게 하는 주요 요인이 되고 있다.

또 최근 코로나19 팬데믹의 장기화로 취업난이 지속되다 보니 원하는 근무조건이 아니더라도 우선 입사를 결정하고 이직을 준비하는 경우가 증가하고 있다. 직장인의 37.5퍼센트는 취업하자마자 이직을 준비하는 '퇴준생(퇴사 + 취업준비생)'으로 나타났다(김소영 · 이참슬, 2021. 8. 23).

이러한 배경에는 좋은 직장이 더 이상 성공의 필수요건이 아니라는 인식이 어느 정도 반영되어 있는 것으로 볼 수 있다. 2021년 7월 국내 한 취업포털에서 세대별 직장인 1,400명을 대상으로 한 '직장의 가치 및 세대 차이 현황' 조사에 따르면 밀레니얼 세대(1980~2000년대생) 절반 이상이 좋은 직장은 더 이상 성공의 필수요소가 아니라는 생각을 가진 것으로 나타났다. 고속성장과 경제개발의 주역인 베이비붐 세대(1955~1963년대생)의 75.0퍼센트, X세대(1970년대생) 54.7퍼센트, 386세대(1960년대생) 49.0퍼센트는 '성공적인 삶을 위해 반드시 좋은 직장에 들어가야 한다'고 답한 것과 비교된다(김소영 · 이참슬, 2021. 8. 23).

좋은 직장이 성공의 필수요건이 아니라는 생각은 성공이 직장에 의존하기보다는 자신의 힘으로 만들어 가는 것이라는 인식에 기초하는 것이다. 스스로 자신의 커리어를 만들어 가는 이들에게 더 이상 좋은 직장은 성공의 필요요건이 아닌 것이다.

1. 면접의 역할과 중요성

면접시험은 서류전형과 인적성검사가 끝난 후 최종적으로 응시자의 지식, 태도, 인성, 가치관을 알아보는 면대면 구술시험을 말한다. 채용절차는 대체로 서류전형, 인적성검사, 면접과 신체검사의 순으로 이루어진다. 이 중 가장 비중 있고 중요한 것이 면접이다.

다음은 기업들이 면접을 통해 파악하고자 하는 지원자의 특성을 정리한 것이다.

첫째, 팀워크와 자기관리능력이다. 기업은 여러 개의 그룹이나 팀으로 구성되어 있고 각각의 그룹이나 팀에는 그 구성원들이 있다. 그룹이나 팀의 구성원들이 같은 목표를 가지고 함께 움직이면서 성과를 내야 한다. 이럴 경우 중요한 것이 바로 팀워크다. 또 자기관리능력은 조직에서 특히 강조되고 있는 역량이다. 기업의 인재로 성장하기 위해서는 타인을 리드하는 리더십도 필요하지만 그에 앞서 자신을 잘 관리할 수 있는 자기관리능력이 요구된다. 특히 신입사원이라면 리더십보다는 자기관리능력이 더 중요하게 요구된다. 따라서 기업들은 면접을 통해 지원자의 팀워크와 자기관리능력에 대해 파악하고자 한다.

둘째, 직무에 대한 전문성이다. 이는 업무수행을 위해 요구되는 직무역량을 말하는 것으로 기업 입장에서는 채용을 위해 반드시 확인해야 할 부분이다. 최근 기업들이 직무관련 시험을 별도로 진행하고 있지 않기 때문에 면접을 통한 점검이 반드시 필요하다. 그래서 기업들은 직무를 잘 수행하기 위해 그동안 지원자가 해온 노력이 무엇인지 묻는 자기소개서 문항들을 많이 출제하고 있다. 이는 지원자의 직무관련 전문성을 확인하기 위한 것이다.

셋째, 언어능력과 창의성이다. 언어능력에는 외국어 구사능력은 물론 조리 있게 자신의 의견을 말하고 상대를 설득시키는 능력까지 포함된다. 또 최근 기업에서 강조하고 있는 것은 창의성이다. 특히 창의성은 기업 현장에서 발생할 수 있는 직무와 관련된 다양한 문제들을 해결하는 데 필요한 능력으로 평가되고 있다. 따라서 기업에서는 면접 시 다양한 방법을 통해 지원자들의 창의성을 테스트하고 있다.

넷째, 지원동기 및 입사 후 포부이다. 이 부분은 기업들이 신입사원을 채용할 때 가장 중점적으로 살펴보는 부분이다. 지원자는 지원동기와 입사 후 포부 부분에서 자신이 지원기업을 선택하고 지원한 이유, 그리고 입사 후 어떻게 역량개발을 해나갈 것인지에 대해 구체적으로 제시할 때 높은 점수를 얻을 수 있다. 따라서 지원자는 이 부분에 대해 논리적이고 명확한 답변을 준비해야 한다.

마지막은 적극성과 진취성이다. 치열한 경쟁환경 속에 놓여 있는 기업 입장에서는 보다 적극적이고 진취적으로 행동하는 인재를 원하고 있다. 또 입사 후 지원자가 자신에게 맡겨진 업무에 임하는 자세도 이러한 적극성과 진취성에 따라 달라질 수 있다는 것이 기업의 입장이다. 따라서 지원자들은 짧은 면접시간이지만 이 시간 동안 자신의 적극적인 태도를 충분히 보일 수 있도록 준비하고 면접에 임해야 한다.

최근 들어 지원자들의 객관적인 능력이 지속적으로 향상되면서 채용시험에서 변별력이 문제가 되고 있다. 따라서 채용절차 중 면접의 영향력이 점차 확대되고 있다. 기업들은 지원자들 사이에 변별력을 높이기 위해 까다롭고 다양한 유형의 면접 방식을 고안해 자신들에게 적합한 인재를 선발하고 있다.

2. 실전 대비 면접의 종류

1) 단독면접(일대일 면접)

단독면접은 면접관 1명과 지원자 1명이 일대일로 질문하고 답하는 형식의 면접이다. 보통 기업의 임원이나 인사담당자가 면접관을 맡게 되는데, 이때 면접관의 주관이 개입될 여지가 많기 때문에 객관성 확보에 어려움이 있다. 또 다른 종류의 면접에 비해 면접시간이 많이 소요된다는 단점이 있다. 반면 지원자의 역량, 인성 등을 구체적으로 파악할 수 있다는 장점이 있다. 지원자는 편안한 마음으로 면접에 응할 필요가 있고 이력서와 자기소개서에 근거해서 준비한 답변을 하면 된다.

2) 개별면접

개별면접은 여러 명의 면접관이 1명의 지원자를 면접하는 것이다. 주로 중요한 직책이나 소수의 인력을 선발할 때 사용하는 면접이다. 면접관이 여러 명이므로 다양한 질문이 가능해 지원자에 대해 구체적인 것을 검증하는 면접이 가능하다. 반면 기업의 입장에서는 시간과 노력이 많이 든다. 지원자에게는 지나친 긴장감을 유발할 수 있다는 단점이 있다. 지원자는 면접에 임할 때 한 명의 면접관이 질문을 했더라도 면접관 전체를 상대로 분명하게 답변해야 하다.

3) 집단면접(다대다 면접)

여러 명의 면접관과 여러 명의 지원자가 동시에 면접을 진행하는 것으로 일반적으로 대기업에서 많이 이루어지는 면접이다. 기업 입장에서는 면접에 소요되는 시간과 노력을 절약할 수 있고 여러 명의 지원자들을 동시에 비교 관찰할 수 있기 때문에 평가 시 객관성을 확보할 수 있다. 여러 명의 지원자가 동시에 면접을 보기 때문에 지원자의 긴장감을 낮출 수 있는 반면, 다른 지원자들과 비교가 되기 때문에 자신의 생각이나 의견을 솔직하게 표현해야 하고 개성 있는 답변을 통해 집단 속에 묻히지 않고 면접관에게 좋은 인상을 심어 줄 수 있어야 한다. 지원자는 자신의 답변이 끝난 이후에도 면접이 완전히 종료될 때까지 좋은 태도를 유지해야 한다.

4) 토의면접

집단토론이나 토의면접은 비교적 많은 기업에서 면접방법으로 채택하고 있다. 토론과 토의는 그 의미가 조금 다르다. 사전적 정의를 살펴보면, 토론은 '어떤 문제에 대하여 여러 사람이 각각 의견을 말하며 논의함'이고, 토의는 '어떤 문제에 대하여 함께 검토하고 협의함'(NAVER 표준국어대사전)이다. 넓은 의미에서 본다면 토론도 토의에 포함되는 개념이라고 할 수 있다.

먼저 이 둘의 공통점은 문제를 해결하기 위한 방법이며, 집단 내 개인들의 사고를 통해 바람직한 문제를 해결하기 위한 방안을 찾는 과정이라는 것이다. 이를 위해서는 논리적인 근거를 들어 상대를 설득해야 한다. 이 둘의 차이점은 토의가 문제해결을 위한 의견의 합의점을 찾기 위해 서로 협력하는 형태라면, 토론은 문제가 찬성과 반대로 구분되는 대립적인 주제에 적합하다는 것이다.

토론은 어떤 하나의 주제에 대해 찬성과 반대의 의견을 갖는 사람들이 자신의 의견이 옳다고 주장을 하는 것이다. 그렇기 때문에 자신과 다른 의견을 가진 사람들을 설득하고 자신의 주장을 뒷받침할 증거를 제시해 정당성을 입증해야 한다. 토론을 진행하는 사회자는 중립적인 조정자 역할을 한다. 좋은 토론을 하기 위해서 발언자들은 이성을 잃지 않고 차분하게 자신의 주장을 펼쳐야 한다. 또 감정적인 접근이 아닌 논리적이고 지식에 근거한 접근을 통해 평정심을 유지하면서 토론에 임해야 한다.

토의는 두 사람 이상이 공동의 문제를 해결하기 위해 자신의 의견을 제시하고 합의점을 찾는 것이다. 물론 이때 합의점은 토의 참여자들이 가장 바람직하다고 생각하는 방법을 말한다. 토의를 진행하기 위해서는 주제가 있어야 하고 주제의 원인과 실태에 대한 문제점을 파악해야 한다. 이 문제점을 토대로 해결책을 토의한다. 이 과정에서 여러 방안들이 검토되고 최선의 해결방안을 선택하게 된다.

집단토론이나 토의면접은 여러 명의 지원자가 조를 이루어 주어진 주제에 대해 바람직한 문제를 해결하기 위한 방안을 찾는 과정을 평가하는 면접이다. 면접시간은 통상적으로 40분에서 1시간 정도로 진행된다. 주제가 주어지면 지원자들은 그 주제에 대해 토론이나 토의를 진행한다. 면접관은 이 과정에 개입하지 않고 지원자들의 토론이나 토의과정을 관찰하고 평가한다. 집단토론이나 토의면접은 보통 기본면접을 거친 다음에 실시한다.

집단토론이나 토의면접은 개인면접에서 파악하기 어려운 설득력, 상호존중, 배려, 경청능력, 협동심, 논리력, 리더십, 판단력 등을 평가하는 면접이다. 토론이나 토의를 통해 다양한 의견이 자유롭게 개진되며, 지원자가 타인을 대하는 태도도 자연스럽게 드러난다. 면접 시 지원자는 주제에 부합하는 발언을 하고 요점을 명확히 표현하기 위해 결론부터 말해야 한다. 이때 논리적으로 자신의 주장을 펴는 것이 중요하다.

과거에는 집단토론면접의 경우 시사성 있는 주제들이 많이 제시되었지만 최근에는 현장에서 직무관련 문제해결에 대한 주제가 제시된다. 집단토론면접은 지원자 개인의 의사가 반영되지 않은 채, 면접에 참가한 두 팀을 찬성팀과 반대팀으로 나누고 이들에게 찬성과 반대의 명확한 의견 제시를 요구한다. 따라서 집단토론면접에서 찬성과 반대는 중요하지 않다. 얼마나 자신의 의견을 논리적으로 설득력 있게 전달하느냐가 중요한 것이다. 그러므로 자신이 맡은 찬성과 반대의 입장을 분명히 하고 이를 논리적으로 설명할 수 있어야 한다.

토의면접의 경우는 주어진 주제에 대해 두 팀이 함께 의견을 제시하고 이들 중 문제해결에 가장 적합한 합의점을 찾아내는 것이다. 면접관은 이 과정에서 지원자들의 태도와 의견을 동시에 평가한다. 최근에 토의면접의 경우는 직무관련 현장에서의 문제해결이나 직무관련성이 높은 주제들이 제시되는 경향이 있다. 이 경우 양 팀이 토의를 통해 주어진 문제를 해결하기 위한 가장 이상적인 방안을 협의해서 도출해야 한다. 면접관은 이 과정에서 지원자의 직무관련 지식과 토의에 임하는 태도까지 평가하게 된다. 경우에 따라서는 지원자 중 대표자가 합의한 내용을 설명하게 할 수도 있다.

앞서 설명한 집단토론과 토의면접에서 문제해결을 위한 의견도 중요하지만 타인을 존중하고 의견을 경청하는 자세 역시 중요하다. 따라서 자신의 의견을 피력하기에 앞서 항상 타인의 의견에 대한 경청반응을 보일 필요가 있다. 예를 들어, '좋은 의견 감사합니다', '적합한 사례를 들어 찬성의 입장을 설명해 주셨습니다', '반대하는 입장을 잘 대변하는 사례라고 생각합니다', '설명을 구체적으로 잘 해주셨습니다', '좋은 사례라고 생각합니다', '논리적으로 잘 설명해주셨습니다' 등의 경청반응을 보인 후에 자신의 의견을 피력할 필요가 있다. 또 발언을 시작할 때는 '찬성하는 입장에서 저는…', '반대하는 입장에서 저는 ○○○ 사례를 들어 설명드리겠습니다', '제가 찬성하는 이유는 ○○○ 때문입니다' 등의 결론을 먼저 말하는 형태로 임해야 한다.

5) 프레젠테이션 면접

프레젠테이션 면접은 실무급 면접관들이 지원자가 진행하는 프레젠테이션을 관찰하고 지원자를 평가하는 면접이다. 보통 과장, 차장급의 실무자가 면접관이 되고 지원자의 문제해결능력, 언어구사력, 전문지식, 창의성, 논리력과 커뮤니케이션 스킬, 열정 등에 대해 평가한다. 삼성그룹이 가장 먼저 도입하였다. 보통 지원자에게 문제를 주고 프레젠테이션을 준비할 시간을 준 뒤 발표하도록 한다. 기업에 따라 간단한 자기소개를 먼저 시키는 곳도 있고 전문적인 지식과 관련된 문제가 출제되는 곳도 있다. 특정 기업의 경우는 영어 프레젠테이션을 실시하기도 한다.

최근에는 직무면접과 프레젠테이션 면접을 연결시켜 면접을 진행하는 회사들이 늘어나고 있다. 전공관련 지식이나 직무관련 문제해결능력 등을 알아보기 위해 과제를 주고 문제해결 전략을 수립하게 하고 이를 프레젠테이션하게 한다. 프레젠테이션이 종료된 이후에는 면접관과 작성한 답안의 내용에 대한 질의응답 시간을 가진다.

최근 기업에서 실시하고 있는 프레젠테이션 면접의 종류와 그 대응 방법을 정리하면 다음과 같다.

첫째, 전지 프레젠테이션 면접이다. 이는 가장 고난이도의 프레젠테이션 면접으로 면접시간도 가장 길게 진행된다. 최근에는 면접시간이 많이 소요되는 관계로 많은 기업에서 실시하지 않고 있는 면접방법이다. 대게 솔루션을 도출하는 문제해결 면접방법과 같이 진행된다. 솔루션 도출을 위해 지원자의 이해를 돕고자 필요한 자료를 지원자에게 제시하고 해결해야 할 과제도 함께 제시한다. 지원자는 주어진 자료를 잘 읽고 과제의 답을 전지에 작성해서 발표해야 한다. 제시되는 자료에 따라 상이할 수 있지만 대게 40~50분 정도의 시간을 지원자에게 주고 지원자가 전지에 답을 적게 한다. 이때 지원자는 너무 완벽한 답을 적으려고 하지 않아야 한다. 또 시간을 잘 관리해야 하는데 30분이 지나면 전지에 답을 적기 시작해야 한다. 이 경우 통상적으로 지원자가 전지를 붙이고 20분 정도 프레젠테이션을 한 이후에 면접관과의 질의 응답이 이어진다.

둘째, 파워포인트(PowerPoint) 프레젠테이션 면접이다. 지원자에게 주제를 제시하고 컴퓨터의 파워포인트 툴을 활용해 답안을 작성하게 한 후 프레젠테이션을 하게 하는 면접이다. 컴퓨터로 프레젠테이션 자료를 작성하는 데 시간을 많이 주지 않는다. 대략적으로 약 20여 분 정도의 시간을 주는 것이 보통이다. 따라서 파워포인트 툴을 잘 다룰 수 없는 지원자라면 많이 당황할 수 있다. 이 경우 파워포인트 디자인에 지나치게 신경 쓰기보다는 전달하고자 하는 내용을 충실하게 반영한 자료를 작성하는 것이 더 중요하다. 지원자가 면접관 앞에서 파워포인트 툴로 작성된 자료를 제시하면서 프레젠테이션을 실시하고 이후에 면접관과 질의 응답이 이어진다. 이 경우는 전공지식의 개념을 묻거나 솔루션을 도출하는 주제가 주어진다.

셋째, A4용지 프레젠테이션 면접으로 가장 일반적인 프레젠테이션 면접이다. 보통 지원자에게 2~3개의 주제를 제시한 후 지원자가 1개의 주제를 선택하도록 한다. A4용지에 선택한 주제의 답을 도출하는 과정을 적게 한다. 약 20~30분의 시간이 주어진다. 다 작성한 후에는 지원자가 작성한 A4용지를 복사하여 면접관에게 나누어 주고 지원자에게 약 5분 정도 프레젠테이션을 하게 한다. 이후에 질의 응답이 이어진다. 이 경우에도 전공지식의 개념을 묻거나 간단하게 솔루션을 도출하는 주제가 주어진다.

넷째, 판서 프레젠테이션 면접이다. 최근 기업에서 많이 실시하는 프레젠테이션 면접이다. 방법은 위의 A4용지 프레젠테이션 면접과 동일하지만 판서를 하면서 프레젠테이션을 한다는 점이 상이하다. 이 경우 지원자는 긴장해서 판서를 하기가 쉽지 않다. 따라서 중요한 몇 가지 사항만 그림이나 공식 위주로 판서를 미리하고 프레젠테이션을 해야 한다. 이때 지원자는 면접관에게 먼저 판서를 미리 해 놓고 프레젠테이션을 해도 되는지 질문해야 한다. 이렇게 면접관에게 양해를 구한 후에 판서를 해야 한다. 판서시간이 너무 길어지면 면접관들이 지루해할 수 있고 지원자는 더 긴장하게 될 수 있다. 따라서 판서시간이 너무 길어지지 않도록 잘 조절할 필요가 있다. 이 경우 대개는 전공지식이나 직무관련 지식, 솔루션 도출에 관한 주제가 주어진다.

6) 역량면접

역량면접은 CBI(Competency Based Interview), 면접질문의 구조화 여부에 따라 SI(Structured Interview), 또는 개인의 경험에 대해 묻는 BEI(Behavior Event Interview) 등으로 불린다. 역량면접은 보통 질문의 내용과 순서, 지원자의 답변 내용에 따른 후속 질문, 그리고 답변에 따른 점수가 이미 정해져 있기 때문에 역량구조화 면접이라고도 불린다. 질문내용과 답변에 따른 점수를 미리 정해 놓고 면접을 진행하기 때문에 비구조화 면접에 비해서 면접 자체의 신뢰성과 타당성이 높다고 볼 수 있다.

역량면접은 최근 지원자들의 스펙이 상향 평준화되는 문제로 인해 기업들이 채용에 어려움을 겪고 있는데, 이러한 어려움을 어느 정도 해소시켜 줄 수 있는 면접이다. 지원자의 이력서나 자기소개서에 기재된 것으로는 알기 어려운 지원자의 역량이나 행동 특성 등을 파악할 수 있기 때문에 최근 각광받고 있는 면접이다.

역량면접의 종류에는 먼저 지식에 관한 면접이 있다. 이는 직무 수행에 필요한 기술적 지식과 밀접한 관련을 가지고 있는 다양한 분야에서 과거 경험, 학력 및 교육 관련 학위나 자격사항 등에 대해 지원자에게 질문하는 것이다. 통상적으로 직무관련 역량면접은 1차 면접에서 실시하는 경우가 많고 직무관련해서 반드시 알아야 할 지식 위주로 질문한다. 이 경우 지원기업에서 지원자의 지원직무를 담당하는 실무자가 면접관으로 참여한다.

둘째, 행동적 역량면접이다. 행동적 역량면접은 "~했을 때, 어떻게 하셨습니까?"와 같이 과거 특정 상황에 대한 지원자의 행동경험을 묻는 면접이다. 역량면접은 지원자가 실제 경험한 것을 위주로 면접하는 방법으로 과거 경험한 사건에서 특정 장면(event)을 설정하고, '언제', '무슨 일을 했는가?', '왜 그렇게 했는가?' 등을 시계열에 따라 순차적으로 질문해 나가는 방식이다.

셋째, 상황적 역량면접이다. 상황적 역량면접은 "만약 ~라면, 어떻게 하시겠습니까?"와 같은 특정 상황에 대한 가상적 답을 요구하는 질문으로 구성되어 있다. 이 경우 통상적으로 면접관의 면접 질문이 구조화되어 있는 경우가 많고 지원자의 답변에 따라 2차, 3차 질문이 이어질 수 있다.

역량면접은 보통 STAR 기법에 근거해 탐침질문(probe question)으로 진행된다. 특히 행동적 역량면접과 상황적 역량면접의 경우 다음 예시와 같은 탐침질문이 가능하다.

STAR	면접 질문
상황 (Situation)	• 다수의 인원이 함께 어떤 목적을 가지고 일을 했던 경험에 대해 말씀해 주십시오. • 그 당시 상황에 대해 보다 구체적으로 설명해 주시겠습니까?
임무 (Task)	• 당신은 어떤 역할/ 과제를 담당했습니까? • ○○ 일을 할 때 어떤 어려움이 있었습니까? • 팀원들 간의 갈등은 없었습니까? • 문제를 일으킨 사람은 누구입니까? • 그러한 갈등이 생긴 원인은 무엇입니까?
행동 (Action)	• 그러한 어려움이나 갈등을 어떻게 해결했습니까? • 어려움을 해결하기 위해 당신이 한 일은 무엇입니까? • 갈등상황에서 당신이 한 행동은 구체적으로 무엇입니까? • 동료들은 당신의 행동에 대해 어떻게 반응했습니까?
결과 (Result)	• 그러한 행동의 결과는 어떠했습니까? 잘 해결이 됐나요? • 당신이 이 경험을 통해 얻은 점은 무엇입니까? • 이러한 경험이 이후 당신의 행동에 구체적으로 어떤 영향을 주었습니까?

역량면접은 위에 제시된 STAR 기법에서 확인할 수 있듯이 한 질문에 답을 하면 그 답에 꼬리에 꼬리를 무는 형태의 탐침질문으로 구성되어 있어서 면접시간이 많이 소요된다. 또 많은 탐침질문들로 진행되기 때문에 통상적으로 여러 명의 면접관과 한 명 또는 두 명의 지원자가 참여하는 면접형태로 진행된다.

7) 세일즈면접

세일즈면접은 프레젠테이션 면접이나 인성면접과 같이 모든 기업에서 실시하는 면접이라기보다는 일부 특정 기업에서 실시하고 있는 면접이다. 기업의 업무 특성상 거래업체나 고객에게 세일즈를 해야 하는 기업에서 실시하는 면접이다. 세일즈면접에는 거래업체나 고객과의 협상도 포함될 수 있다.

세일즈면접은 통상적으로 특정 상황을 제시하고 그 상황에서 고객을 설득하는 형태로 진행되는 경우가 많다. 또 거래업체와 협상을 진행하는 형태로 진행되기도 한다. 세일즈면접에서는 상대방을 설득하는 논리와 태도가 중요하다. 지나치게 저자세를 취하거나 과도하게 감정에 호소하는 태도와 논리는 좋지 않다. 상대가 충분히 이해하고 수긍할 만한 논리와 태도를 가지고 설득하는 것이 좋다.

경우에 따라서는 지원자가 면접관을 대상으로 세일즈를 하거나 협상을 하는 형태로 진행되기도 한다. 또 지원자들 간에 세일즈를 하거나 협상을 하는 방식으로 진행되는 경우도 있다.

8) 합숙면접

지원자와 면접관이 몇 일 동안 합숙하면서 지원자의 평소 모습을 관찰하고 평가하여 선발하는 방법이다. 기업 입장에서는 시간과 비용이 많이 들지만 다양한 면에서 평가가 가능하기 때문에 확실한 인재를 발굴한다는 측면에서 채택하는 기업들이 있다. 지원자는 자신이 속한 팀에 적응하면서 팀을 리드하는 리더십과 적극성, 협동심 등을 보여주면 된다. 지원자는 지나치게 부정적인 이미지로 자신의 존재감을 드러내지 않도록 하고 긍정적이고 적극적인 자세로 합숙면접에 임해야 한다.

9) 역할연기 면접

조직생활을 하면서 실제로 일어날 만한 상황을 제시하고 그 상황에 어떻게 대처할 것인지를 직접 주어진 역할로 연기하도록 하는 면접방법이다. 주로 항공사 승무원 채용시험에 많이 적용되는 면접방법이다. 항공사 객실 승무원을 뽑는 경우에 다양한 상황을 설정하고 고참 여승무원이 승객 역할을 하면서 면접한다. 승객 역할을 맡은 고참 여승무원이 지원자에게 곤란한 주문을 하거나 커피를 쏟는 경우 등을 연기하고 이럴 경우 지원자가 어떻게 처리하는지, 순발력, 상황판단력, 문제해결능력과 인성 등에 대해 평가한다.

10) 술자리 면접

보통 공식적인 면접에 앞서 진행되는 면접으로 술자리에서 지원자들의 인성을 주로 평가하는 면접방법이다. 지원자가 오해하지 말아야 할 것은 주량이 아니라 인성을 평가한다는 것이다. 따라서 주량에 관계없이 분위기를 리드하는 적극성, 협동성, 사회성 등을 평가한다. 술을 잘 마시는 지원자라면 자기 통제력을 보여주고, 주량이 약한 지원자라면 분위기에 적응하면서 주도적인 자세를 보여주면 된다.

11) 다차원 면접

선배 사원으로 구성된 면접단이 응시자들과 함께 조를 구성하고 회사 밖의 산이나 음식점, 사우나 등의 장소에서 만난 다음 자유롭게 집단토론을 하면서 지원자들을 관찰하는 방식이다. 이때 면접관은 응시자들의 긴장감을 풀어줄 수 있고 하루 동안 같이 보내게 됨으로써 창의력이나 개성, 조직적응력, 리더십 등을 자연스럽게 파악할 수 있다. 일반 면접시간보다 오랫동안 함께하기 때문에 지원자는 자신의 진솔한 면을 보여줄 수 있다.

12) 사원면접

비슷한 수준의 선배 사원을 면접관으로 참여시켜 서로의 세대에 동질감을 부담없이 느끼면서 인재를 선발하는 면접방식이다. 신세대들의 사고방식을 수용할 수 있으며 실무자 입장에서 볼 때 창의성과 도전의식을 가진 젊은 인재를 가려낼 수 있다는 점에서 호평받고 있다. 특히 면접시험에서 미래에 함께 일하게 될 직원을 면접관으로 참여시킴으로써 편안한 분위기를 연출할 수 있다.

13) 압박면접

면접관이 지원자에게 심리적으로 압박감을 느끼도록 분위기를 조성하고 지원자의 대처능력을 관찰하고 평가하는 면접방법이다. 압박감을 느끼게 하는 방법으로는 지원자의 대답과 무관하게 계속해서 질문을 한다거나 지원자의 말꼬리를 잡기도 한다. 또 지원자를 비난하기도 하고 고의로 약점이나 실수를 들춰내 질문을 하기도 한다. 지원자에게 불쾌감과 스트레스를 유발하게 한 후 그에 대처하는 자제력, 순발력, 판단력과 상황대처능력 등을 관찰한다.

지원자는 압박면접이라는 판단이 섰을 경우 그 의도를 빨리 파악하고 마음의 여유를 가질 필요가 있다. 면접관의 의도된 질문에 당황하지 말고 자제력과 인내심을 갖고 차분히 자신의 주장을 논리적으로 펴는 침착성을 보여야 한다.

14) 블라인드 면접

다른 말로 무자료 면접이라고 불리는 블라인드 면접은 면접관이 지원자에 대해 학교, 전공, 성적 등에 대한 일체의 기초자료 없이 표준질문서에 의거해 질문하는 면접방법이다. 면접 시 객관적이고 공정한 평가가 가능하다는 것이 가장 큰 특징이다. 이는 학연, 지연에 따른 선입관을 배제하고 면접과정에서 드러나는 자질과 인성을 통해 기업이 정말 필요로 하는 우수한 인재를 선발하려는 전략이라고 할 수 있다. 블라인드 면접은 주로 1차 면접에서 많이 활용된다.

15) 활동면접

다양한 활동들을 통해 지원자의 직무능력 이외의 면을 관찰하고 평가하는 면접방법이다. 활동으로는 등산, 단축마라톤, 자전거 경기 등을 포함하는 철인3종 경기, 축구, 요리, 고객서비스 등을 들 수 있다. 이를 통해 창의성, 협동성, 기초체력, 대인관계능력 등을 평가한다. 식품회사에서는 요리를, 고객을 직접 상대해야 하는 기업에서는 고객서비스 등의 활동에 지원자들을 참여시켜서 면접을 진행하기도 한다.

3. AI면접(AI역량검사)

1) AI면접의 의미

AI(artificial intelligence)면접은 통상적으로 AI역량검사를 말한다. 마이다스IT 기업에서 'inAIR'라고 불리는 AI역량검사를 최초로 도입하면서 국내에서 본격적으로 AI면접이 시작되었다. 'inAIR'는 현재 국내에서 점유율이 가장 높은 기업용 AI역량검사 솔루션이다. 그러나 최근에는 기업들이 수정된 inAIR를 면접에 도입하거나 기업들이 AI면접의 내용을 자체적으로 개발하여 적용하는 사례가 늘고 있다. 최근에는 기업에 따라 게임이 출제되지 않고 회사의 인재상에 부합하는 인재인지를 확인하기 위해 인성검사 위주의 AI역량검사를 진행하는 기업들도 늘어나고 있다. 또 서류전형 발표 이후에 AI역량검사를 실시하는 것이 아니라 서류전형과 AI역량검사를 동시에 실시해서 AI역량검사 결과를 반영하여 서류전형 결과를 발표하는 회사들도 늘어나고 있다.

AI역량검사의 경우 기존 논문의 메타분석과 일반 기업성과 우수자의 검사결과 등을 토대로 하며 얼굴표정과 같은 생체정보를 바탕으로 지원자의 상태와 답변 신뢰도를 파악하여 판단한다. 'inAIR' 역시 시각, 음성, 언어, 활력 등 외적 요소와 전전두엽 여섯 가지 영역의 기능 분석을 통한 내적 요소를 종합해 평가하게 된다. 1시간 정도 진행되는 AI역량검사 시스템을 이용하려면 노트북과 헤드셋, 마우스 등의 장치가 필요하며 테스트에 임했던 일부 지원자들은 오히려 편안한 분위기에서 검사를 할 수 있어서 좋았다고 평가하였다(박수한, 2020). 그러나 실제로는 많은 지원자들이 어려움을 경험하고 있다.

2) AI역량검사의 구성요소

AI역량검사는 크게 기본 필수질문, 탐색질문(인성검사), 상황 제시형 질문, 게임,

심층 구조화 질문(개인 맞춤형 질문)의 5단계로 구성되어 있다. 구성이 복잡해 보이지만 크게 나누면 면접과 인성을 한 번에 본다고 생각하면 이해하기 쉽다. 그러니 면접질문 유형과 인성 문제의 유형이 다양해진 것이라고 볼 수 있다(설민준, 2022).

일단 지원자들이 이제까지 한 번도 경험해 보지 못한 형태의 온라인 시험을 경험하게 된다. 그리고 이에 대해 어렵다는 이야기를 많이 하고 있다. 다양한 면접질문에 음성으로 답해야 하고 짧은 시간에 인성검사도 해야 한다. 또 특정 상황을 제시하고 어떻게 대처할 것인가에 대해서도 답해야 한다. 그리고 정답이 없거나 혹은 정답이 있는 게임문제도 풀어야 한다. 마지막으로는 개인별로 주어지는 구조화 면접 질문에도 답해야 한다. 당연히 어려울 수밖에 없다. 그리고 평가는 AI가 한다. 그것도 답변 내용뿐만 아니라 음성, 이미지 등을 고려해서 평가한다. 그러니 지원자들은 이러한 AI역량검사의 구성에 대해 완벽하게 이해하고 이에 대비할 필요가 있다. 가장 좋은 것은 AI역량검사 모의 실습을 여러 번 해보는 것이다. 그것보다 더 좋은 준비는 없을 것 같다.

다음은 AI역량검사의 구성요소와 절차이다.

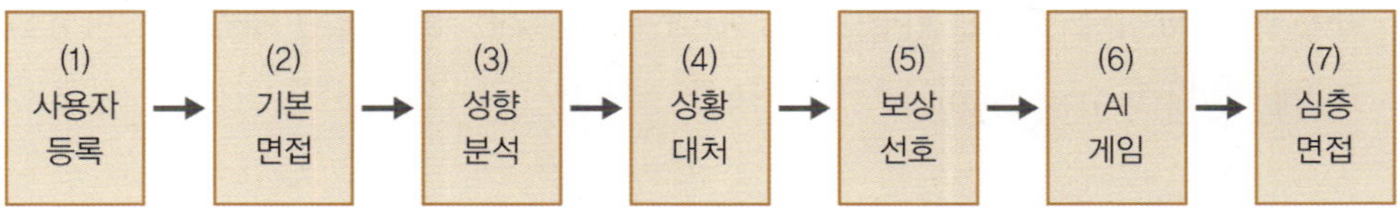

[그림 12-1] AI역량검사의 구성요소와 절차

출처 : 박수한(2020). AI 역량검사의 모든 것.

(1) 사용자 등록

역량검사를 하기 전에 당연히 사용자(응시자) 등록을 해야 한다. 먼저 역량검사에 필요한 갖가지 장치들, 가령 웹 카메라와 마이크, 스피커 등에 이상이 없는지 확인하고 지원자 본인이 맞는지 본인 확인 및 등록 단계를 거치게 된다. 얼굴은 화면의 네모 박스에 정확하게 위치시켜야 하며 음성은 소음이 없는 공간에서 비교적 큰 목소리로 말해야 한다. 이러한 준비가 다 되었다면 이제 AI역량검사를 할 수 있다(박수한, 2020).

(2) 기본면접

기본면접의 경우 해당 기업이 설정한 값에 따라 질문을 하게 된다. 통상적으로 많이 하는 질문은 총 3개인데 다음과 같다.

① 자기소개

② 성격 장단점

③ 지원동기

한 질문당 30초 정도 생각할 시간을 주고 90초 동안 답변을 하게 된다. 기본 질문들은 충분히 답변을 준비해서 검사에 임하는 것이 좋다. 그렇다고 내용 준비에 시간을 많이 쓸 필요는 없는데 내용보다 중요한 것은 자세, 표정관리, 목소리 등이기 때문이다. 참고로 AI역량검사에서 제시되는 질문의 개수는 약 300여 개 정도이며 측정 가능한 역량은 약 30여 개이다. 이러한 질문은 성별, 학력 등에 따른 차별 방지와 정확한 역량검사를 위해 약 5만 2천 명 정도의 데이터를 바탕으로 제시된다(박수한, 2020).

(3) 성향분석

성향분석(personality insight)은 인성검사라고 보면 된다. 응시자들은 약 170여 개 문항에 응답하게 되는데 한 화면에 10문항씩 제시되며 이를 60초 이내에 풀어야 한다. 성향분석의 경우 그 자체로도 중요하지만 성향분석 결과를 토대로 이후에 심층면접이 진행되므로 이런 부분이 더 중요하다고 할 수 있다.

특히 최근에 기업들이 인성검사와 인성면접을 강화하고 있어서 AI역량검사에서 성향분석은 더욱 중요해지고 있다. 응시자들이 성향분석의 문항을 풀 때는 다음 사항에 주의해야 한다.

- 진실되고 자연스럽게 답을 고를 것
- 일관성 있게 답을 할 것
- 각 질문에 너무 몰입하지 말 것

이 외에도 응시자들은 짧은 시간에 많은 문제들을 풀어야 하기 때문에 시간관리에 신경을 쓸 필요가 있다(박수한, 2020).

(4) 상황대처

상황대처의 경우 전통적인 방식의 지필고사에서 존재했던 평가방식이다. 직무맥락적 상황 혹은 일상생활에서의 상황 등 특정한 상황과 조건을 주고 어떻게 대처할 것인지 답하는 면접이다. 기본면접과 다르게 60초 정도 답변할 수 있는데 시간은 기업에서 설정이 가능하다.

다만, 유의해야 할 부분은 '~어떻게 하겠습니다.'라는 방식으로 답변하는 것이 아니라 실제로 그 상황에서 그 사람이 되어서 똑같이 롤플레이(role play)를 해야 한다는 것이다. 이런 롤플레이는 약간의 연습이 필요하긴 하지만 답변의 내용이 중요하기보다는 면접에 임하는 자세, 표정관리, 목소리가 더 중요하다. 응시자가 주어진 상황에 대해 답할 때 다음 사항에 주의를 기울일 필요가 있다.

- 극단적인 행동은 자제
- 도덕적, 인간적인 면모를 보일 것
- 대화와 절차를 통한 해결
- 직급보다 팀워크를 고려한 해결
- 단순히 지시에 따르기보다 스스로의 해결 노력을 보일 것
- 포장된 모습이 아닌 진실된 답변을 할 것

상황대처 면접에서 주어지는 사례는 다음과 같다.

- 회사의 사정으로 많은 직원들이 퇴사를 해서 업무량이 늘어 힘든 와중에 가장 친한 동료가 퇴사하려고 한다. 이때 동료에게 어떤 말을 할 것인가?

- 상급자가 도저히 제 시간 안에 마칠 수 없는 일을 주었을 때 어떻게 할 것인가?
- 새치기를 한 사람을 만났을 때 어떻게 할 것인가?
- 세 명이서 여행을 왔는데 나를 제외한 두 명이 여행 코스로 다툴 때 어떻게 할 것인가? (박수한, 2020).

(5) 보상선호

정식적인 면접단계라고 보기 어렵지만 보상선호라고 하는 문제가 출제된다. 친구들끼리 흔히들 많이 했던 말장난처럼 보이는 질문들이 출제되는데 사례는 다음과 같다.

둘 중 선호하는 방법을 마우스로 선택해 주세요.
(제한시간 3분)
아래와 같은 조건이라면 지난 달 성과에 대한 인센티브를 어떻게 수령하시겠습니까?

지금 즉시 850만 원	30일 후에 1000만 원

원하시는 방법을 선택하고 완료 버튼을 눌러주세요.

출처 : 박수한(2020). AI 역량검사의 모든 것.

지금 즉시 850만 원을 받는다고 응답하면 당장 받는 금액은 줄어든다. 나중에 받는다고 선택을 하면 기간이 늘어나는 대신 받는 금액은 커진다. 결국 이런 유형의 질문에 3분 동안 계속 답하게 된다. 어떤 선택을 하든 기간이나 돈의 금액 등 보상이 바뀌면서 특정한 보상선호도로 수렴하게 된다. 특정한 정답이 있는 것은 아니고 의사결정 유형과 정보활용 유형 등을 보고자 하는 것이므로 자기 선호에 맞게 질문에 응답하면 된다.

응시자들의 응답결과를 통해 다음 사항들을 유추할 수 있다.

- 의사결정 유형(안전형, 분석형, 미래형)
- 정보활용 유형(이익, 손실, 확률 정보)
- 집중력 변화 패턴(정답률)
- 난이도 적응 패턴(쉬운 유형, 어려운 유형) (박수한, 2020)

(6) AI게임

AI역량검사를 보는 응시자들이 가장 어려워하고 당황하는 것이 AI게임이다. AI 역량검사에 포함된 게임의 이론적 토대는 반응 억제 평가인 스트룹 검사에 근거하고 있다. 즉, 뇌과학, 심리학 등에서 익히 알려진 논문 내용에 근거하는 것이다. 약 20여 개의 게임 중에서 직군별 혹은 기업별로 몇 가지 게임을 선택해 진행하게 된다. 보통 6~10개 정도의 게임을 하게 되는데 AI역량검사 결과지의 대부분이 AI 게임결과에 대한 것이다. AI게임의 종류에는 '공 옮기기(하노이 탑)', 'N-백 카드', '행복카드 찾기', '풍선 불기', '날씨 맞히기', '문자코드 분류', '공 무게 맞히기' 등 약 20여 개가 있고 지속적으로 추가되거나 업그레이드되고 있다.

AI게임은 연습할 필요가 없고 학습효과가 전혀 없다고 하지만 정답이 없는 것들과 정답이 있더라도 학습효과가 거의 없는 게임이 있는 반면에 연습을 통해 정답률을 높이는 것이 가능한 게임도 있다. '행복카드 찾기', '풍선 불기'와 같은 게임은 학습효과가 없고 단지 의사결정 유형을 알아보기 위한 것이지만 '공 옮기기', '문자코드 분류', '공 무게 맞히기' 등은 연습을 통해 좀 더 좋은 결과를 얻을 수 있는 게임들이다. 특히 'N-백 카드'와 같은 게임은 그 규칙이 총 3장에 걸쳐서 설명될 정도로 그 규칙 자체를 이해하는 것이 어렵다. 이러한 게임은 사전에 그 규칙과 유형에 익숙해질 필요가 있다. AI게임의 경우 30% 정도 점수 차이가 나서 당락에 영향을 줄 수 있는 것으로 나타났다(박수한, 2020).

(7) 심층면접

심층면접은 우리가 면접이라고 부르는 형태의 것으로 여러 가지 직무 및 지원자의 성향에 대한 질문을 하게 된다. 심층면접도 상황대처와 동일하게 60초 정도 답변할 수 있는데 시간은 기업이 설정 가능하므로 변동 가능성이 있다.

보통 질문은 2~4개 정도이며 각 질문에 꼬리 질문 2~3개가 포함될 수 있다.

다음과 같은 형태로 질문할 수 있다.

① 기분이 상해서 일을 망친 경험이 있습니까?

② 기분에 민감한 편인가요 아니면 둔감한 편인가요?

③ 기분으로 인해 일을 망치지 않는 자신만의 방법은 있나요?

AI역량검사는 응시자의 얼굴과 목소리 톤, 크기 등을 확인하고 평가하므로 응시자의 모습이 자연스러운 것이 더 중요한 지표라고 할 수 있다. 자연스러운 면접자세를 위해서는 시선 처리도 매우 중요한데 카메라를 응시하면서 말해야 한다. 굳이 답변 내용을 적어서 그걸 보면서 답변할 필요는 없다.

AI역량검사에서는 질문에 대한 답변 준비보다는 자세, 표정관리, 목소리가 더 중요하다. AI역량검사는 응시자의 Vision(얼굴과 표정 변화, 안면 색상 변화), Voice(목소리 톤, 크기, 휴지, 음색)를 확인하여 호감도를 분석하고 그 내용을 결과에 반영한다(박수한, 2020).

4. 학습정리

1) 기업이 면접을 통해 파악하고자 하는 지원자의 특성을 설명한다.

2) 프레젠테이션 면접의 종류에 대해 설명한다.

3) 역량면접의 STAR 기법에 대해 설명한다.

4) AI면접의 구성요소와 절차에 대해 설명한다.

13
CHAPTER

면접준비

13장에서는 지원자들이 면접을 대비해 준비해야 할 사항들에 대해서 검토한다. 성공적인 면접을 위한 프로세스에 대해 면접 전날부터 면접장에서 퇴실까지의 단계로 나누어 주의해야 할 핵심내용을 중심으로 살펴본다. 면접 복장, 헤어스타일, 메이크업 등 면접 이미지 메이킹에 대해서 학습하고 면접 기출문제들에 대해서 검토한다.

학습목표

1. 면접 전 지원기업분석, 모범답안 작성과 면접준비 등 면접준비 상태 점검에 대해 살펴본다.
2. 복장, 헤어스타일, 메이크업 등 면접 이미지 메이킹에 대해 이해한다.
3. 성공적인 면접 프로세스에 대해 구체적으로 검토하고 이를 면접에 적용한다.

학습내용

Think Pocket
1. 면접 전 준비
2. 면접을 위한 이미지 메이킹
3. 성공적인 면접 프로세스
4. 면접 기출문제
5. 학습정리

Chapter

13 면접준비

Think Pocket

나는 준비되어 있는가?

2012년 8월 29일 국내 주요 포털에 김웅용 씨의 이름이 실시간 급상승 검색어 상위권에 올라왔다. 슈퍼스칼러(SuperScholar)라는 미국의 비영리단체가 세계에서 가장 똑똑한 10인을 발표하면서 세계에서 IQ가 세 번째로 높은 인물로 김웅용 씨를 소개했다는 언론보도가 있었기 때문이다. 김웅용 씨는 1980년 IQ 210으로 기네스북에 이름을 올린 뒤 10년간 세계에서 가장 높은 IQ를 가진 인물로 기록되었다(박종국, 2012. 8. 29).

그는 어린 시절부터 압도적인 지적 재능을 보였다. 돌 때는 한글과 천자문을 떼고, 만 3세에 미적분을 풀었으며, 이듬해 한양대학교 과학교육과에서 수학하였다. 그리고 만 8세에는 홀로 미국 유학을 떠나 콜로라도대학 대학원에서 '핵/ 열물리학' 석·박사 과정에서 수학하였다. 만 10세에는 미국 항공우주국(NASA)의 연구원이 되었다(손효정, 2012. 8. 30).

그는 1978년 돌연 귀국하여 1981년 충북대학교에 입학하였다. 사람들은 그를

'실패한 천재'라고 불렀다. 충북대학교에서 토목공학을 전공하고 박사학위를 취득한 후 100편이 넘는 국제수준의 논문을 발표하면서 꾸준한 학문 연구를 이어갔다. 또 1993년부터 11개 대학에서 시간 강사로 학생들을 가르치며 대학 교단에 섰고 2004년까지 한 대학에서 건설환경공학과 대우교수로 대학원생들을 가르쳤다. 그러나 대학교수라는 꿈을 이루지 못하고 2006년 7월 충북개발공사에 공채로 입사하여 준공무원의 삶을 시작하였다.

그는 "천재라는 옷을 벗어 던진 뒤 진정한 삶을 찾게 됐다."며 "평범한 삶이 얼마나 소중한 것인지 깨닫고 나니 하루하루가 즐겁다."고 하였다. 그리고 야학 교사로 복직하고 싶다는 소박한 희망에 대해서도 이야기하였다. 검정고시 출신인 그는 2003년부터 5년 동안 가정 형편 때문에 학업을 포기했다가 뒤늦게 공부를 희망하는 40~50대 성인들을 가르쳤다. 그는 일이 바빠지면서 가르치는 일을 중단했지만 그들과 어울리는 소박하지만 열정적인 삶이야 말로 참된 인생이라고 이야기하였다(박종국, 2012. 8. 29).

그는 이렇게 조용히 자신이 할 수 있는 일에 최선을 다하며 살고 있었다. 그런데 어느 날 그의 의사와 전혀 상관없이 슈퍼스칼라라는 미국의 비영리단체가 세계에서 가장 똑똑한 10인을 발표하면서 갑자기 그의 인생이 다시 주목받기 시작하였다. 세상이 그를 향해 우호적으로 돌아선 순간이었다.

그리고 그가 대학교수라는 꿈을 이루지 못했다는 이야기도 언론을 통해 알려졌다. 이후 채 2년이 지나지 않아 그는 대학교수가 되었다. 2014년 1월 경기도 의정부 신한대학교 교양학부 부교수로 임용되어 공업수학을 가르치면서 경기북부개발연구원 부원장직을 겸직하게 된 것이다.

교수가 된 후 그는 이렇게 이야기하였다.

"교수가 꿈은 아니었어요. 제 꿈은 교수가 되는 게 아니라 학생들에게 배움을 주고 그런 학생들이 사회에 나아가서 자신의 몫을 해내는 훌륭한 사람으로 성장하는 것입니다."

"머리가 좋은 천재로 주목받거나 유명해지고 싶지 않아요. 원하는 일을 즐겁게 하면서 가족, 이웃과 따뜻하게 소통하는 평범한 삶을 살고 싶습니다. 대학 교단에 정식으로 서게 돼 너무 기쁘고 후학들을 가르치는 데 열정을 쏟을 생각이예요."(송주현, 2014. 1. 22).

2021년 12월 현재 그는 신한대학교에서 여전히 그가 꿈꾸던 대로 학생들을 가르치고 있다. 2020년에는 자신이 소장하고 있던 도서 1만 5,000여 권을 의정부시에 기증하였다(하인규, 2020. 7. 25).

혹자는 사람들에게 평생 동안 세 번의 기회가 찾아온다고 이야기한다. 또 어떤 사람들은 살면서 누구에게나 한 번의 큰 기회가 찾아온다고 이야기한다. 만약 이러한 말들이 사실이라면 살면서 이 세상이 자신을 향해 우호적으로 돌아서는 순간이 있다는 것이다. 그 순간에 내가 준비되어 있다면 나는 그 중요한 인생의 기회를 잡게 될 것이다. 그리고 내가 원하는 목표를 이룰 수 있게 될 것이다. 그런데 만약 그 순간에 내가 충분히 준비되어 있지 못하다면 그 소중한 기회를 잃게 될 것이다.

김웅용 교수는 자신을 향해 세상이 우호적으로 돌아선 그 순간 충분히 준비되어 있었다. 그는 교수가 되기 위해 필요한 자질과 능력을 갖추고 있었다. 그동안 자신이 원하는 것을 이루기 위해 노력하는 삶을 살았던 결과물들인 것이다. 그래서 결국 그가 이루지 못할 꿈이라 생각하고 포기하려고 했던 목표를 이룰 수 있었다. 이처럼 김웅용 교수가 경험했던 일을 여러분들도 경험하게 될지 모른다.

여러분들이 이 글을 읽고 있는 바로 그 순간이 어쩌면 세상이 자신을 향해 우호적으로 돌아선 바로 그 순간인지도 모른다. 만약 그렇다면 자문해 보기 바란다(박윤희, 2022).

"나는 준비되어 있는가?"

1. 면접 전 준비

1) 준비 상태 점검

이력서와 자기소개서를 써 놓고 아무 곳이나 되는대로 지원하는 것이 아니라 자신에 대한 준비 상태를 점검하고 자신에게 맞는 특정 회사를 선택해서 지원해야 한다. 따라서 지원회사에 대한 이해에 앞서 자신에 대한 준비 상태를 점검하는 것이 필요하다.

다음은 자신에 대한 준비 상태 점검 사항들이다.

점검사항	내 용
직무선택 이유	
희망직무	
지원동기	
직무에 도움이 될 만한 경험, 지식, 기술	
입사 후 자신의 장단기 목표와 구체적 계획	
입사 후 회사에 기여할 수 있는 분야	
성격 장단점	
취미/ 특기	
감명 깊게 읽은 책	
존경하는 인물	

2) 지원기업에 대한 분석

지원회사를 이해하고 면접을 준비하기 위해서는 다음과 같은 기업분석이 필요하다.

기업분석 항목	내 용
기업의 정식명칭	
기업의 연혁	
대표이사 성명 및 이력	
기업의 미션, 비전, 사훈, 사시, 경영이념	
기업의 인재상	
주요 사업 내용 및 상품	
전체 매출액 현황/ 제품별 매출현황/ 이익현황	
전체 직원 수	
국내 사업장 현황 및 사업장별 주요 업무 (본사/ 지사/ 공장 등)	
계열사 현황	
해외지사 및 공장 현황	
국내경쟁사 현황	
해외 경쟁사 현황	
회사제품 사용경험(장점 및 개선점)	
최근 주식시세	
최근 언론에 보도된 기사 내용	
수상실적	
농구팀, 야구팀, 축구팀, 배구팀 등 현황 및 성적	
회사 잠재능력 개발에 대한 의견	
신제품 개발에 대한 의견	

3) 모범답안 작성과 면접클리닉

이력서와 자기소개서는 이미 지원회사에 제출된 상태이므로 이를 근거로 예상 가능한 면접 질문들을 정리하고 여기에 가장 알맞다고 생각되는 모범답안을 준비한다. 질문을 정리할 때는 기존 면접에 출제되었던 기출문제들을 살펴볼 필요가 있다. 이렇게 함으로써 면접 최근 동향을 파악할 수 있고 어떻게 준비해야 할지에 대한 힌트를 얻을 수 있다. 또 가능하다면 취업에 성공한 선배나 동료에게 도움을 요청하고 자신이 작성한 모범답안을 이들과 공유한 후 유용한 피드백을 얻어야 한다. 이는 면접을 위해 반드시 준비해야 하는 필수사항들이다.

면접클리닉의 경우 학교 진로취업센터에서 수시로 제공하는 다양한 프로그램을 이용할 수 있다. 만약 취업스터디그룹에 속해 있다면 그룹원들과 함께 모의 면접을 실시하고 상호 간에 피드백을 해주는 것도 좋은 방법이다. 다양한 시도들을 통해 면접 전에 클리닉을 받고 면접에 임해야 좋은 결과를 얻을 수 있다.

2. 면접을 위한 이미지 메이킹

이미지(image)는 '모방하다'라는 의미를 지닌 라틴어 'imago(이마고)'와 'imitary'에서 유래되었다. 이미지는 사람이나 사물의 형태를 모조 혹은 모방한다든가 인상처럼 실제로는 존재하지 않는 사람이나 사물에 대한 정신적 그림을 뜻한다(박은희, 1996). 또한 우리 나름의 사고, 취향에 따라 편집되고 만들어진 그 사람에 대한 생각의 덩어리, 특유한 감정, 고유한 느낌, 타인이 보고 느낀 자신의 모습이다(김은영, 1991). 따라서 이미지는 추상적인 개념으로 한 개인이 특정 대상에 대해 가지는 신념, 아이디어, 인상의 총체라고 할 수 있다(조슬기, 2006). 현대인들에게 좋은 이미지는 사회생활의 필수적인 요소로 인식되고 있으며 좋은 이미지는 자기만족과 대인관계에 밀접한 관련을 맺고 있다(윤소영, 2007). 면접에서도 이미지는 중요한 영향을 미치는 요소로 작용한다. 면접에서 좋은 결과를 얻기 위한 이미지 형성에 대해 다음과 같이 살펴보고자 한다(박윤희, 2018a).

1) 복 장

남녀 모두 네이비 색상은 정장의 기본이 되는 색상이다. 옅은 회색이나 갈색은 면접 복장에는 잘 어울리지 않는 색상이다. 남성의 경우 네이비 색상의 수트는 셔츠, 넥타이와 매치해 다양한 스타일을 연출할 수 있다. 네이비 색상의 단추가 2개 있는 수트가 가장 무난하다. 기본적으로 셔츠의 색보다 어두운 톤의 넥타이를 매는 것이 안정감이 있어 보이며 셔츠와 타이를 톤온톤(tone on tone)으로 매는 것도 좋다. 톤온톤은 같은 계열의 색상 중 어두운 색상, 밝은 색상과 같이 명도차가 있는 톤의 색들을 조합시키는 배색법을 말한다.

셔츠의 소매는 재킷 밖으로 1.5cm 정도 나오도록 입고 셔츠의 목 뒷부분도 재킷 깃 위로 조금 올라오도록 입어야 보기에 좋다. 넥타이의 경우 너무 화려한 색상은 피하고 넓이도 너무 넓거나 좁지 않은 중간 정도의 넓이를 선택한다. 또 넥타이는 바지의 벨트 버클에 살짝 닿을 정도의 길이로 매는 것이 적당하다.

여성의 경우 네이비 색상의 재킷 안에 흰색의 블라우스나 탑을 매치하는 것이 좋다. 프릴이나 리본으로 장식된 너무 화려한 블라우스보다는 깔끔하고 단정한 슬리브리스(sleeveless) 형태의 탑이 적합하다. 또 치마나 바지 정장 모두 면접 복장으로 가능하다. 재킷은 약간 타이트한 것이 괜찮다. 옷이 너무 크면 사람이 꼼꼼해 보이지 않을 수 있다.

남성이나 여성의 경우 모두 옷의 주름은 깔끔하고 단정하지 못하다는 느낌을 주기 때문에 면접에 부정적인 영향을 미칠 수 있다. 따라서 면접 전에 가방을 어깨에 매지 않도록 주의해야 한다. 구두 상태는 그 사람의 걸음걸이 습관이나 깔끔한 정도를 나타낸다. 따라서 구두는 상태가 좋고 깨끗한 것을 신어야 한다.

남성의 경우 구두는 끈을 매는 형태의 신사화를 착용한다. 가급적 검은색 혹은 진한 밤색의 구두를 착용하는 것이 좋다. 여성의 경우는 자신의 키에 맞게 구두를 착용하는 것이 좋다. 키가 작다고 해서 너무 높은 구두를 신는 것은 좋지 않다. 6~8cm 정도의 굽이 있는 구두가 적당하다. 키가 큰 경우는 단화를 착용해도 좋다. 가급적 정장 색상과 일치하는 구두를 착용하는 것이 좋고 가장 무난한 것은 검은색 구두를 착용하는 것이다. 구두 앞에 진주모양이나 리본모양의 장식이 달린 것을 신어도 괜찮다. 다만, 장식이 너무 큰 구두는 신지 않는 것이 좋다. 또 구두 앞 모양이 너무 동그란 것보다는 조금은 뾰족한 구두를 신는 것이 훨씬 더 세련되게 보일 수 있다. 이러한 점들을 고려하여 구두를 착용하는 것이 좋다.

양말의 경우 남성은 정장 색상과 일치하는 색상의 양말을 착용해야 한다. 흰색 양말을 신거나 발목 양말을 신는 것은 절대 피해야 한다. 서구에서는 흰색 양말을 신었을 경우 그 직원이 회사를 그만둘 때까지 가십(gossip) 거리가 된다. 그만큼 예의에 어긋나는 것이므로 양말 색상에 주의해야 한다. 여성이 스타킹을 착용할 경우는 살색보다 커피색 스타킹을 착용하는 것이 좋다. 또 겨울에 면접을 보는 경우에도 불투명 스타킹보다는 투명한 커피색 스타킹을 착용해야 한다. 실내는 그다지 춥지 않기 때문에 검정색 정장에 검정색 불투명 스타킹을 착용할 경우 사람이 둔해 보일 수 있다.

최근에 면접에서 지원자에게 비즈니스 캐주얼 착용을 요구하는 경우가 늘어나고 있다. 비즈니스 캐주얼은 와이셔츠에 넥타이를 매고 수트를 착용하기보다는 기본적으로 '콤비' 또는 '세퍼레이트'로 불리는 상의 재킷과 바지나 치마인 하의를 다르게 착용하는 것을 의미한다. 이 경우 상의와 하의 색상이나 스타일을 다르게 가져갈 필요가 있다. 상의 색상이 짙은 경우 하의는 옅은 색상으로, 상의가 옅은 색상이면 하의는 짙은 색상으로 착용해야 한다. 아울러 체크무늬나 다른 무늬가 있는 상의를 선택했다면 하의는 무지로 가는 것이 좋고 하의가 체크나 무늬가 있을 경우 상의가 무지인 경우가 훨씬 더 세련돼 보인다.

비즈니스 캐주얼에서 기본은 네이비와 회색 계열의 칼라(옷깃)가 있는 재킷을 입는 것이다. 남성의 경우는 재킷 안에 심플한 남방셔츠나 칼라가 있는 폴로 티셔츠를 입을 수 있다. 또 재킷을 입지 않을 경우 버튼다운 셔츠를 입으면 깔끔해 보인다. 하의는 정장 수트 느낌의 바지보다는 면바지나 캐주얼한 느낌의 바지를 입는 것이 좋다. 이 경우 벨트도 수트에 착용하는 벨트보다는 가죽 색감이 그대로 살아있는 캐주얼한 느낌의 벨트가 좋다. 양말도 정장용 짙은 색상보다는 하의나 구두 색상을 고려해 착용할 필요가 있다. 구두는 끈이 달린 옥스퍼드화나 캐주얼한 로퍼가 좋다. 또 너무 운동화 같지 않다면 슬립온도 잘 어울릴 수 있다.

여성의 경우도 가급적 재킷을 입는 것이 좋으나 경우에 따라서 가디건을 매칭할 수도 있다. 특히 원피스를 착용한 경우 가디건을 잘 매칭하면 비즈니스 캐주얼 느낌을 잘 살릴 수 있다. 구두는 남성과 다르게 정장용 구두를 신는 것이 좋고 검은색이나 네이비 색상의 구두보다는 의상과 잘 어울릴 수 있는 밝은 색상의 구두를 매칭하는 것도 좋다. 정장용 수트를 착용했을 때보다 조금 밝고 경쾌하며 세련된 느낌이 드는 것이 좋다.

비즈니스 캐주얼 착용 시 피해야 할 의상으로는 청 재킷, 스포츠용 점퍼, 무늬가 지나치게 화려한 티셔츠, 슬리브리스 셔츠나 원피스, 후드 티셔츠 등이다. 이들은 비즈니스용으로는 적합하지 않은 의상들이다. 또 청바지를 착용해야 할 경우는 가급적 색상이 짙은 것을 선택하고 상의는 밝은 톤의 재킷을 착용하는 것이 바람직하다. 비즈니스 캐주얼의 경우도 톤온톤으로 매칭하는 것이 세련된 느낌을 줄 수 있다.

안경의 경우는 면접 시 착용해도 별 문제는 없다. 따라서 평상시 안경을 착용하는 사람이라면 굳이 렌즈를 끼거나 안경을 벗고 면접에 임할 필요는 없다. 다만, 안경의 경우 얼굴을 가리는 것을 최소화할 수 있는 것을 착용하는 것이 바람직하다. 대학생들의 경우 대부분 안경 렌즈가 크고 검은색이나 갈색의 두꺼운 뿔테안경을 많이 착용하는데, 이는 면접용 정장스타일과는 잘 맞지 않고 안경테가 얼굴을 가리게 된다. 이로 인해 얼굴 자체를 그대로 보여주기 어렵다. 따라서 렌즈가 크지 않고 테가 없거나 반테의 안경을 착용하는 것이 바람직하다.

귀걸이 착용은 남성과 여성의 경우가 상이한데 남성의 경우는 귀를 뚫었더라도 귀걸이를 착용하지 않는다. 여성의 경우는 귀를 뚫었다면 귀걸이를 착용하되 너무 흔들림이 많은 귀걸이는 착용하지 않는 것이 좋다. 그 이유는 귀걸이의 흔들림으로 인해 면접관의 시선이 분산될 수 있기 때문이다. 따라서 귀에 붙는 스타일의 작은 귀걸이를 착용하는 것이 바람직하다. 가장 좋은 것은 5mm 정도의 금색이나 은색의 금속이 투명 큐빅을 감싼 스타일의 귀걸이 또는 5mm 정도의 진주 귀걸이다. 목걸이의 경우는 보통 착용하지 않는 편이 좋다. 이 역시 면접관의 시선이 지원자의 얼굴이 아닌 다른 곳으로 분산될 가능성이 높기 때문이며, 특히 펜던트가 있는 목걸이의 경우는 펜던트가 정가운데 위치하지 않을 경우 깔끔한 사람으로 보이지 않을 수 있기 때문이다.

시계나 반지는 착용해도 무방하다. 다만, 시계의 경우는 양복에 잘 어울리는 정장시계가 적합하며 시계가 너무 커서 정장 밖으로 많이 나오는 경우라면 조금 문제가 될 수 있다. 또 정장에는 스포츠시계나 숫자가 찍히는 전자시계는 착용하지 않는 것이 좋다. 반지의 경우는 너무 화려하고 큰 경우가 아니라면 착용해도 괜찮다. 그러나 가급적 온전한 자신의 모습을 드러내는 데 방해가 될 수 있는 것들은 피하는 것이 좋다.

2) 헤어 스타일

남성이나 여성 모두 앞머리가 이마를 가리지 않도록 한다. 앞머리를 내릴 경우 어린 느낌을 줄 수 있지만 앞머리가 이마를 가릴 경우 성격이 답답한 사람으로 보일 수 있다. 따라서 남성의 경우라면 다소 짧게 머리를 자르거나 딱딱한 왁스나 젤 등을 이용해 가능한 이마와 양쪽 귀가 잘 드러나도록 해야 한다.

여성의 경우도 이마와 양쪽 귀가 잘 드러날 수 있도록 해야 한다. 여성의 경우 웨이브가 강하고 긴 머리보다는 정장에 어울리는 단정한 스타일이 좋다. 과하다 싶을 정도의 머리 염색은 자칫 나이 많은 면접관들에게는 단정하지 못하고 불성실하다는 느낌을 줄 수 있다. 그러므로 머리 색상에 대해서도 신경을 써야 한다.

남성의 경우 과하다 싶을 정도의 흰머리가 있는 경우는 면접 전에 자연스러운 색상으로 염색하는 것이 좋다.

면접 도중에 자꾸 머리에 손이 가는 것은 피해야 한다. 공식적인 자리에서 머리카락을 만지는 행위는 매너에 어긋나는 것이다. 특히 여성의 경우 면접 장소에서 인사를 할 때 머리가 흐트러질 가능성이 있다. 이 점을 미리 고려해서 머리를 어떻게 할지 계획을 세워 두는 것이 필요하다. 보이지 않게 살짝 실 핀을 꼽거나 젤이나 왁스를 이용하는 등의 방법을 생각해 두어야 한다.

3) 메이크업

여성의 경우 얼굴 기초 화장은 너무 진한 느낌이 들지 않게 투명하다는 느낌을 줄 수 있도록 해야 한다. 그래서 면접관에게 경쾌하고 밝아 보인다는 느낌을 줄 수 있어야 한다. 아이섀도는 그레이 색상이 가미된 오렌지, 브라운 색상 등이 자연스러우면서도 깔끔한 인상을 준다. 아이섀도를 너무 짙게 바르지 않도록 한다.

아이라이너는 진하지 않고 연하면서도 부드러워 보일 수 있는 메이크업을 선택해야 한다. 가급적 아이라이너는 눈 윗부분만 사용하도록 한다. 마스카라의 경우 너무 진하게 사용할 경우 시간이 지나면 눈 전체에 번질 수 있다. 따라서 눈썹을 살짝 올리는 정도로 가볍게 사용할 것을 권한다. 아이섀도, 아이라이너와 마스카라를 너무 진하게 사용할 경우 인상이 너무 강하게 보일 수 있고 이는 면접에서 부정적인 요소로 작용할 수 있다.

여성의 경우 눈썹 화장은 얼굴 전체 이미지를 좌우할 만큼 메이크업에서 중요한 부분이다. 눈썹은 가급적 자신의 본래 눈썹 모양을 고려하되 너무 얇거나 길게 그리지 않도록 한다. 눈썹을 너무 얇게 그리거나 눈의 길이보다 길게 그릴 경우 나이가 들어 보일 수 있다. 눈썹은 일자로 그리는 것이 어려 보일 수 있다. 기본적으로 눈썹의 색상은 머리 색상과 일치시키는 것이 좋다.

볼 화장은 얼굴에 생기가 없어 보이는 사람에게만 추천한다. 얼굴에 생기가 없는 사람이 볼 화장을 하지 않을 경우 자칫 생기 없어 보이고 밋밋해 보일 수 있다. 생기 없는 얼굴은 적극성이나 열의가 부족해 보인다. 따라서 핑크색보다는 브라운색을 골라 광대뼈보다 조금 아래쪽에 얇게 펴 바른다. 솔이 풍성한 브러시에 적당량을 묻힌 후 살짝 한번 털어내고 웃을 때 둥글게 튀어나오는 광대뼈 주변에 원을 그리듯이 바른다.

입술 화장은 너무 붉은색을 사용하지 않아야 한다. 입술 화장은 밝은 느낌의 이미지를 연출할 수 있어야 하고 붉은 색상보다는 브라운 톤의 진하지 않은 립스틱을 선택한다. 자연스러운 색상 선택을 위해 진한 립스틱보다는 립스틱과 립글로스를 혼합한 중간 형태의 제품을 선택하는 것이 좋다. 립스틱 색상은 본인에게 맞는 것을 잘 선택하는 것이 가장 중요하다. 너무 튀지 않고 자연스러워 보이는 것으로 선택하도록 한다.

남성이 화장을 한다는 것이 자연스러워진 것은 얼마 되지 않은 일이다. 물론 아직도 남성들이 화장을 하는 것에 대해서 곱지 않은 시선으로 보는 사람들도 많다. 하지만 젊은 남성들, 특히 고객을 상대하는 업무를 담당하는 남성들 중에 여성과 비슷하게 기초 화장을 하는 경우가 늘어나고 있다. 이때 남성들이 사용할 수 있는 기초 화장품이 남성용 비비크림이다. 비비크림은 얼굴색을 화사하게 하고 얼굴색이 고르지 않은 경우 얼굴색을 전체적으로 고르게 하는 효과를 낼 수 있다. 따라서 남성의 경우 자신의 얼굴색이 어둡고 칙칙한 경우 면접뿐만 아니라 사진촬영 시에도 비비크림을 사용할 수 있다. 다만, 비비크림을 너무 과하게 사용해서 얼굴색이 지나치게 하얗게 보이지 않도록 하는 것이 필요하며, 세안 시 비비크림 전용 클렌저를 이용해 세안을 해야 한다.

남성의 경우 눈썹은 정리하지 않는 것이 좋다. 너무 깔끔하게 잘 정리된 경우 자연스럽지 않아 면접관에게 부정적인 이미지를 심어줄 수 있다. 또 면도를 할 때 전기면도기보다는 수동면도기를 선택하는 것이 좋다. 전기면도기는 수동면도기에 비해 깔끔하게 면도가 되지 않기 때문에 지저분해 보일 수 있다. 따라서 상처가 나지 않도록 주의하면서 수동면도기를 사용해 면도를 하는 것이 좋다.

✤ 면접 이미지 피드백

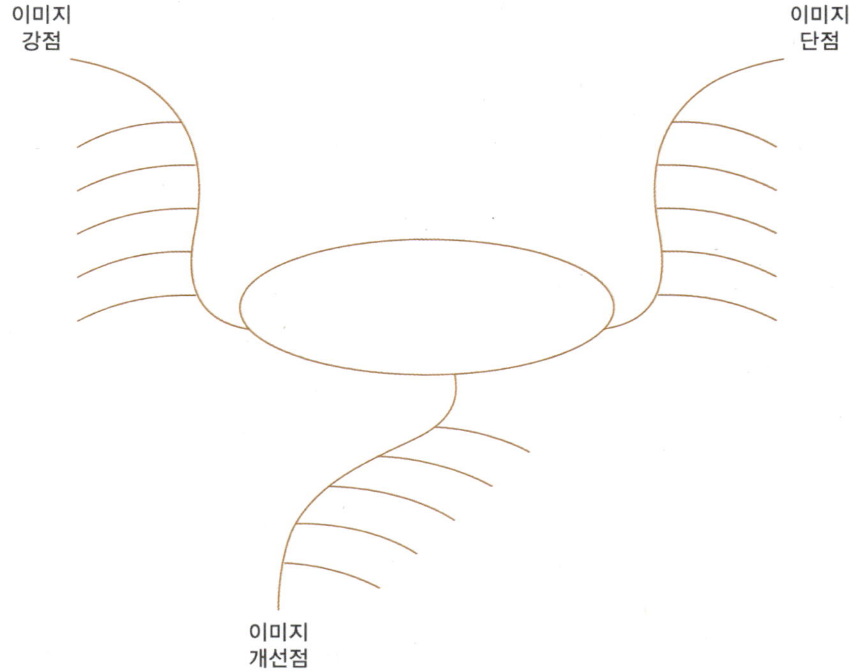

조원들 간에 면접 이미지에 대한 상호 피드백을 실시한다. 먼저 가운데 원에 자신의 이름을 적는다. 모든 조원들이 볼펜색상을 같은 색상으로 통일한다. 자신의 이름을 적은 책을 오른쪽 사람에게 전달한다. 다른 조원의 책을 받은 조원은 원 안에 적힌 이름의 조원에 대해 자신이 느끼는 이미지의 장점 한 가지와 단점 한 가지를 적는다. 다 적은 후 다시 책을 오른쪽 사람에게 전달한다. 이렇게 모든 조원들이 작성을 마쳤으면 이제 주인에게 책을 전달하고 주인은 다른 조원들이 작성한 자신의 이미지 장점과 단점에 대해 꼼꼼히 살펴본 후 좋은 이미지를 갖기 위해 개선할 점에 대해 적어본다. 작성을 마친 후에는 모든 조원들이 다른 조원들이 적어준 이미지 장점과 단점, 그리고 자신이 작성한 좋은 이미지를 갖기 위해 개선할 점에 대해 조 안에서 공유한다.

3. 성공적인 면접 프로세스

1) 면접 전날

마음을 편안하게 갖고 긍정적인 생각을 한다. 면접을 위해 그동안 준비했던 예상질문들과 답변들을 다시 한번 점검한다.

- 지원기업의 정식 명칭, 경영이념, 주력상품 등 지원기업에 대해 충분한 정보를 숙지한다.
- 지원동기를 설득력 있게 준비한다.
- 1분 자기소개를 준비한다.
- 자신의 이력서와 자기소개서에 기재된 내용을 다시 한번 확인한다.
- 응시 수험표, 신분증 등을 확인한다.
- A4용지 한 장 분량의 면접 대비 요약본을 준비한다.

2) 면접 당일

당일 아침 뉴스를 반드시 확인한다. 당일 주요 뉴스는 면접에 질문으로 등장할 수 있다. 주요 뉴스와 함께 면접 장소로 가는 교통상황에 대해서도 주의를 기울여 듣도록 한다. 이러한 정보를 바탕으로 면접 장소까지 교통편과 소요시간을 다시 확인한다. 면접 시간을 확인하고 수험표와 신분증을 지참한다.

늦어도 면접 30분 전까지는 면접 장소에 도착해야 한다. 면접 당일에는 어떠한 일이 있어도 지각하지 않도록 한다. 지각한 경우 지원자가 스스로 많이 당황하기 때문에 면접에서 좋은 결과를 얻기 어렵다.

3) 면접장 도착

면접장 로비에서부터 면접에 임한다는 생각으로 바른 자세를 가져야 한다. 일찍 도착했다면 잠시 화장실에 들러 자신의 복장상태를 점검하고 편안한 마음을 갖는다. 엘리베이터를 타고 이동해야 한다면 다른 사람들에게 양보하고 나중에 타도록 한다. 회사 건물 안에서 만나는 모든 사람들은 그 회사의 직원이나 거래업체 직원들이다. 따라서 자신이 입사하게 된다면 만나게 될 사람들이기도 하다.

계단을 이용할 경우 위에서 사람이 내려올 때는 한쪽에 비켜서서 기다렸다가 목례를 한 다음 올라가야 한다. 밑에서 사람이 올라올 때는 눈이 마주쳤을 경우 가볍게 목례한다. 복도를 걸을 때는 복도의 중앙을 피해서 걷고 문의 위치와 반대편으로 걷는다. 갑자기 문이 열리면서 방 안에서 사람이 나올 때를 대비해야 한다.

화장실에서 같이 지원한 지원자들과 잡담을 하는 일은 삼간다. 서로 이야기를 나누다 보면 긴장이 풀려 하지 말아야 할 이야기들도 나올 수 있다는 점을 생각해야 한다. 그 밖에 엘리베이터, 식당 등에서도 자신이 면접 응시생이라는 것을 생각해 긴장을 늦추지 않도록 한다.

4) 대기실

면접은 대기실에서부터 이미 시작되는 것이다. 대기실에서 순서를 기다릴 때는 침착하고 바른 자세로 기다려야 한다. 기다리면서 예상문제와 답을 머릿속으로 정리한다. 대기하면서 다른 지원자들과 잡담을 하거나 큰 소리로 웃는 일이 없도록 한다. 또한 긴장을 풀고 편안해 보이는 얼굴표정으로 마음을 가라앉히도록 해야 한다.

대기실에 앉을 때는 들어가는 순서대로 안쪽부터 앉는다. 행동이 느려 보이지 않도록 신속하게 행동한다. 문을 열고 닫을 때는 큰소리가 나지 않도록 조용히 한다. 또 특별한 일이 없다면 왔다 갔다 하지 않고 대기실에서 대기하도록 한다. 휴대품은 되도록 간단하게 지참하고 휴대품을 잃어버리는 일이 없도록 한다. 여성의 경우 화장을 고치는 일은 대기실이 아닌 화장실에서 해야 한다.

5) 입 실

입실을 하는 과정에서 많은 경우 면접을 안내하는 직원이 있기 때문에 크게 어려움은 없다. 담당직원이 이름을 부르면 대답하고 조용히 일어서서 직원이 안내하는 면접실로 간다. 면접실 문을 세 번 노크한 후에 들어오라는 응답이 있으면 문을 열고 입실한다. 면접실에 들어서면 조용히 문을 닫은 다음 면접관들을 향해 가볍게 30도 정도 허리를 굽혀 공손하게 인사를 한다. 그리고 면접관이 지시하는 자리로 가서 면접관에게 정식으로 자기 수험번호와 성명을 말하고 의자에 앉는다.

의자에 앉을 때는 두 다리는 가지런히 모으고 남성의 경우 무릎의 넓이는 주먹 2개가 들어갈 정도로 하고 살짝 주먹쥔 양손을 허벅지 위에 자연스럽게 올려 놓는다. 여성의 경우는 무릎이 벌어지지 않도록 하고 무릎 위에 한 손으로 다른 한 손을 겹쳐서 놓는다. 의자에 앉을 때는 의자 깊숙이 앉아 등받이에 등을 약간 기대는 것이 좋다. 시선은 면접관을 보되 눈을 빤히 쳐다보기보다는 면접관과의 거리에 따라 면접관의 가슴, 목, 턱, 코 등을 보는 것이 적당하다.

질문이 시작되면 침착하고 밝은 표정으로 질문한 면접관의 얼굴을 보며 답변한다. 면접관이 여러 명인 경우 질문을 한 면접관만을 바라보지 말고 여러 면접관에게 고른 시선을 주면서 답하도록 한다. 이때 시선처리가 자칫 산만해지지 않도록 주의한다.

6) 면접 보기

다음은 면접장면에서 지원자가 주의해야 할 사항을 정리한 것이다.

- 적극적이고 자신감 있는 태도를 가진다.
- 겸손하고 예의 바른 자세를 보인다.
- 정직하고 진실된 모습을 보인다.
- 자신의 의견을 말하되 핵심사항을 먼저 말한다.
- 말하는 것보다 듣는 것이 중요하다.

- 모르는 질문을 받았을 때는 모른다고 솔직하게 답변한다.
- 답변이 틀렸을 때는 즉시 시인하는 태도를 보여야 한다.
- 질문의 핵심을 잘 알 수 없을 때는 면접관에게 다시 한번 이야기해달라고 부탁한다.
- 당황했을 때는 '잠시 시간을 주시겠습니까?' 하고 심호흡을 하면서 마음을 진정시키고 답변한다.
- 면접관과 웃음을 공유한다.
- 몸 전체로 큰 목소리를 낸다.
- 질문을 받으면 곧바로 대답하지 않는다.
- 최대한 감사의 마음을 담은 표현을 한다.

다음은 면접 시 지원자가 피해야 할 것들이다.

- 감정적 대응
- 지나치게 노련한 모습
- 신체적 나쁜 버릇
- 일반적이거나 추상적인 답변
- 지나치게 경청하는 자세
  면접관에게 부정적인 인상을 주고 아이디어가 없는 사람으로 보일 수 있다.
- 말을 장황하게 늘어놓음
- 지나친 자신감이나 자기비하

7) 퇴 장

면접관은 지원자의 입실에서부터 퇴실까지 일거수일투족(一擧手一投足)을 관찰하고 있다. 면접이 끝났다는 해방감, 혹은 만족스러운 답변을 하지 못했다는 좌절감 때문에 도망치듯 행동하거나 거칠게 문을 닫는 일이 없도록 한다. 면접 질문이 끝났을 때에도 예의 바른 태도를 잊지 말아야 하며, 자신이 앉았던 의자를 정돈한 후 들어왔을 때와 똑같이 30도 정도 허리를 굽혀 공손히 인사해서 마무리하는 것이 바람직하다. 마지막 인사는 최대한 정중하게 한다. 면접에 꼭 합격해야겠다는 결의를 인사로 표현해야 한다.

대기실에서도 동일하지만, 회사 건물을 나온 다음에도 긴장을 멈추지 말아야 한다. 차를 탈 때까지 긴장을 늦춰서는 안 된다. 잘되었더라도 흥분하지 않는다. 차에 타서도 차분함을 유지해야 한다. 집에 돌아온 후 면접에 대해 성찰하는 시간을 갖는다. 합격했다면 더 바랄 것이 없겠지만 만약의 경우 잘 안됐을 때를 대비하는 자세도 필요하다. 학점도 낮고 내세울 것도 없는 사람이 좋은 회사에 취업했다는 얘기를 가끔 듣는다. 하지만 그 사람이 취업하기까지 얼마나 많은 어려움을 겪었는지에 대해서는 아무도 모른다. 그 사람이 취업하기까지 많은 어려움이 있었음을 잊지 말아야 한다.

4. 면접 기출문제

다음은 여러 기업들에서 출제한 면접 기출문제들을 정리한 것이다(신길자 외, 2020).

1) 인성질문

- 가장 존경하는 인물은 누구인가요?
- 당신은 리더형인가요, 팔로워형인가요?
- 다른 지원자보다 뛰어난 점은 무엇인가요?
- 주변 사람들은 당신의 장단점이 무엇이라고 이야기하나요?
- 좋아하는 일과 잘하는 일 중 어느 것을 직업으로 삼는 게 좋다고 생각하나요?
- 자신의 장단점을 설명해 보세요.

- 인생에서 가장 소중한 것은 무엇인가요?
- 행복이란 무엇이라고 생각하나요?
- 일할 때 무엇을 가장 중요하게 생각하나요?
- 팀 단위 업무를 진행할 때 가장 중요하다고 생각하는 것은 무엇인가요?
- 주식 해봤나요? 비트코인 어떻게 생각해요?
- 한탕을 바라는 사람들을 어떻게 생각하나요?
- 친구들 많나요?
- 부모님을 가장 기쁘게 해드렸던 일과 실망시켜 드렸던 일은 무엇인가?
- 당신을 뽑아야 하는 이유가 무엇인가요?
- 자신을 한 단어로 표현한다면 무엇인가요?
- 자신의 강점과 약점은 무엇인가요?
- 인생에서 가장 중요한 가치가 무엇인가요?
- 인생의 궁극적인 목표가 무엇인가요?
- 인생관에 가장 큰 영향을 미친 요인이 무엇인가요?
- 가장 보람되는 일과 후회되는 일이 무엇인가요?
- 살면서 가장 힘들었던 순간을 어떻게 극복했나요?
- 입사 지원 시 회사를 선택하는 기준은 무엇인가요?
- 우리 회사에 지원한 이유가 무엇인가요?
- 직무 선택 이유가 무엇인가요?
- 해당 산업에 관심을 두게 된 계기가 무엇인가요?
- 대학교 졸업 후 공백 기간에 무엇을 했나요?
- 우리 회사에 인턴으로 지원한 동기가 무엇인가요?
- 인턴 기간에 이루고 싶은 목표가 무엇인가요?
- 다른 회사 어디에 지원했나요?
- 이직 사유가 무엇인가요?
- 마지막으로 하고 싶은 말이 있나요? (신길자 외, 2020)

2) 직무질문

- 어떤 공정에서 일하고 싶나요?
- 반도체 수율 개선방법은 무엇인가요?
- 반도체에 대해 아는 것을 설명해 보세요.
- 열역학 1, 2, 3법칙에 대해 설명해 보세요.
- MOSFET, FinFET, MBCFET는 무엇인가요?
- 3상 단락이 일어났는데 어떻게 대처해야 하나요?
- 기계과 전공인데 반도체 회사에 지원한 이유는 무엇인가요?
- 인턴 경험이 있는 직무와 다른 직무로 지원한 이유는 무엇인가요?
- 배터리 공정에 대해서 아는 것이 있나요?
- 가장 좋아하는 음식을 영어로 설명해 보세요.
- 유체역학 원리가 공정에서 어떻게 활용되나요?
- 재무 공부할 때 가장 어려웠던 점은 무엇이었나요?
- 자동차 품질이 왜 중요한가요?
- SUV를 마케팅한다면 어떻게 할 것인가요?
- 협상할 때 자신만의 세 가지 방법을 말해보세요.
- 자동차 경량화를 위한 아이디어를 제안해 보세요.
- 해외 자동차 시장에 새로운 모델을 출시한다면 어떤 기술과 사양을 적용해 경쟁력을 더할 것인지 아이디어를 제안해 보세요.
- 키르히호프의 법칙을 설명해 보세요.
- 플래그십이 무엇이고 왜 필요한가요?
- 입사 후 담당할 업무를 아는 대로 설명해 보세요.
- 비전공자인데 전자시스템을 어떻게 이해할 건가요?
- 사이니지는 무엇이고 판매 확대 방안은 무엇인지 이야기해 보세요.
- 지원한 직무를 한 단어로 표현해 보세요.

- 지원한 직무의 주요 업무에 대해 말해보세요.
- 지원한 직무에 가장 필요한 역량이 무엇이라고 생각하나요?
- 직무수행에 있어 타인과 차별화된 경쟁력이 무엇인가요?
- 부족한 역량을 보완하기 위해 어떤 노력을 했나요?
- 직무수행 시 예상되는 어려움은 무엇이지, 어떻게 극복할 것인지 말해보세요.
- 활동적인 성격으로 보이는데 반복적인 업무를 잘할 수 있나요?
- 전공이 지원한 직무에 적합하다고 생각하나요?
- 지원한 직무와 전공이 다른데 지원한 이유가 무엇인가요?
- 직무역량을 개발하기 위해 어떤 노력을 기울였나요?
- 입사 후 도전하고 싶은 업무는 무엇인가요?
- 입사 후 자신의 역량을 어떻게 발휘할 건가요?
- 10년 후 직업적 목표가 무엇인가요?
- 입사 후 부족한 역량을 어떻게 보완할 건가요?
- 자신의 어떤 역량이 해당 직무와 잘 맞는다고 생각하나요?
- 가장 좋아한 전공과목이 무엇인가요?
- 전공지식에 관해 설명해 보세요. (신길자 외, 2020)

3) 기업질문

- 우리 사회의 최근 이슈를 말해보세요.
- 다음 산업 트렌드를 어떻게 예상하나요?
- 앞으로 ○○기업이 나아가야 할 방향에 대해 말해보세요.
- 현재 업계 동향을 설명해 보세요.
- 왜 다른 기업이 아닌 우리회사에 지원했나요?
- 미래 유가를 전망하고 그 이유를 설명해 보세요.
- 입사 후 우리 회사에 어떤 기여를 할 수 있나요?

- 미국 정책의 방향성이 유가에 미치는 영향은 무엇인가요?
- 우리 회사가 후발주자인데 시장점유율을 높이기 위해서 어떻게 해야 하나요?
- 협력업체와 완성차는 어떤 관계라고 생각하나요?
- 우리 회사가 중국에서 실적이 부진한 이유는 무엇이라고 생각하나요?
- 우리 회사 제품 중에서 구입하고 싶은 제품이 있다면 그 이유는 무엇인가요?
- 우리 회사 판매대리점을 방문한 경험이 있나요?
- 우리 회사 판매 채널에 관해서 설명해 보세요.
- 인화(人和)가 우리 회사의 발전에 어떤 영향을 줄까요?
- 입사한다면 회사 발전을 위해 어떤 아이디어를 제안하고 싶나요?
- 지원한 회사와 직무에 대한 정보를 어떻게 얻었나요?
- 우리 회사에 대해 아는 대로 말해보세요.
- 우리 회사의 경영이념에 대해 말해보세요.
- 우리 회사의 경쟁력이 무엇이라고 생각하나요?
- 우리 회사가 개선해야 할 점은 무엇이라고 생각하나요?
- 우리 회사의 경쟁사가 어디라고 생각하나요?
- 우리 회사의 고객은 누구라고 생각하나요?
- 우리 회사의 인재상 중 무엇이 본인과 일치한다고 생각하나요?
- 우리 회사 제품의 개선사항에 대해 말해보세요.
- 우리 회사의 주요 사업 중 어떤 부분에 기여하고 싶나요?
- 우리 회사의 최근 이슈에 대한 의견을 말해보세요.
- 우리 회사가 추진해야 할 신사업이 무엇이라고 생각하나요?
- 우리 회사가 환율변화에 대처할 수 있는 방법이 무엇이라고 생각하나요?
- 산업변화에 따라 우리 회사가 나아가야 할 방향을 말해보세요.
- 공공기관 취업을 희망하는 이유를 말해보세요.
- 노조에 대해 어떻게 생각하나요?
- 국제 감각을 키우기 위해 했던 노력이 우리 회사에 어떤 도움을 줄 수 있다고

생각하나요?

- 공공기관 근무자에게 가장 필요한 덕목이 무엇이라고 생각하나요?
- 인턴을 했던 회사가 아닌 우리 회사에 지원한 이유가 무엇인가요? (신길자 외, 2020)

4) 경험질문

- 휴학 기간에 무엇을 했나요?
- 추진력을 발휘해 성과를 거둔 경험이 있나요?
- 많은 자격증을 취득할 수 있었던 노하우는 무엇인가요?
- 학창시절 가장 흥미롭게 들었던 수업은 무엇인가요?
- 최근 1년간 학교에서 진행했던 프로젝트 중에서 가장 어려웠던 점은 무엇인가요?
- 인재상과 일치하는 경험을 이야기해 보세요.
- 졸업 후 인턴을 했는데 왜 바로 취업하지 않았나요?
- 구체적인 계획을 통해서 목표를 성취한 경험이 있나요?
- 살면서 남다른 아이디어로 문제를 해결한 일이 있나요?
- 자기소개서 내용 외에 최고의 목표를 세우고 노력한 경험을 소개해 보세요.
- 조직 간 갈등을 해결한 경험이 있나요?
- 자신의 아이디어로 문제를 해결한 경험이 있나요?
- 실패경험은 무엇이고 그것을 극복한 과정에 대해 설명해 보세요.
- 자격증은 왜 취득했나요?
- 공백기간에 무엇을 했나요?
- 상대방을 설득한 경험을 말해보세요.
- 학점이 높은데 왜 대학원에 진학하지 않았나요?
- 윤리적인 딜레마에 처했을 때 어떻게 대처하였나요?

- 전공선택 이유가 무엇인가요?
- 학점이 높은 편인데 공부만 한 것은 아닌가요?
- 학점이 낮은 편인데 이유가 무엇인가요?
- 팀 프로젝트를 하면서 무엇을 배웠나요?
- 창업 동아리활동을 통해 무엇을 배웠나요?
- 대학원에 진학한 이유가 무엇인가요?
- 졸업 유예를 한 이유가 무엇인가요?
- 학교생활 중 가장 기억에 남는 일이 무엇인가요?
- 어떤 일을 열정적으로 추진한 경험에 대해 말해보세요.
- 리더십을 키우기 위해 어떤 노력을 했나요?
- 타문화를 이해하기 위해 어떤 노력을 했나요?
- 아르바이트(인턴)를 하면서 인정받은 적이 있나요?
- 아르바이트(인턴)를 하면서 가장 힘들었던 점은 무엇인가요?
- 실패 후 다시 도전했던 경험이 있나요?
- 전 회사에서 어떤 업무를 담당했나요?
- 직장생활을 하면서 무언가를 성취한 경험이 있나요?
- 직장생활을 하면서 실패한 경험이 있나요?
- 다른 팀원과의 협업에서 의견 충돌이 발생한 경우 어떻게 대처했나요?
- 주로 어떤 유형의 사람과 의사소통문제를 겪나요?
- 의사소통 과정에서 발생한 오해를 풀기 위해 어떤 노력을 했나요?
- 살면서 부딪혔던 가장 큰 난관과 이를 극복한 경험에 대해 말해보세요.
- 한정된 자원에도 불구하고 목표를 달성했던 경험이 있나요?
- 예상치 못한 문제가 발생했을 때 포기하지 않고 업무를 수행한 경험이 있나요?
- 전문성을 향상시키기 위해 어떤 노력을 했나요?
- 낯선 분야의 지식을 얻기 위해 어떤 노력을 했나요?
- 다른 사람의 협력을 이끌어 내기 위해 노력한 경험이 있나요?

- 단체활동에서 갈등이 생겼을 때 이를 해결한 경험이 있나요?
- 업무관련 정보를 수집하고 활용하여 업무 성과를 높인 경험이 있나요?
- 희생을 감수하고 조직에 헌신한 경험에 대해 말해보세요.
- 규칙을 지키기 위해 노력한 적이 있나요?
- 문제를 발견하고 이를 해결했던 경험에 대해 말해보세요. (신길자 외, 2020)

5) 상황질문

- 가족 모임 중 상사가 회사로 부르면 어떻게 대처할 건가요?
- 지원한 분야의 업무가 입사 후 자신과 잘 맞지 않을 경우 어떻게 할 건가요?
- 상사가 부당한 지시를 하면 어떻게 할 건가요?
- 협업할 때 일하는 방식에 차이가 생기면 어떻게 대처할 건가요?
- 일이 많은데 팀에서 발생한 업무를 팀장이 맡기려 하면 어떻게 할 건가요?
- 프로젝트 진행 중 더 좋은 아이디어가 떠오른다면 일정을 연기해서 더 좋은 제품을 생산할 건가요 아니면 그대로 진행할 건가요?
- 직장 내 불화가 있을 때 어떻게 대처할 건가요?
- 팀 내 다른 의견을 가진 사람이 있다면 어떻게 행동할 건가요?
- 보고 싶지 않은 영화를 팀장이 같이 보자고 한다면 어떻게 행동할 건가요?
- 회사의 이익과 고객의 이익이 상충하는 경우 어떻게 대처할지 말해보세요.
- 상사와 갈등이 생긴다면 어떻게 대처할 건가요?
- 연고지가 없는 지방에 발령을 받는다면 어떻게 할 건가요?
- 희망 직무에 배정받지 못할 경우 어떻게 할 건가요?
- 입사 후 생각했던 업무와 다를 경우 어떻게 대처할 건가요?
- 가족여행과 해외 출장이 겹칠 경우 어떻게 할 건가요?
- 해외 출장에 중요한 서류를 두고 갔다면 어떻게 대처할 건가요?
- 전임자(퇴사자)의 업무와 관련한 민원이 발생할 경우 어떻게 대처할 건가요?

- 담당하는 지역 사업 주민들이 선물을 보낼 경우 어떻게 할 것인지 말해보세요.
- 계약업체 직원이 정해진 기한을 지키지 않은 경우 어떻게 대처할 건가요? (신길자 외, 2020)

6) 토의면접 주제

- 최악의 발명품
- 재택근무
- 임금 피크제
- 개인 워크아웃
- 남북경제협력의 바람직한 발전방향
- 이중국적
- 혼자 무인도에 남겨진다면 가지고 갈 물건
- 기부입학제
- 고스톱 문화
- 사형제도
- 맞벌이 부부
- 노래방은 필요한가, 필요 없는가?
- 시험관 아기의 출산에 대한 정당성
- 승용차 10부제
- 대학 내 영어강의 확대
- 인기학과에 치중한 학과편제는 합당한가?
- 비만세(fat tax) 부과
- 이동통신단말장치 유통구조 개선에 관한 법률(단통법)
- 모바일 인스턴트 메신저 보안 문제
- 개인 질병 공개법안

- 남극개발
- 인간 배아복제의 정당성
- 쌍방향 휴대폰요금제
- 무가지 신문
- 일반의약품 슈퍼판매
- 반값등록금
- 기준금리 인하
- 외환시장의 정부개입
- 메르스 사태관련 보건복지부로부터 보건부 독입안
- 정부의 지방인재 균등 채용
- 길거리 흡연규제
- 특별사면제도
- 금융기관 개인정보 유출 문제
- 담뱃값 인상
- 공무원 연금 개혁
- 계좌이동제
- 공장 내 휴게시설 개선안
- 산업스파이에 대비한 보안전략 수립
- AI 자동화가 노동시장에 미치는 영향
- 전문자격증의 필요성
- 가상화폐의 화폐 인정 여부
- 새로운 플랫폼을 개발할 것인가 아니면 기존의 플랫폼을 활용할 것인가의 선택
- 공매도 허용
- 가상화폐, 암호화화폐를 은행에서 사용할 경우 발생할 수 있는 문제점과 해결방안

- 화학 물질 유출에 대해 IT 기술 기반으로 한 대책방안
- 미래 ATM기를 활용할 수 있는 방안
- 화력발전소를 증설하면서 대기오염은 줄일 수 있는 방안
- 소상공인 지원사업 중 골목시장 활성화 방안
- 고령화 사회로 인한 생산성 향상 방안
- 범퍼 품질문제에 대한 해결방안
- 고령화에 따른 자율주행자동차 판매전략 수립
- 액티브 시니어들의 홈쇼핑 유입방안 (박윤희, 2018b)

7) 프레젠테이션 면접 주제

- LCD 공정에 관한 새로울 기술
- 웨이퍼의 새로운 공정라인
- LCD의 향후 발전 방향
- HOME NETWORK
- 15.BLUETOOTH
- 16.IEEE1394
- MOSFET의 작동원리
- 인터넷이 발달함에 따라 기업과 개인에게 미치는 영향
- 커패시터의 기능이 기대에 못 미칠 때 그 원인과 해결방안
- 휴대폰 배터리의 대체에너지 수집방법
- 차세대 디스플레이를 설명하고 ○○전자가 나아가야 할 사업방향 제시
- 투자 안의 의사결정 문제, EVA를 통한 경제적 의사결정 문제, 그리고 사업부 간 대체가격 산출
- WIFI와 3G 비교
- 임베디드 시스템에 사용할 플래시메모리 추천

- 터치센서의 응용과 개발
- 태양전지
- LCD 회로설계
- AMOLED의 외부광에 의한 밝기가 약해지는 현상에 대한 대안
- 반도체 공정 중 세심한 온도조절이 필요한 공정을 위한 설비 설계
- 투명전극
- 발광재료
- TFT LCD의 반사현상
- 광학 이성질체
- 열전달이 발생하는 세 가지 mode에 대해 설명하고 일상생활에서 한 가지씩 예를 제시
- 컴퓨터 CPU의 처리속도가 증가함에 따라 CPU에서 발생하는 열도 증가하여 이 열을 잘 냉각시켜야 CPU가 정상적인 작동을 할 수 있다. CPU의 냉각효율을 향상시키기 위해 사용될 수 있는 방법에 대해 설명
- 표면 온도가 영하 10도로 동일한 철판과 플라스틱판이 있다. 이 두 판을 손으로 만졌을 때 차가운 정도의 차이가 있는지 없는지에 대해 답하고 이유를 설명
- 재료의 점결함과 선결함
- 소음 발생과 방열 시스템의 크기를 최소화하는 GPU의 방열시스템 설계
- 히트 파이프의 열전달 원리
- (암모니아 반응식, 엔탈피 변화량 제시, 불균일 촉매를 이용함) 암모니아 반응을 효율적으로 하기 위한 공정 설계
- 카메라에서 CCD센서와 CMOS센서의 장단점 비교
- 유압유체의 장단점
- 열전달 메커니즘
- 맥스웰 방정식

- 연산증폭기 문제
- 소결 온도 급상승 시 장점이 많은데 고려해야 할 점
- 휨 문제에 있어 양방향 적층보다 단방향 적층에 유리한 점
- A사의 제품 중 하나를 선정하여 기발한 스토리텔링 마케팅 방안을 생각하고 구체적인 실행 방안 제시
- 우리나라의 음료시장 규모는 3조 3천억 원인데 이 중 탄산음료가 차지하는 비중을 예상해 보고 그 이유를 설명
- 제조기술의 차이점
- 베르누이 방정식으로 유량 구하기
- 스테인리스스틸 부식방지
- 10명의 직원(지점장, 차장, 과장, 대리, 사원 등)이 100만 원으로 1박 2일 바캉스를 떠나려고 하는데 숙소, 식사, 교통수단, 스케줄 등 여행일정을 계획
- 하드웨어의 한계를 고려한 알고리즘 자료구조 구현
- 기존의 와이파이망을 활용해서 스마트폰 사용자의 실내 위치 정보를 알아내는 방법
- SSD(Solid State Drive)
- PN junction에 대해 간단한 그림과 함께 설명
- P형, N형 반도체
- 여행 패키지 상품 만들어서 판매
- 전동기 슬립에 대해 정의하고 슬립과 회전속도의 관계에 대해 설명
- PT, CT, Ry, CB, Trip Coil의 명칭과 용도
- 110V와 220V 사용 시 각각의 장단점
- 탄소배출권 거래제도
- 온실가스 경감 대책
- BCG Matrix에 따른 A, B, C, D기업에 따른 영업 마케팅 방안 수립
- 혼술, 혼밥족에게 전기자동차 판매 전략 수립 (박윤희, 2018b)

8) 세일즈면접 주제

- 머리 숱이 많은 사람에게 가발을 판매하시오.
- 남극에서 선풍기를 판매하시오.
- 이자가 높은 제2금융권으로 이동하려는 고객에게 금리 낮은 상품을 판매하시오.
- 단풍나무, 테블릿 PC, 금고, 레몬, 홍삼 등 면접관에게 판매하시오.
- 컵라면, 깔창 등을 면접관에게 판매하시오.
- 전방에서 일하고 있고 목돈을 마련하고자 하는 20대 육군 장교를 대상으로 금융상품을 판매하시오.
- 송금수수료에 대한 걱정을 가지고 신규거래를 위해 처음 찾아온 50대 자영업자 김 사장을 대상으로 상품을 판매하시오.
- 대기업에 취업한 아들을 둔 50대 여성 자영업자를 대상으로 금융상품을 판매하시오.
- 체크카드 분실로 인해 재발급을 받기 위해 점심시간에 방문하였으나 20분간 대기한 최근에 취업에 성공한 20대 박모 씨를 대상으로 금융상품을 판매하시오.
- 연금저축을 가입하려고 하는 40대 남성 고객을 대상으로 금융상품을 판매하시오.
- 40년 동안 공무원 생활을 하다가 퇴직 후 재취업했으며 연금수령통장을 개설하기 위해 은행을 방문했고 연금수령액에 대해 자산관리를 받고자 하는 60대 남성 고객을 대상으로 금융상품을 판매하시오.
- 예금만기가 도래하여 금리가 더 높은 타 은행의 상품을 이용하려고 하는 30대 여성 고객을 대상으로 상품을 판매하시오.
- 카메라, 정수기, 자동차, 공연티켓, 여행상품, 스마트폰 중 한 가지를 선택해 고객에게 판매하시오. (박윤희, 2018b)

9) 페르미 추정 질문

페르미 문제(Fermi Problem) 또는 페르미 추정(Fermi Estimate)은 어떠한 문제에 대해 기초적인 지식과 논리적 추론만으로 짧은 시간 안에 대략적인 근사치를 추정하는 방법이다. 이는 이탈리아의 물리학자 엔리코 페르미(Enrico Fermi)의 이름을 딴 것으로 게스티메이션(Guesstimation)이라고도 하며 기업 채용 면접에도 종종 등장한다(위키백과).

- 강남의 한 SPA 캐주얼 브랜드 매장에 진열된 후드 티 개수는 모두 몇 개일까요?
- 국내에 있는 검은색 자동차 수는 모두 몇 대일까요?
- 사당역 앞에 있는 해산물 뷔페에서 하루에 사용하는 접시 개수는 모두 몇 개일까요?
- 국내에 있는 이발사는 총 몇 명이나 될까요?
- 서울 시내 중국집 전체의 하루 판매량을 근거와 함께 정량적으로 계산하여 제시하시오.
- 남산을 옮기는 데 며칠이나 걸릴까요?
- 서울 시내의 바퀴벌레 수는 모두 몇 마리일까요?
- 호텔에 비치되어 있는 크기의 샴푸와 린스는 전 세계적으로 매년 어느 정도 생산될까요?
- 63빌딩 유리창의 개수는 모두 몇 개일까요?
- 국내에서 1년에 교체되는 타이어의 개수는 모두 몇 개일까요?
- 국내 나무젓가락의 연간 소비량은 얼마일까요?
- ○○대학교 앞 H 커피전문점의 1일 매출액은 얼마일까요?
- 40kg짜리 쌀 한 가마니에 들어가는 쌀은 모두 몇 톨일까요?
- 서울시에 있는 유리창문은 모두 몇 개일까요?
- 서울 시내 영화관 수는 모두 몇 개일까요?

- 국내에 있는 주유소는 모두 몇 개일까요?
- 서울 시내 10층 이상의 건물은 몇 개일까요?
- 해운대 모래알 개수는 모두 몇 개일까요?
- 사람의 모발 개수는 모두 몇 개일까요?
- 10원짜리 동전으로 63빌딩을 만든다면 모두 몇 개의 동전이 필요할까요?
- 한강 물은 모두 몇 리터일까요?
- 부산에서 하루에 소비되는 소주병 개수는 모두 몇 개일까요? (박윤희, 2018b)

5. 학습정리

1) 면접 전 준비 중 지원기업에 대한 분석에 대해 설명한다.

2) 면접 시 바람직한 헤어스타일에 대해 설명한다.

3) 면접 시 지원자가 피해야 할 사항에 대해 설명한다.

4) 페르미 추정 면접의 개념에 대해 설명한다.

14
CHAPTER

면접 스피치

14장에서는 프레젠테이션의 중요성에 대해 살펴보고 유능한 프레젠터가 갖추어야 할 자세에 대해 검토한다. 또 프레젠테이션의 기초가 되는 스피치의 개념과 주요 내용에 대해 학습한다. 특히 스피치(speech)에서 중요한 목소리의 6요소, 발성과 발음 등에 대해 알아보고 보디랭귀지(body language)에 대해서도 구체적으로 살펴본다. 마지막으로 면접에서 필수적으로 준비해야 하는 1분 자기소개 작성요령에 대해서 학습한다.

학습목표

1. 스피치의 개념에 대해 이해한다.
2. 목소리의 6요소, 발성과 발음에 대해 이해한다.
3. 1분 자기소개의 작성요령을 학습하고 1분 자기소개의 내용을 작성한다.

학습내용

Think Pocket
1. 프레젠테이션의 중요성
2. 스피치
3. 보디랭귀지
4. 1분 자기소개
5. 학습정리

Chapter 14 면접 스피치

Think Pocket

프레젠테이션 능력 검사!

다음은 프레젠테이션 능력을 알아보는 검사이다. 이 검사를 통해 자신의 프레젠테이션 능력이 어느 정도인지 알아보자.

문 항	예	아니요
1. 나는 원고가 없어도 발표할 수 있다.		
2. 나는 말을 할 때 제스처를 잘 사용한다.		
3. 나는 말을 할 때 상대방의 눈을 본다.		
4. 나는 오래 달리기를 해도 호흡이 안정되어 있다.		
5. 나는 노래방에서 가사를 안 보고도 노래를 잘 부른다.		
6. 나는 언제든지 나를 소개할 준비가 되어 있다.		
7. 나는 낯선 사람 앞에서도 자신 있게 이야기할 수 있다.		
8. 나는 언제나 메모할 준비를 하고 있다.		

9. 나는 새로운 환경에 적응이 빠른 편이다.		
10. 나는 매사에 꼼꼼한 편이다.		
11. 나는 적극적인 사고를 하는 편이다.		
12. 나는 상대방의 마음을 잘 읽는 편이다.		
13. 나는 프레젠테이션에 관한 지식이 있는 편이다.		
14. 나는 나만의 메시지를 갖고 있다.		
15. 나는 컴퓨터에 능숙한 편이다.		
16. 나는 즉흥적인 애드리브에 강한 편이다.		
17. 나는 다양한 책을 읽는 편이다.		

출처 : 윤영돈(2005). 자연스럽게 Yes를 끌어내는 창의적 프레젠테이션 내용 수정.

'예'가 15개 이상

언제라도 프레젠테이션에 성공할 수 있는 사람이다. 주도적으로 프레젠테이션을 할 수 있는 능력을 가지고 있다. 상황에 따라 적절하게 자신의 메시지를 전달할 수 있다.

'예'가 11~14개

어느 정도 프레젠테이션을 할 준비가 되어 있다. 나름대로 프레젠테이션을 준비해 왔지만 아직 프레젠테이션에 성공한 경험이 많지 않다. 전문적인 지식과 많은 프레젠테이션 경험을 쌓을 필요가 있다.

'예'가 10개 이하

아직 프레젠테이션을 하기에는 준비가 부족한 상태이다. 적극적인 프레젠테이션에 대한 관심이나 경험을 가져야 한다. 청중들 앞에서 자신감 있게 프레젠테이션을 할 수 있도록 준비해야 한다.

1. 프레젠테이션의 중요성

기업의 채용기준은 더욱 까다로워지고 있고 직무능력, 인성 등 다양한 측면에서 선발 기준을 강화하고 있다. 이렇게 강화되고 있는 한 분야가 프레젠테이션 능력이다. 따라서 프레젠테이션 능력을 갖추는 것은 좋은 직장에 취업하는 것은 물론 입사 후 능력을 인정받고 유능한 직장인으로 평가받는 중요한 요소가 되고 있다.

프레젠테이션이란 자신의 생각, 의견 또는 솔루션 등을 다양한 시각자료와 매체를 통해 논리적으로 설득하는 커뮤니케이션의 한 형태이다. 프레젠테이션을 위해서는 먼저 전달해야 하는 가치 있는 생각, 의견, 솔루션 등이 있어야 하고 이를 들어줄 프레젠테이션의 상대방, 즉 청중이 있어야 한다. 또 프레젠터가 설득력이 있어야 하고 이를 위해 필요한 프레젠테이션 스킬을 갖추고 있어야 한다.

많은 사람들은 프레젠테이션에 대해 어렵고 잘하기 힘든 것이라고 생각한다. 특히 훌륭한 프레젠터가 되기 위해서는 타고난 재능이 있어야 된다고 생각한다. 그래서 재능을 타고난 프레젠터는 더 노력할 필요도 없을 것이라고 믿는다. 또 프레젠테이션을 잘하는 사람들은 무대공포증 같은 것은 없을 것이라고 생각한다. 하지만 실제 프레젠테이션을 잘하는 사람들 중에서도 무대공포증을 느끼는 사람들이 있고, 또 유능한 프레젠터로 타고나지 못했지만 노력하고 연습한 결과 프레젠테이션을 잘하게 된 경우도 많다.

프레젠테이션을 할 때 가장 어려움을 겪는 것 중 하나가 긴장감을 극복하는 것이다. 프레젠테이션을 잘하지 못하는 사람들은 경험이 많은 프레젠터들은 자신과 같이 긴장하지 않을 것이라고 생각한다. 하지만 이는 잘못된 생각이다. 아무리 프레젠테이션 경험이 많은 사람이라 하더라도 늘 프레젠테이션을 하는 순간에는 긴장하게 된다. 또 그것이 정상이다. 긴장하지 않고 하는 프레젠테이션은 다른 사람들을 설득하는 데도, 또 원하는 결과를 얻는 데도 실패할 확률이 높다.

유능한 프레젠터가 되기 위해서는 스피치 능력, 전문지식, 자신감, 신뢰감, 진실성, 순발력, 외모와 매너, 끊임없이 노력하는 자세를 갖추어야 한다. 이러한 모든 것들이 조화롭게 갖추어졌을 때 유능한 프레젠터가 될 수 있다. 유능한 프레젠터가 되기 위해 필요한 스피치 능력에 대해 살펴보자.

2. 스피치

스피치(speech)는 우리말로 화법(話法)이라고 한다. 이는 넓은 의미로는 담화, 연설, 토론, 토의 등과 같은 말하기에 쓰이는 일반적이며 특수한 모든 방법이다. 스피치는 말을 하는 사람이 자신의 의견이나 주장을 청자나 청중에게 가장 정확하게, 그리고 가장 효과적으로 전달하는 데 그 목적이 있다. 이를 위해 무엇보다도 화제(話題)가 뚜렷해야 하고, 자신의 이야기를 뒷받침할 수 있는 자료가 풍부하고 정확해야 한다. 효과의 측면에서 음질, 말의 속도와 강약, 말에 따르는 몸짓과 태도, 시선 처리도 중요하고, 청자의 반응을 유도할 수 있는 방법이나, 분위기나 상황에 유효 적절하게 대응할 수 있는 능력이 문제가 된다(DAUM, 한국민족문화대백과사전).

피터 드러커(Peter F. Drucker)는 "인간에게 있어서 가장 중요한 능력은 자기표현이며, 경영이나 관리는 커뮤니케이션에 의해 좌우된다."고 하였다. 스피치는 설득의 의사소통으로 성공을 위해 반드시 필요한 능력이다.

1) 스피치의 3요소

스피치의 3요소에는 화자, 청자, 전달내용이 있다. 각 내용에 대해 구체적으로 살펴보자.

(1) 화자

스피치의 3요소 중 하나이나 가장 중요한 요소로 보기 어렵다. 화자는 표면적으로는 스피치를 이끌어 가고 스피치에서 중심이 되는 요소로 보여지지만 실제 화자는 청자를 배려하고 청자를 이해하며 궁극적으로 청자가 스피치의 내용을 잘 흡수할 수 있도록 해야 한다. 따라서 화자는 스피치를 위해 필요한 기본 원칙들을 숙지해야 한다.

(2) 청자

스피치의 3요소 중 가장 중요한 것을 꼽으라고 하면 그것은 청자일 것이다. 스피치의 초점은 청자에게 맞추어져 있어야 하고 청자의 입장에서 스피치가 이루어져야 한다. 스피치의 완성은 청자가 이해하고 화자의 스피치에 설득됨으로써 이루어지는 것이다.

(3) 전달내용

화자와 청자 사이를 이어주는 매개물이 전달내용이다. 전달내용은 전문성, 진실성이 담겨 있어야 하고 무엇보다 청자의 수준에 맞는 내용으로 구성되어야 한다. 아울러 설득을 위한 다양한 근거자료와 청자의 흥미를 유발하는 것들을 포함해야 한다.

2) 스피치의 기본 원칙

(1) 자연스럽게 말한다

스피치를 할 때 지나치게 연출된 느낌보다는 일상생활에서 대화를 하는 것과 같은 편안한 목소리로 자연스럽게 스피치를 해야 한다. 그래야 청자도 편안한 마음과 자세로 스피치에 집중할 수 있다.

(2) 쉬운 말과 고운 말을 사용한다

전문용어의 경우는 잘 이해하지 못하는 청중들이 있을 수 있으므로 이를 우리말로 전달하는 것이 필요하다. 부득이하게 약어를 사용해야 할 때는 원어를 설명한 후에 약어를 쓰도록 한다. 전문용어나 약어를 너무 많이 사용하게 되면 청자들이 관심을 잃기 쉽다. 따라서 청자의 눈높이에 맞게 쉬운 용어를 사용해야 한다.

청자 앞에서는 은어, 속어, 그리고 거친 말투는 사용하지 말아야 한다. 화자보다 나이가 어린 사람들이라고 함부로 해서도 안 된다. 앞에 선 사람은 항상 존댓말과 고운 말을 사용해야 한다.

(3) 감정을 표현한다

감정의 표현은 스피치를 훨씬 더 풍부하게 할 수 있다. 전달하는 내용에 따라 기쁨, 노여움, 슬픔, 즐거움의 감정과 놀라움 또는 불쾌감 등의 감정을 표현할 수 있어야 한다. 청자는 화자의 이러한 감정표현을 통해 전달내용에 대해 보다 공감할 수 있게 된다.

(4) 정확한 발음을 한다

화자는 내용전달에 충실하기 위해 정확한 발음을 해야 한다. 말을 더듬는다거나 말이 입 안에서 우물우물하는 것으로 들린다면 전달내용에 대한 신뢰뿐 아니라 화자에 대한 신뢰까지 떨어질 수 있다. 따라서 발음 훈련을 통해 정확한 발음으로 내용을 전달할 수 있어야 한다.

(5) 확신에 찬 표현을 한다

화자는 불확실한 표현을 삼가고 확신에 찬 표현을 해야 한다. 예를 들면, “그렇게 알고 있습니다”, “~할 것 같습니다”, “~일수도 있습니다” 등의 확신이 없는 표현 대신 “그렇습니다”, “~해야 합니다”, “~입니다”와 같은 확실한 단언의 표현을 해야 한다. 화자의 불확실한 표현은 청자의 화자에 대한 신뢰도를 저하시킬 수 있다.

3) 목소리 6요소

좋은 목소리는 중저음의 떨림이 없는 목소리이다. 또 타고난 자신의 목소리가 가장 좋기 때문에 목소리를 자연스럽게 구사해야 한다. 목소리가 밝고 발음이 분명한 것이 좋다. 자신 있고 당당하고 씩씩하게 내는 목소리는 청중에게 화자의 힘을 느끼게 한다. 목소리의 6요소로 빠르기, 크기, 높이, 길이, 쉬기, 힘주기에 대해 살펴보자.

(1) 빠르기

스피치는 일상생활에서 말하는 속도보다 약간 느리게 말하는 것이 좋다. 너무 빠르면 알아듣기 어렵고 너무 느리면 답답하다고 느낄 수 있다. 스피치에서 가장 바람직한 속도는 1분에 100단어에서 150단어 정도이다. 또 말을 항상 같은 속도로 하지 않는다. 이럴 경우 청자들은 강조점을 찾기 어렵다. 따라서 중요한 내용을 말할 때는 좀 더 천천히 말해야 하고, 보다 덜 중요한 말을 할 때는 말의 속도를 조금 빠르게 하는 것이 필요하다. 청자가 긴장감을 유지할 수 있을 정도의 빠르기가 좋다.

✤ 1분 100단어 연습

스피치의 3요소에는 화자, 청자, 전달내용이 있다. 다음은 각 내용에 대해 구체적으로 살펴보자. 화자는 스피치의 3요소 중 하나이나 가장 중요한 요소로 보기는 어렵다. 화자는 표면적으로는 스피치를 이끌어 가고 스피치에서 중심이 되는 요소로 보여지지만 실제 화자는 청자를 배려하고 청자를 이해하며 궁극적으로 청자가 스피치의 내용을 잘 흡수할 수 있도록 해야 한다. 따라서 화자는 스피치를 위해 필요한 기본 원칙들을 숙지해야 한다.
스피치의 3요소 중 가장 중요한 것을 꼽으라고 하면 그것은 청자일 것이다. 스피치의 초점은 청자에게 맞추어져 있어야 하고 청자의 입장에서 스피치가 이루어져야 한다. 스피치의 완성은 화자의 스피치에 청자가 이해하고 설득됨으로써 이루어지는 것이다.
그리고 화자와 청자 사이를 이어주는 매개물이 전달내용, 즉 이야기 내용이다.

(2) 크기

화자는 청자의 수와 장소에 맞는 목소리 크기로 내용을 전달해야 한다. 소수의 사람들에게 너무 큰소리로 말하고 있지는 않은지, 뒤에 있는 사람들까지 소리가 잘 들릴지 항상 주의를 기울여야 한다. 목소리가 크지 않다면 마이크의 도움을 받을 수도 있다.

(3) 높이

화자가 높고 낮음의 변화 없이 말할 경우 청중의 관심을 끌지 못한다. 청자를 설득해야 할 경우 상황에 맞도록 목소리에 변화를 주어야 한다. 때로는 높게 또 때로는 낮고, 조용하게 목소리를 조절해야 한다.

(4) 길이

목소리의 길이는 자연스럽게 과장하지 않는 것이 필요하다. 평소 대화하는 것과 같이 장단을 유지하는 것이 가장 좋은 방법이다. 또 너무 길게 한 문장을 연결하지 않도록 하고 한 문장은 하나의 메시지를 담도록 해야 한다. 접속사나 연결어를 너무 많이 사용하면 설득력이 떨어질 수 있다.

(5) 쉬기

말을 잠깐 멈추는 것이 필요하다. 청자가 들은 내용을 이해하는 데 시간이 필요하기 때문이다. 따라서 말을 잠깐 멈추고 청자가 경청할 시간을 갖게 해야 한다. 일반적으로 단어와 단어 사이에서 쉬는 시간이 가장 짧아야 하고 문장과 문장 사이에는 그 보다 더 쉬는 시간이 필요하다. 서론과 본론, 그리고 본론과 결론 사이에서 쉬는 시간이 가장 길어야 한다. 스피치의 속도를 조절하기 위해서는 쉬는 간격을 적절히 조절해야 한다.

(6) 힘주기

힘주기 또는 강세란 특정 음절이나 단어 또는 구를 다른 것들보다 더 힘주어 말하는 것을 말한다. 일상적인 대화에서도 그렇지만 스피치를 할 때는 자신이 강조하고자 하는 중요한 단어나 구에 강세를 주어야 한다. 메시지의 적절한 부분에는 강조를 하고 때로는 약하게, 때로는 강하게 말해야 한다. 또 필요하다면 강조할 때는 과감한 제스처와 함께 강조할 필요가 있다.

4) 발성과 발음

자신이 낼 수 있는 소리의 영역을 확인하고 스피치를 할 경우 유지해야 하는 발성의 음을 확인할 필요가 있다. 개인이 낼 수 있는 발성의 음을 100까지로 본다면 10의 음성은 입만 벌리고 어떤 소리도 내지 않는 상태이다. 25음성은 보통 대화할 때 음성의 절반 정도로 낮은 음성이다. 50음성은 보통 자신이 대화할 때 음성으로 자신이 낼 수 있는 최고 음성의 절반 정도의 음성을 말한다. 이를 기본음이라고 한다. 75음성은 100과 50 사이의 중간 음성으로 고음에 해당된다. 100의 음성은 자신이 낼 수 있는 최고의 음성이다. 스피치를 할 때에는 보통 대화할 때보다 약간 높은 60음 정도로 말해야 한다. 60음으로 말하게 되면 화자나 청자에게 스피치에서 긴장감을 유지할 수 있게 해준다.

정확한 발음을 하기 위해서는 한 음절, 한 음절 또박또박 발음하는 습관을 길러야 한다. 발음이 어려운 단어일수록 천천히 정확하게 발음한다. 평소에 어려운 발음을 연습하고 말의 시작은 부드럽게, 끝은 분명하게 발음한다. 적절한 곳을 띄워서 말하고 발음이 분명하지 않다면 천천히 말하는 것과 또박또박 말하는 연습을 해야 한다.

5단계 발성 훈련을 위해 다음과 같이 연습한다.

사랑은 오래 참고 사랑은 온유하며 시기하지 아니하며(20)
사랑은 자랑하지 아니하며 교만하지 아니하며(40)
무례히 행하지 아니하며 자기의 유익을 구하지 아니하며 성내지 아니하며
악한 것을 생각하지 아니하며(60)
불의를 기뻐하지 아니하며 진리와 함께 기뻐하고(80)
모든 것을 참으며 모든 것을 믿으며 모든 것을 바라며 모든 것을 견디느니라(100)

발음 훈련을 위해 다음 문장들을 연습한다.

안 촉촉한 초코칩 나라의 안 촉촉한 초코칩이
촉촉한 나라의 촉촉한 초코칩으로 살고 싶어서
촉촉한 초코칩 나라에 갔는데, 촉촉한 초코칩 나라의 문지기가
안 촉촉한 초코칩은 촉촉한 초코칩 나라에서 살 수 없다고 해서
안 촉촉한 나라의 안 촉촉한 초코칩으로 그냥 살기로 했다.

간장공장 공장장은 강 공장장이고 된장공장 공장장은 공 공장장이다.
저기 계신 저 분이 박 법학박사이시고 여기 계신 이 분이 백 법학박사이시다.
작년에 온 솥장수는 새 솥장수이고 금년에 온 솥장수는 헌 솥장수이다.
중앙청 창살은 쌍창살이고 시청의 창살은 외창살이다.
경찰청 쇠창살, 외철창살, 검찰청 쇠창살 쌍철창살
경찰청 철창살이 쇠철창살이냐 철철창살이냐.
박서방네 지붕 위에 콩깍지가 깐 콩깍지냐 안 깐 콩깍지이냐.
앞뜰에 있는 말뚝이 말 맬 말뚝이냐 말 안 맬 말뚝이냐.
내가 그린 기린 그림은 잘 그린 기린 그림이고 네가 그린 기린 그림은 잘못 그린 기린 그림이다.
한국관광공사 곽진광 관광과장
서울특별시 특허허가과 허가과장 허과장
우리집 옆집 앞집 뒷창살은 홑겹창살이고 우리집 뒷집 앞집 옆창살은 겹홑창살이다.
고려고 교복은 고급교복이고 고려고 교복은 고급원단을 사용했다.
생각이란 생각하면 생각할수록 생각나는 것이 생각이므로 생각하지 않는 생각이 좋은 생각이라
생각한다.
상표 붙인 큰 깡통은 깐 깡통인가 안 깐 깡통인가.

3. 보디랭귀지

프레젠테이션에서 보디랭귀지(body language)는 내용을 더 잘 전달하기 위한 중요한 수단이다. 보디랭귀지는 청중에게 어떤 의사나 감정을 전달하기 위해 사용하는 의식적 또는 무의식적인 몸짓, 표정, 자세이다. 때로는 상대방의 표정이나 제스처, 움직임만 보고도 무슨 말을 하는지 알 수 있다. 보디랭귀지는 구두가 아닌 신체의 각 부위, 즉 손이나 시선, 얼굴표정, 움직임 등에 의한 의사전달 방법이다.

메러비안(A. Mehrabian) 박사의 『침묵의 메시지』라는 저서에 따르면, 의사전달에 가장 큰 영향을 주는 요소가 바로 보디랭귀지이다. 우리가 표현하는 의사전달 수단 가운데 상대방의 이해를 돕는 데는 보디랭귀지가 55%, 목소리가 38%, 말이 7%의 영향을 미친다고 한다. 즉, 우리의 의사전달에 몸짓이나 표정 등 비언어적 요소가 93%나 영향을 미친다는 것이다. 따라서 효과적인 의사전달에 충실한 프레젠테이션을 위해서도 보디랭귀지는 매우 중요하다.

보디랭귀지의 요소로 표정과 자세, 눈맞춤과 제스처에 대해 살펴보자.

1) 표정과 자세

기본적으로 프레젠터는 밝고 생기 있는 표정을 지어야 하고, 자연스러운 미소를 띠고 청중 앞에 서야 한다. 프레젠터가 밝은 표정으로 자신감 넘치는 표정을 하면 청중도 같이 기분이 좋아져서 프레젠테이션 분위기가 한결 좋아지게 된다.

프레젠터는 전달하는 내용에 따라 그에 맞게 얼굴표정을 변화시켜야 한다. 즐거운 이야기를 할 때는 즐거운 표정을, 진지한 이야기를 할 때는 진지한 표정을, 슬픈 이야기를 할 때는 슬픈 표정을 지어야 한다. 그러나 화난 표정이나 지나치게 흥분된 표정은 피하는 것이 좋다. 프레젠테이션을 하다가 실수를 했다고 해서 쑥스러운 표정이나 머쓱한 표정을 짓는 것은 좋지 않다. 실수를 하더라도 별 것 아닌 표정으로 지나쳐야만 그 실수가 필요 이상으로 확대 해석되지 않는다.

프레젠터는 편안한 자세를 유지하면서도 긴장감을 늦추지 말아야 한다. 프레젠테이션을 하는 동안 두 발을 어깨 넓이로 벌리고 체중을 양발에 균등하게 준 상태에서 허리와 어깨를 펴고 머리를 똑바로 들고 서야 한다. 그렇다고 해서 너무 자세가 경직되어서는 안 된다. 가능한 한 편안하게 서서 프레젠테이션을 해야 한다. 필요에 따라서는 자세를 조금씩 바꾸어 가며 프레젠테이션을 할 수도 있다. 그러나 프레젠테이션을 할 때 다음과 같은 자세는 취하지 않는 것이 좋다.

먼저 양손을 앞으로 모으는 자세이다. 이런 자세는 지나친 겸손을 나타내고 자신감이 없어 보이므로 이런 자세는 취하지 않는 것이 좋다. 청중에 따라서는 프레젠터를 소심하고 자신감이 부족하거나 우유부단한 사람으로 오해할 수도 있다.

둘째, 뒷짐을 진 자세이다. 뒷짐 진 자세는 열중 쉬어와 같은 자세로 청중에게 건방지거나 거만하다는 느낌을 준다. 이런 자세는 청중에게 프레젠터가 프레젠테이션에 몰입한다는 느낌을 주지 않는다.

셋째, 손을 주머니에 넣는 자세이다. 이런 자세는 청중 앞에서 자신도 모르는 사이에 취하게 되는 좋지 않은 버릇 중 하나이다. 한 손 또는 양손을 주머니에 넣는 것은 지나치게 거만해 보이고 청중보다 프레젠터 자신이 위에 있는 듯한 느낌을 줄 수 있다. 손을 주머니에 넣었다 뺐다를 반복함으로써 산만하다는 느낌을 줄 수도 있다.

넷째, 연단에 기대거나 연단을 두 팔로 집는 자세이다. 프레젠테이션을 할 때 연단이 마련되어 있다고 해서 이러한 자세를 취해서는 안 된다. 이러한 자세는 상당히 권위적인 느낌을 준다.

다섯째, 팔짱을 낀 자세이다. 청중이 팔짱을 끼고 있다면 이는 전달내용에 대한 거부 또는 방관의 의미일 수 있다. 따라서 프레젠터가 이런 자세를 취한다면 이는 청중과의 상호작용을 포기한 것으로 볼 수 있다. 어떠한 경우에도 팔짱을 끼어서는 안 된다.

여섯째, 몸을 흔드는 자세이다. 프레젠터가 자신도 모르게 무의식적으로 몸을 흔드는 경우가 있다. 이런 자세는 본인은 잘 인식하지 못할 수 있지만 청중은 매우 산만하다는 느낌을 갖게 되고 이로 인해 청중의 집중력이 떨어질 수 있다. 프레젠테이션을 하는 동안에 프레젠터의 움직임은 굵고 단호하며 편안해야 한다.

일곱째, 한쪽 발에 체중을 싣고 서 있는 자세이다. 평상시 사람들과 대화를 나눌 때도 체중의 중심을 한쪽 다리에 두고 서서 말하는 것은 상대방에 대한 예의가 아니다. 이런 자세는 거만한 사람으로 보일 수도 있다. 따라서 프레젠테이션을 하는 동안 이런 자세를 취하지 않도록 해야 한다.

2) 눈맞춤

프레젠터의 눈맞춤은 청중과의 상호작용을 위해 가장 빈번하고 적절하게 사용해야 하는 보디랭귀지이다. 프레젠터가 얼마나 눈맞춤을 잘 하느냐에 따라 프레젠테이션 경험과 능력 정도를 가늠할 수 있다. 프레젠테이션에서 프레젠터가 청중에게 보내는 눈맞춤에는 진실성, 자신감, 존중감 등이 담겨 있고, 청중이 프레젠터에게 보내는 눈맞춤에는 전달내용에 대한 반응이 담겨 있다. 따라서 프레젠터는 프레젠테이션을 하는 동안에 청중과 눈맞춤을 잘하기 위해 노력해야 한다. 다음은 프레젠터가 청중과의 눈맞춤을 위해 주의해야 할 사항을 정리한 것이다.

첫째, 바라보고, 미소 짓고, 이야기하라. 청중을 주시할 때 바람직한 것은 청중 개개인의 눈을 자연스럽고 부드럽게 쳐다보는 것이다. 이러한 눈맞춤은 프레젠터와 청중 간에 교감을 형성하게 하고 프레젠테이션의 효과성을 높인다. 따라서 청중을 주시할 때는 청중을 바라보고, 미소 지은 상태에서 이야기해야 한다.

둘째, 지그재그(zigzag)로 시선처리를 하라. 앞에서 뒤로, 뒤에서 앞으로, 우에서 좌로, 좌에서 우로 항상 천천히, 그리고 여유 있게 시선을 바꾸어야 한다. 지그재그로 시선처리를 할 때 청중에게 고루 시선이 배분될 수 있다. [그림 14-1]은 지그재그 시선처리 방법을 보여주는 것이다.

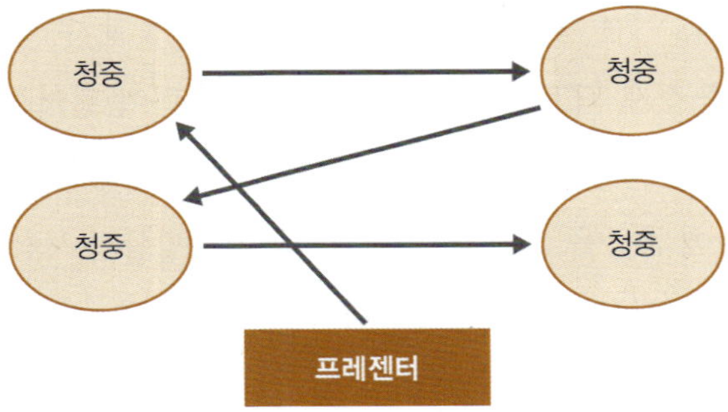

[그림 14-1] 지그재그 시선처리

출처 : 박윤희(2018b). 진로 탐색 및 직업 선택(제3판).

셋째, One Sentence, One Person 규칙을 유지한다. 이 말은 한 사람을 바라보며 한 문장을 끝내라는 것이다. 즉, 한 문장이 끝나기 전에 다른 사람에게 시선을 이동해서는 안 된다는 것이다. 한 사람에게 한 문장에 대한 의미를 이해시키고, 다른 사람에게 다른 문장을 이해시키는 방식으로 시선 처리하는 것을 의미한다. 만약 자신이 초보 프레젠터라면 자신의 이야기를 호의적으로 경청하는 사람을 찾고 그런 사람들 위주로 시선 처리를 할 수도 있다. 하지만 이런 방법을 지나치게 많이 사용할 경우 다른 청중들로부터 오해를 불러일으킬 수도 있기 때문에 주의해야 한다.

넷째, 항상 1대1로 커뮤니케이션을 한다. 청중을 하나의 그룹으로 보되 내용을 전달할 때는 청중을 한 개인으로 보아야 한다. 따라서 프레젠테이션을 하는 동안에는 항상 누군가와 1대1로 대화를 한다는 느낌을 가지고 프레젠테이션을 진행해야 한다.

다섯째, 뒷줄의 청중을 잊지 말아야 한다. 앞쪽에 앉은 사람들만 바라보면 뒤에 앉은 청중들을 잃게 될 수도 있다. 뒷자리에 앉은 청중들이 소외감을 느끼지 않도록 균등한 눈맞춤이 필요하다. 많은 청중에게 이야기를 할 때 멀리 있는 청중에게 눈길을 주면 그 주변에 앉은 여러 명이 프레젠터가 자신을 바라보는 것으로 생각할 수 있다. 하지만 앞자리에 앉은 사람을 바라보면 프레젠터가 자기 혼자만을 바라본다고 생각한다. 따라서 뒷자리 청중에게 균등한 눈맞춤을 하는 것은 훨씬 더 많은 청중과 교감하는 것이 된다.

3) 제스처

프레젠테이션을 하면서 전달내용을 강조하거나 변화를 줄 때 그에 맞는 적절한 제스처가 필요하다. 제스처는 전달내용의 의미를 더욱 명확하게 해주고 강조함으로써 청중의 이해와 집중을 돕는다. 프레젠테이션에서 제스처 사용을 위한 주의사항을 살펴보자.

첫째, 제스처는 자연스러워야 한다. 일상적인 대화를 할 때처럼 제스처가 특별하지 않다는 느낌을 가질 수 있도록 해야 한다. 제스처를 자연스럽게 사용하려면 프레젠터는 프레젠테이션하는 동안 손을 자유롭게 두어야 한다. 그래야 제스처도 자연스럽게 나올 수 있다.

둘째, 내용에 맞는 제스처를 한다. 제스처가 효과적이기 위해서는 말하는 내용과 상황에 맞는 제스처가 되어야 한다. 비록 작은 동작의 제스처일지라도 하찮은 것이라고 생각하지 말고 말하는 내용과 분위기에 일치된 제스처를 취할 수 있도록 해야 한다. 어떠한 경우나 상황에서도 말의 내용과 제스처의 의미가 서로 달라서는 안 된다.

셋째, 제스처는 팔 전체로 한다. 제스처는 역동적일수록 더 효과적이다. 제스처를 역동적으로 하기 위해서는 어깨에서 손에 이르기까지 팔 전체를 움직여서 제스처를 해야 한다. 만약 이렇게 하지 않고 양손만을 작게 사용해서 제스처를 할 경우 청중이 답답함을 느낄 수 있고 전달내용에 따라서는 청중의 이해를 돕기 어려워진다.

넷째, 제스처는 분명하게 한다. 제스처를 분명하게 한다는 것은 제스처의 시작과 끝이 명확해야 한다는 것이다. 제스처가 절도 있고 분명하게 이루어져야 설득력을 높일 수 있다.

다섯째, 제스처와 말의 타이밍을 맞춘다. 제스처는 말과 타이밍이 맞아야 한다. 말보다 늦게 나오거나 빨리 나오는 제스처는 프레젠테이션 전체에 부정적인 영향을 미치게 된다. 따라서 자연스럽게 말과 함께 나올 수 있도록 제스처 사용 연습을 해야 한다.

여섯째, 제스처는 꼭 필요할 때만 사용한다. 제스처는 꼭 필요할 때 자연스럽게 사용해야 한다. 작고 사소한 손동작도 제스처로 보일 수 있으므로 불필요한 동작은 피하고 전달내용에 맞도록 타이밍을 맞추어 제스처를 사용해야 한다.

일곱째, 습관성 제스처를 하지 않는다. 제스처라고 보기 어려운 손동작을 습관적으로 사용해서는 안 된다. 전달내용과도 관계없이 프레젠터 자신이 습관적으로 사용하는 손동작을 계속해서 반복한다면 청중은 지루함을 느낄 것이고 이것이 과해진다면 청중은 프레젠터의 말은 듣지 않고 그 손동작 횟수만 세고 있을 것이다. 그러므로 자신이 좋지 않은 손동작 습관을 가지고 있다면 이를 고쳐야 한다.

4. 1분 자기소개

1분 자기소개는 면접 시 지원자가 반드시 준비해야 하는 준비사항이다. 그런데 지원자 입장에서는 쉽게 작성하기 어렵고 작성을 위한 명확한 가이드라인도 찾기 어렵다. 따라서 지원자는 1분 자기소개를 준비할 때 명확한 작성 기준을 가지고 이에 따라 작성할 필요가 있다.

먼저, 1분 자기소개의 첫 문장이다. 첫 문장에는 지원직무와 지원자 자신에 대한 간단한 소개를 포함하여 작성한다.

둘째, 사례이다. 사례는 자신이 가진 직무능력과 태도역량을 설명하는 부분이다. 먼저 직무능력을 설명하는 데 직무능력을 갖추기 위해 노력해 온 경험을 위주로 작성한다. 한 가지 사례를 길게 설명하기보다는 가장 중요한 사례를 먼저 설명하고 나머지 사례들을 간단히 나열하는 형태로 작성한다. 다음은 직무에 필요한 태도역량을 설명한다. 직무경험을 가지고 태도역량을 설명하는 것이 좋지만 대부분의 지원자들이 태도역량에 설명할 수 있을 정도로 직무경험이 많지는 않다. 따라서 대학 재학 중 경험했던 동아리활동, 봉사활동, 학생회활동 등의 사례를 들어 자신의 태도역량을 설명하는 것이 좋다.

마지막은 맺음말이다. 맺음말 부분에는 직무에서 성과, 각오와 함께 감사함을 표현하는 것이 좋다.

다음은 1분 자기소개 첫 문장, 사례와 맺음말 부분의 내용을 정리한 것이다.

첫 문장
○○직무에 적합한 (능력을 갖춘) 지원자 ○○○입니다.

사례
직무능력을 쌓아온 과정을 설명한다.
토목, 수질환경, 건설안전기사를 공부하며 전문기초지식을 쌓았으며 건설기술교육원에서 주관하는 해외플랜트 건설인력양성 과정을 수료하여 ○○회사의 맞춤형 인재가 되기 위해 노력했습니다. 또한 공병장교로 총 4번의 공사를 경험하며 실무에 대한 감각을 기를 수 있었습니다.

직무에 필요한 태도역량을 설명한다.
맡은 일에 최선을 다하는 책임감과 이를 행동으로 실천할 수 있는 근면성을 갖고 있습니다. 학생회 부회장을 역임하면서 책임감과 근면성을 발휘하여 여러 학과 행사들을 성공적으로 마무리하였습니다.

마지막 문장
직무에서 성과, 각오, 감사함을 포함한 내용을 담는다.
이러한 직무능력, 책임감과 근면성을 바탕으로 발주처와 선배님들께 인정받는 현장관리자로 성장하겠습니다.
감사합니다.

출처 : 신길자 외(2020). 해커스 쉽게 합격하는 취업면접 내용 정리.

다음은 1분 자기소개의 다양한 예시들을 제시하고 좋은 점과 보완할 점에 대해 설명하였다.

시공직무

현장에서 모래바람이 일어나도록 발로 뛰겠습니다. 안녕하십니까? 지원자 ○○○입니다. 저는 맡은 일에 최선을 다하는 책임감과 이를 행동으로 실천할 수 있는 근면성을 가지고 있습니다. 토목, 수질환경, 건설안전기사를 공부하며 전문기초지식을 쌓았으며 건설기술교육원에서 주관하는 해외플랜트 건설인력양성 과정을 수료하여 ○○회사의 맞춤형 인재가 되기 위해 노력했습니다. 또한 공병장교로 총 4번의 공사를 경험하며 실무에 대한 감각을 기를 수 있었습니다. 이러한 책임감과 근면성을 바탕으로 발주처와 선배님들께 인정받는 현장관리자로 성장하겠습니다. 감사합니다. (신길자 외, 2020)

전체적으로 작성 사례는 직무관련성이 높고 좋은 편이지만 직무역량과 태도역량을 별도로 구분해 작성할 필요가 있다. 특히 태도역량 부분에 대한 사례를 별도로 제시한다면 더 좋은 1분 자기소개가 될 수 있다.

해외영업직무

안녕하십니까? ○○○입니다. 해외영업은 제가 가장 잘할 수 있는 업무입니다. 브라질 물류 회사에서 인턴을 하며 미주 지역의 대리점과 영어로 업무를 진행하거나 출하, 통관 일을 하며 국가간 무역 프로세스를 이해했습니다. 또한 학창시절 배낭여행을 하며 적응력을 키웠습니다. 제가 15개 나라를 여행했다고 말하면 주위에서 '부자'인 줄 오해하는 이들이 있습니다. 경제적으로는 아직 부자가 아니지만 마음만은 부자입니다. 군대에서 주식 투자를 하며 돈을 모아 홍콩을 다녀왔는데 그때 느낀 게 많았습니다. 캐나다 워킹홀리데이를 해서 남미 여행을 다녀왔고 인턴을 하며 모은 돈으로 브라질, 아르헨티나를 여행했습니다. 인턴과 배낭여행을 하며 해외를 무대로 일하겠다는 목표를 세웠습니다. 입사 후 그 꿈을 펼치고 싶습니다. (신길자 외, 2020)

해외영업직무라고 해서 무조건 해외 여행 경험이 많은 것이 좋은 것은 아니다. 위의 1분 자기소개 내용을 보면 직무관련 경험 사례도 제시되어 있기는 하지만 다른 내용들은 해외 여행을 다녀온 경험 위주로 작성되어 있어 특별히 직무경험과 관련성이 없어 보인다. 그리고 "제가 15개 나라를 여행했다고 말하면 주위에서 '부자'인 줄 오해하는 이들이 있습니다. 경제적으로는 아직 부자가 아니지만 마음만은 부자입니다." 이런 문장은 삭제하는 것이 좋다. 짧게 이야기해야 하는 1분 자기소개 내용에 직무와 관련 없는 자신의 감정상태나 재정상태 등에 대해 이야기하는 것은 바람직하지 않다.

엔지니어직무

더 바르고 정확한 서비스를 제공하겠습니다. 안녕하십니까? 수리 서비스 엔지니어 지원자 ○○○입니다. 대학시절 제 별명은 캡스 키 담당자였습니다. 상지 로봇, ECG 신호 출력 같은 프로젝트를 진행하면서 밤늦도록 연구에 몰두했기 때문입니다. 캡스 키를 담당하던 열정으로 수리능력을 향상해 차별화된 서비스를 제공하겠습니다. 또한 수리 서비스 엔지니어에게는 의료진에게 서비스를 잘 대응하는 능력도 필요합니다. 학창시절 청소년교육 봉사, 신입생 멘토링, 양로원 봉사 등 다양한 활동을 하며 서비스 마인드를 키웠습니다. 의공기사 실습을 할 때는 소통능력이 좋다고 의료진에게 칭찬을 받기도 했습니다. 입사 후 두 가지 장점으로 우리 회사 의료트레이닝센터 3층을 지키는 꼭 필요한 엔지니어가 되겠습니다. 감사합니다. (신길자 외, 2020)

전체적으로 잘 작성된 1분 자기소개이다. 직무역량과 직무에 필요한 태도역량이 다양한 사례와 함께 잘 제시되었다. 작성 내용이 조금 더 길어도 좋을 것 같다.

식품품질관리직무

안녕하십니까? 기본을 갖춘 지원자 ○○○입니다. 식품품질관리자에게는 위생과 안전이 최우선입니다. 소비자에게 안전한 먹거리를 제공하기 위해 다음과 같은 역량을 갖췄습니다. 첫째, 정직한 마인드입니다. 카페 아르바이트를 할 때 출근과 동시에 유통기한, 식기류 세척 상태, 식자재 보관 온도를 확인하고 조리기구를 소독하며 청결 유지에 힘썼습니다. 음료를 만들 때도 위생 매뉴얼을 지키며 정직을 생활화했습니다. 둘째, 식품에 대한 지속적인 관심입니다. 학업 외에도 식품관련 지식을 쌓기 위해 식품 기사, 위생사 자격증을 취득하고 HACCP 교육과 품질관리 교육을 이수했습니다. 식품 동아리활동을 할 때도 매주 식품 이슈에 대해 토론하고 공장 견학을 다니며 많은 것을 배웠습니다. 어떤 일을 하든 기본이 가장 중요하다고 생각합니다. 입사 후에도 위생과 안전을 최우선으로 지키겠습니다. 감사합니다. (신길자 외, 2020)

잘 작성된 1분 자기소개이다. 식품품질관리직무 관련해서 필요한 두 가지 역량을 제시하고 자신이 그 역량을 어떻게 갖추게 되었는지를 설명하였다.

사무행정직무

안녕하십니까? 가장 먼저 왔지만 가장 늦게 가는 지원자 ○○○입니다. 저는 학창시절 팀 프로젝트를 하거나 연극 동아리활동을 할 때 가장 먼저 모임 장소에 도착했습니다. 그리 대단한 일은 아니지만 먼저 도착해 다른 사람들을 기다리며 준비하는 것이 좋았습니다. 이런 작은 노력을 인정받아 동아리에서 조장을 하고 패스트푸드점 아르바이트를 할 때는 매니저로 빠르게 승진하기도 했습니다. 오늘도 서둘러 오다 보니 면접실에 제일 먼저 도착했는데 자연스럽게 가장 늦게 가게 되었습니다. 입사 후에도 약속드리겠습니다. 가장 먼저 와서 일을 배우고 부서에 도움이 되는 인재가 되어서 가장 늦게 가겠습니다. 감사합니다. (신길자 외, 2020)

개선할 부분이 많은 1분 자기소개이다. 최근에 기업이 원하는 인재는 늦게까지 남아서 일하는 사람이 아니라 주어진 시간 안에 해야 할 일을 잘 마무리하는 사람이다. 따라서 위의 내용은 최근 기업이 생각하는 인재에 대한 기준을 오해하고 있다는 느낌이 든다. 늦게까지 남아서 일하는 사람이 아니라 주어진 시간 안에 최대의 성과를 내는 사람이 되겠다는 내용을 담을 필요가 있다.

5. 학습정리

1) 프레젠터가 갖추어야 할 자질에 대해 설명한다.

2) 스피치의 3요소에 대해 설명한다.

3) 발음과 발성에 대해 설명한다.

4) 메러비언 박사가 『침묵의 메시지』에서 강조한 내용에 대해 설명한다.

참/고/문/헌

강세훈(2017. 08. 20). 韓 로봇 활용도 세계 1위…고용축소 · 소득불균형 심화!. 뉴시스.

강준만(2013). **감정독재**. 서울 : 인물과사상사.

강현정 · 전성은(2018). **거창고 아이들의 직업을 찾는 위대한 질문**. 서울 : 메디치.

까오즈젠, 문소라 역(2006). **세계 500대 초일류 기업의 관리기법**. 서울 : 집사재.

고승주(2011. 1. 24). 금융감독원 "160억 여직원 횡령 사실 아니다". 시사코리아.

구본장 · 박계홍(2008). **인적자원관리론**. 서울 : 형설출판사.

국제미래학회(2016). 대한민국 미래보고서. 교보문고.

국제미래학회 · 한국교육학술정보원(2017). **대한미국 미래교육보고서**. 서울 : 광문각.

국제터치본부 · 정세광 역(2009). **건강한 관계 세우기 소그룹 워크북**. 서울 : NCD.

권석만(2014). **긍정 심리학**. 서울 : 학지사.

기호익(2007). **인적자원관리**. 서울 : 대진.

김광수 · 김영진 · 이점수 · 전정수(2011). **인간관계론**. 서울 : 청람.

김동규 · 김중진 · 최영순 · 신지선 · 서민정(2021). 미래유망 신직업 발굴 및 국내 활성화 방안 연구(생애경력개발정보웹진 커리어INFO(2022. 3. 18. https://www.work.go.kr/cyberedu/webzine/detail. do?upprMenuCd=2&lwprMenuCd=2&wbznSeq=12&preview=Y).

김미경(2000). 중학생에 있어서 Holland의 진로유형 성격과 적성과의 상관관계. 건국대학교 석사학위논문.

김소영 · 이참슬(2021. 08. 23). 극악 취업문 넘고도…왜 조기퇴사할까. CBS 노컷뉴스.

김용환(2006). **이력서 & 자기소개서 작성법**. 서울 : 버들미디어.

김월순 · 김은희 · 이언영(2007). **토털 패션 코디네이션**. 서울 : 예림.

김은숙(2002). Holland 성격유형에 따른 사회서비스 직업종사자의 직무만족도 검증. 경기대학교 석사학위논문.

김은영(1991). **이미지 메이킹**. 경기: 김영사.

김정희(2010). **스트레스 다스리기**. 서울 : 학지사.

김중진 · 박봉수(2008). **세월따라 직업따라**. 충북 : 한국고용정보원.

김지혁 · 안지용(2007). **스트레스와 몸 · 숨 · 맘 수련법**. 경기 : 조은.

김철(2018). 직업체험에 참여한 중학생의 개인 · 환경변인이 진로정체감에 미치는 영향. 한국교원대학교 석사학위논문.

김충기(1991). **미래사회와 진로선택**. 서울 : 배영사.

김태욱(2015). **퍼스널 스토리텔링 전략**. 서울 : 커뮤니케이션북스.

김혜리 · 이정원(2011). **이미지 경영론**. 서울 : 신아사.

나지홍(2015. 3. 16). [글로벌 경제 현장] 美 로봇기술 발전할수록…중산층 비명소리는 커진다. 조선일보.

나카타니 아키히로, 이선희 역(2004). **면접의 달인**. 서울 : 바다.

노안영 · 강영신(2012). **성격심리학**. 서울 : 학지사.

노진경(2009). **프리젠테이션 마스터 A–Z.** 경기 : 이담북스.

대한불안의학회 스트레스관리특별위원회(2010). **스트레스가 내 몸을 살린다.** 서울 : 가림출판사.

류시화(1998). **지금 알고 있는 걸 그 때도 알았더라면.** 경기 : 열림원.

무라카미 마사토 · 노리오카 다카코, 배정숙 역(2002). **더 이상 스트레스는 없다.** 서울 : 다리미디어.

문선희 · 안성길(2008). **취업전략, 글쓰기와 말하기.** 서울 : 문장.

미래전략정책연구원(2016). **10년 후 4차 산업혁명의 미래.** 서울 : 일상이상.

박수한(2020). **AI 역량검사의 모든 것.** 서울 : 에듀스

박윤희(2013). **커리어코칭 입문.** 서울 : 시그마북스.

_____(2015). **커리어코칭의 이론과 실제.** 서울 : 시그마프레스.

_____(2018a). **자기개발능력의 이해와 실습.** 경기 : 공동체

_____(2018b). **진로 탐색 및 직업 선택 3판.** 서울 : 시그마프레스

_____(2022). **당신의 커리어는 안녕하십니까?.** 서울 : 북랩.

박은희(1996). 미국 네트워크 뉴스에 나타난 한 · 일 국가 이미지 연구. 한국방송개발원.

박종국(2012. 08. 29). 천재 유명세 김웅용씨 “평범한 삶이 좋아요”. 연합뉴스.

박창욱(2008. 9. 9). 멘토 없이 성공한 경우는 별로 없다. 머니투데이.

변상우(2005). **인적자원관리론.** 서울 : 무역경영사.

백기락(2004). **석세스플래닝.** 서울 : 한스미디어.

_____(2006). **목표달성을 위한 석세스플래닝.** 서울 : 크레벤지식서비스.

_____(2008). **시간을 지배하라.** 서울 : 크레벤지식서비스.

서민희(2001). 한국 고등학생들에 대한 HOLLAND 직업흥미이론의 문화 간 타당도 평가. 이화여자대학교 석사학위논문.

설민준(2022). **AI 면접 & 역량검사 합격기술.** 서울 : SD에듀.

손언영(2008). **자기소개서 이력서 쓰기.** 서울 : 랜덤하우스코리아.

손효정(2012. 08. 30). IQ 210 천재 김웅용의 삶, 'MBC 스페셜'서 공개 1년간 준비. TVREPORT.

송균석 · 신정수(2005). **기업체 취업맞춤전략.** 서울 : 무한.

송민수(2002). 현실요법 집단상담프로그램이 초등학생의 내적 통제성과 자아존중감에 미치는 영향. 서울교육대학교 석사학위논문.

송원영 · 김지영(2009). **대학생의 진로설계.** 서울 : 학지사.

송주현(2014. 01. 22). IQ210 소년, 교수가 되다…김웅용 신한대학교 교양학부 교수. 중부일보.

송준호 · 김인호 · 김도경(2007). **인적자원관리.** 서울 : 범한.

신길자 · 임영찬 · 주일돈(2020). **해커스 쉽게 합격하는 취업면접.** 서울 : 해커스잡.

스기무라 타로, 황미진 역(2005). 면접의 기술. 한국재정경제연구소.

시사정보연구원편(2005). **포커스 취업 면접.** 서울 : 산수야.

신영균(2007). **뉴스위크가 선정한 스트레스 이기는 방법 100.** 서울 : 행복을 만드는 세상.

신웅(2009). **스트레스 해소방법.** 서울 : 하나플러스.

안창규(1996). **진로 및 적성 탐색검사의 해석과 활용.** 서울 : 한국 가이던스.

엄미경(2000). Holland와 Prediger의 적성이론에 따른 고등학생의 계열별, 성별 직업흥미와 직업군 차이분석. 이화여자대학교 석사학위논문.

오선숙 · 홍성순 · 김지양 · 전명숙 · 김순하(2017). **퍼스널 이미지메이킹.** 서울 : 경춘사.

오인수 · 서용원(2002). 구조화된 역량기반 채용면접 체계: 이론적 고찰과 개발 사례. **인적자원개발연구, 4**(1), 48-74.

유기윤 · 김정옥 · 김지영(2018). **2050 미래 사회 보고서**. 서울 : 라온북.

유성은(2006). **시간관리와 자아실현**. 서울 : 중앙경제평론사.

_____(2007). **명품인생을 창조하는 목표관리와 자아실현**. 서울 : 중앙경제평론사.

유성은 · 유미현(2019). **성공하는 사람들의 시간관리 습관**. 서울 : 중앙경제평론사

워크넷(https://www.work.go.kr/consltJobCarpa/srch/jobDic/jobDicIntro.do?pageType=job Dic Notes) 한국직업사전으로 본 우리나라 직업 수의 변화.

_____(www.work.go.kr). 대학생 · 성인용 직업적성검사 결과지.

_____(www.work.go.kr). 성인용 직업가치관검사 결과지.

_____(www.work.go.kr). 직업선호도검사(S형) 결과지.

위키백과(https://ko.wikipedia.org).

윌리엄 장(2006). **1시간만에 마스터하는 프레젠테이션**. 서울 : 청림.

유홍준(2005). **현대사회와 직업**. 서울 : 그린.

윤광희(2004). **만점 면접 노하우**. 경기 : 물푸레.

윤소영(2007). 여대생의 외모관리에 대한 의식 및 태도 연구: 헤어, 피부, 화장, 미용성형을 중심으로. 한남대학교 석사학위논문.

윤세남 · 김화연 · 최은영(2015). **SMAT 서비스경영자격, Module A. 비즈니스 커뮤니케이션**. 서울 : 박문각.

윤영돈(2005). **자연스럽게 Yes를 끌어내는 창의적 프레젠테이션**. 서울 : 지식나무.

윤정애(2008). 대학생 자원봉사 활동이 자아존중감과 사회성에 미치는 영향(대전광역시 대학생을 중심으로). 대전대학교 석사학위논문.

윤치영(2004). **면접, 하루 전에 읽는 책**. 서울 : 팜파스.

윤호상(2009). **인사담당자를 저격하라**. 경기 : 올하우.

이병숙(2006). **차별화된 면접 경쟁력을 키워라**. 서울 : 팜파스.

이상길(2000). 일반계 여고생이 지각한 부모의 양육태도와 진로적성과의 관계. 건국대학교 석사학위논문.

이성규(2018. 12. 17). 뒤집힌 마시멜로 이야기. The Sciencetimes.

이신동 · 최병연 · 고영남 (2014). **최신교육심리학**. 서울 : 학지사.

이우곤(2009). **이우곤의 면접스킬 업**. 경기 : 청년정신.

이요행 · 이효남 · 정명진 · 조아름 · 박소연 · 최효식 · 김준엽(2018). 성인용 직업적성검사 개발 보고서. 한국고용정보원.

이은철(2006). **튀는 인재의 이력서와 자기소개서**. 서울 : 새로운 사람들.

이종호(2017). **4차 산업혁명과 미래직업**. 북카라반.

이현림 · 김영숙(1997). 진로선택에 있어서 Holland의 성격이론에 대한 고찰. *The Journal of Korean Education, 23*(1), 59-85.

이후경(2014). **Why am I?**. 서울 : 좋은 땅.

이한분(2008). **파워스피치의 이론과 실제**. 서울 : BG북갤러리.

이한영(2016). **너 이런 경제법칙 알아?**. 서울 : 21세기 북스.

임정택(2011). **상상, 한계를 거부하는 발칙한 도전**. 경기 : 21세기 북스.

전도근 · 권영복 · 최승완 · 황태옥(2010). **스트레스 역설의 건강학**. 경기 : 책과 상상.

정경아(2001). 중학생의 성격유형에 따른 직업가치관 연구. 건국대학교 석사학위논문.
정동수 · 백승우(2009). **면접의 기술**. 서울 : 은행나무.
정옥분(2014). **아동발달의 이해**. 서울 : 학지사.
정윤경 · 김나라 · 서유정(2011). 직업체험 중심 진로교육 지원체제 연구. 한국직업능력개발원.
정혜연(2009). 부모진로기대에서 적성의 고려여부가 학생의 진로결정자율성과 자아존중감에 미치는 영향. 고려대학교 석사학위논문.
조맹섭 · 신규상 · 조윤지(2010). **대덕연구단지 과학자가 안내하는 파워 오럴 프레젠테이션**. 서울 : 시그마프레스.
조성환(2002). **성격**. 서울 : 한림미디어.
조슬기(2006). 외적 이미지를 리드하는 여성들의 외모관리행동 연구. 성신여자대학교 석사학위논문.
조신영(2005). **성공하는 한국인의 7가지 습관**. 서울 : 한스미디어.
조영탁 · 유소영(2010). **행복하게 성공하라**. 서울 : 지혜정원.
조현 · 김종웅(2008). **행복한 사람이 성공한다**. 서울 : 미네르바.
차두원 · 김서현(2016). **잡킬러**. 서울 : 한스미디어.
차미애(2005). **매일매일 성공하는 사람들**. 서울 : 크라운 출판사.
차타순 · 안창규(1996). 진로선택을 위한 Holland의 직업적 성격 유형론. **수산해양교육연구**, 13, 76-91.
채창균(2016. 1. 15). 전공일치 취업실태 분석. KRIVET Issue Brief 91호. 한국직업능력개발원.
통계청(2017). 한국표준직업분류.
______(2017). 한국산업표준분류.
하인규(2020. 07. 25). IQ210 소장 도서 1만 5천여권 의정부시에 기증키로. 브레이크 뉴스.
한국고용정보원(2012. 03. 15). 우리나라 직업 수, 9년 만에 1,300여개 늘었다. 보도자료.
____________(2020. 05. 29). 대한민국 직업종류, 8년간 5,236개 늘었다. 보도자료.
____________(2023. 6. 20) 한국직업전망 2023.
한국교육컨설팅연구소(2011). I-Sight 행동유형검사.
한경 캠퍼스잡앤조이 편집부(2012. 9. 5). [하반기 취업 올 가이드] 면접관 앞에만 서면 '멘붕' 상태… 구조화 면접을 돌파하라. 한국경제.
한상근 · 이영대 · 최동선 · 정윤경(2007). 진로정보센터 운영(2007): 직업체험 프로그램 개발 연구. 한국직업능력개발원
한종문 · 이상훈(2007). **이것이 프레젠테이션이다**. 서울 : 맥그로우 컨설팅.
허창범(2012). **교육심리학**. 서울 : 태영출판사.
홍광수(2010). **관계**. 서울 : 아시아코치센터.
황정하(2003). 학습우수아와 학습부진아의 자아존중감 비교 연구. 대구대학교 석사학위논문.
황매향(2010). **진로탐색과 생애설계**. 서울 : 학지사.
Andre C., 김용채 역(2003). **스트레스 보이지 않는 그림자**. 경기 : 궁리.
Baumgardner S. R., & Crothers M. K., 안신호 · 이진환 · 신현정 · 홍창희 · 정영숙 · 이재식 · 서수균 · 김비아 역(2009). **긍정심리학**. 서울 : 시그마프레스.
Biswas-Diener R., 러팅 익스피어리언스 그룹 · 송단비 역(2017). **긍정심리학**. 서울 : 블룸컴퍼니.
Blanchard K., & Stoner J., 조천제 역(2006). **비전으로 가슴을 뛰게 하라**. 경기 : 21세기 북스.
Boyd C. F., 김영회 · 허흔 역(2007). **우리 아이는 왜 이럴까?**. 서울 : 디모데.

Canfield J., & Hansen M., 류시화 역(2006). 영혼을 위한 닭고기 수프 2. 경기 : 푸른숲.

Carver C. S., & Scheier M. F., 김교헌 · 심미영 · 원두리 역(2011). 성격심리학: 성격에 대한 관점들. 서울 : 학지사.

Chang R., 임정재 역(2004). 열정플랜. 경기 : 하이파이브.

Covey S. R., 김경섭 역(2006). 성공하는 사람들의 7가지 습관. 경기 : 김영사.

DAUM 한국민족문화대백과사전.

Diresta D., 심재우 역(2006). MBA에서도 가르쳐주지 않는 프레젠테이션. 서울 : 비즈니스북스.

Dowd K. O., & Taguchi S. G., 최종옥 역(2009). 커리어비전. 서울 : 시아.

Drucker P. F., 이재규 역(2006). 프로페셔널의 조건. 서울 : 청림.

Gradwell M., 노정태 역(2009). 아웃라이어. 경기: 김영사.

Harari Y. N., 김명주 역(2017). 호모데우스. 경기 : 김영사.

Holland J. L.(1985). Making vocational choice: A theory of vocational personalities and work environments. *Englewood Clifts*, MJ : Prentice-Hall.

How to Create Valuable Master Resume(2011. 2. 27). http://www. Ayushveda .com/mens-magazine /how-to-create-valuable-master-resume/.

Keirsey D., & Bates M., 정혜경 역(2005). 나를 제대로 아는 법 남을 확실히 읽는 법. 서울 : 행복한 마음.

KISTEP(2018). 과학기술인재정책 동향리포트 제14호. 일자리의 미래 2018 보고서(WEF).

Littauer F., 정동섭 역(2006). 부부와 기질플러스. 서울 : 에스라서원.

Lovallo W. R., 안희영 · 신경희 역(2012). 스트레스와 건강. 서울 : 학지사.

Lubbock J., 임희철 엮음(2005). 행복한 인생경영. 경기 :프란.

McClelland D.(1973). Testing for competence rather than intelligence. *American Psychologist, January*, 1-14.

McCready S., 김석희 역(2002). 행복의 발견. 서울 : 휴머니스트.

__________________(2010). 행복에 대한 거의 모든 것들. 서울 : 휴머니스트.

Mischel, W., Shoda, Y., & Rodriguez, M. L.(1989). Delay of gratification in children. *Science. 244*, 933-938.

Morgestern J., 노혜숙 역(2002). 능력 있는 사람의 시간관리. 서울 : 더난.

Murray M., 이용철 역(2005). 멘토링. 경기 : 김영사.

NAVER 고려대한국어대사전.

NAVER 지식백과, 적당한경제(경제학 주요개념, 김철환).

NAVER YBM.

NAVER 표준국어대사전.

Newport, C. C., 김준수 역 (2019). 열정의 배신. 서울 : 부키.

Posada J., & Singer E., 공경희 역(2008). 마시멜로 두 번째 이야기. 서울 : 한국경제신문.

Quoidbach, J., 박효은 역(2014). 행복한 사람들은 무엇이 다른가. 서울 : 북로드.

Rhon J., 김주영 편역(2020). 시간관리 7가지 법칙. 서울 : 백만문화사.

Rima S. D., 황을호 역(2006). 셀프리더십. 서울 : 생명의 말씀사.

Rohm R. A., 박옥 역(2009). 성격으로 알아보는 속 시원한 대화법. 서울 : 나라.

Ryff C. D., & Singer B.(1998). The contours of positive human health. *Psychological Inquiry, 9*, 1-28.

Schwab K., 송경진 역(2017). **클라우스 슈밥의 제4차 산업혁명**. 새로운 현재.

Seiwert L. J., 전재민 역(2005). **따뜻한 성공**. 북폴리오.

Seiwert L. J., 이은주 역(2005). **자이베르트 시간관리**. 서울 : 한스미디어.

Seligman, M. E. P.(2002). *Authentic Happiness*. NY : ATRIA PAPERBACK.

Seligman, M. E. P., 김인자 · 우문식 역 (2014). **긍정심리학**. 경기 : 물푸레.

Sharf R. S., 이재창 · 조붕환 · 안희정 · 황미구 · 임경희 · 박미진 · 김진희 · 최정인 · 김수리 역(2008). **진로 발달이론을 적용한 진로상담**. 서울 : 아카데미프레스.

Spencer, L. M., & Spencer, S. M.(2000). Competence at work: Models for superior performance. p. 21.

Spencer L. M. & Spencer S. M., 민병모 · 박동건 · 박종구 · 정재창 역(2000). **핵심역량의 개발과 활용**. 서울 : PSI 컨설팅.

Super. D. E.(1980). A life-span, life-space approach to career development. *Journal of vocational behavior, 16*(3), 282-298.

Super. D. E.(1990). A life-span, life-space approach to career development. In D. Brown & L. Brooks (Eds.), *Career choice and development: Applying contemporary theories to practice*. (2nded. pp. 197-261), San Francisco, CA : Jossey-Bass.

Tieger P. D., & Tieger B. B., 강주헌 역(1999). **사람의 성격을 읽는 법**. 서울 : 더난.

Voges K., Ron L., & Braund R. L., 김영회 · 이경준 역(2007). **사람들은 왜 나를 오해할까?**. 서울 : 디모데.

______________________________(2005). **사람들은 왜 나를 오해할까? 워크북**. 서울 : 디모데.

Warren R., 고성삼 역(2004). **목적이 이끄는 삶**. 서울 : 디모데.

Watts, T. W., Duncan, G. J., & Quan, H.(2018). Revisiting the Marshmallow Test: A Conceptual Replication Investigating Links Between Early Delay of Gratification and Later Outcomes. *Psychological Science, 29*(7), 1159-1177.

WEF(2016). The Future of Jobs Report 2016.

____(2018). The Future of Jobs Report 2018.

____(2020). The Future of Jobs Report 2020.

____(2023). The Future of Jobs Report 2023.

Weissmann J.(2013. 6. 17). Will the Robots Steal Your Paycheck? Breaking: They Already Have. The Atlantic.

What is a Master Resume?(2011. 2. 27). http://www.anifestyourpotential. om/work/take_up_life_work/8_get_hired/how_to_create_master_resume.

Wrzesniewski, A., McCauley, C., Rozin, P., & Schwartz, B.(1997). Jobs, Careers, and Callings: People's relations to Their Work. *Journal of Research in Personality, 31*, 21-33.

저자소개

박윤희

숙명여자대학교 무역학과 졸업
숙명여자대학교 영어교육학 석사
숭실대학교 평생교육학 박사

현) 숭실대학교 베어드교양대학 부교수(취업 및 진로지도 교과 담당)
(사)한국코칭능력개발원 이사
한국코칭학회 상임이사
전) 상지컨설팅 대표 역임
전) 동일여자상업고등학교 교사

〈저서〉
당신의 커리어는 안녕하십니까?(2022)
자기개발능력의 이해와 실습(2018)
진로 탐색 및 직업 선택 3판(2018)
커리어코칭의 이론과 실제(2015)
커리어코칭 입문(2012)

진로 탐색 및 직업 선택

|저자| 박윤희
|1판 1쇄| 2024년 2월 20일

|발행인| 김 동 훈
|발행처| **공 동 체**

|주소| 경기도 고양시 일산동구 호수로 358-39, 동문타워1차 905호(백석동)
|전화| 031) 814-3000(대표)
|팩스| 031) 814-3100
|전자우편| compub@naver.com
|홈페이지| http://www.compub.co.kr
|출판등록| 2005년 10월 6일
|등록번호| 제396-2005-36호

|ISBN| 979-11-6725-563-1
정가 23,000원